Die 7 Glücksbausteine der positiven Psychologie für ein erfülltes Leben

ELSA DABROWSKI

WirmachenDruck.de
Sie sparen, wir drucken!

Email: info@edition-lunerion.de
www.edition-lunerion.de

Psiana eCom UG
Berumer Str. 44
26844 Jemgum

Inhalt

Ein kurzer Einblick in die Grundlagen der Positiven Psychologie

Die Menschheit hat ihren Höhepunkt erreicht: Betrachten wir die Vergangenheit genauer, wird uns bewusst, dass der Mensch noch nie zuvor so viel Wohlstand anhäufen konnte, dass ihm noch nie zuvor so viel Nahrung zur Verfügung stand und dass er noch nie zuvor so viel uneingeschränkten Zugang zu Bildung hatte – und doch war er noch nie zuvor so unglücklich. Wie kann das bloß sein? Müssten wir nicht eigentlich so glücklich wie nie zuvor sein, wo wir doch endlich all das haben, was wir immer anstrebten? Woher kommen die unzähligen psychischen Erkrankungen des Menschen und warum steigt deren Zahl trotz steigendem Wohlstand der Gesellschaft immer weiter an?

1992 veröffentlichte die Cross-National Collaborative Group eine Studie, deren Ergebnisse erschreckend sind. Hier untersuchten Wissenschaftler den Anstieg von Depressionen innerhalb des letzten Jahrhunderts in einem länderübergreifenden Vergleich. Es wurde die Wahrscheinlichkeit ermittelt, mit der ein Mensch im Laufe seines Lebens an einer Depression erkranken kann. Während Menschen, die am Anfang des vergangenen Jahrhunderts geboren wurden, mit einer Wahrscheinlichkeit von nur 10 % an einer Depression erkrankten, stieg diese Zahl bei Individuen, die nach 1955 auf die Welt kamen, auf ein Vierfaches an. Damit zeichnete sich ein deutlicher Trend ab, der trotz der wirtschaftlichen und gesellschaftlichen Entwicklung seither bestehen bleibt. Stabilere politische Situationen, höhere Löhne, bessere Arbeitsbedingungen, ein gesicherter Zugang zu Bildung, eine gute Gesundheitsvorsorge und andere Faktoren, die noch vor einhundert Jahren deutlich weniger vorhanden waren, stehen der dramatischen Entwicklung von depressiven Erkrankungen entgegen. Uns scheint es heutzutage zwar äußerlich besser zu gehen, wir sind reicher und für uns wird besser gesorgt, als noch zu den Zeiten früherer Generationen, und doch sind wir unglücklicher als unsere Vorfahren.

Die Wissenschaftler deuteten auf eine wichtige Erkenntnis hin: Ein erfülltes und glückliches Leben ist weniger abhängig von äußeren Faktoren, wie wir vermuten würden. Politik, das Gesundheitswesen und das Einkommen bestimmen also nicht vorrangig, ob es uns psychisch gesehen gut geht oder nicht. Doch was sind dann die zentralen Faktoren, die unsere Lust am Leben anheben? Was bestimmt unser Glücksempfinden, wenn es nicht die äußeren Lebensumstände sind?

Was macht das Leben für den Menschen lebenswert?

Genau mit diesen grundlegenden Fragen befasst sich die sogenannte Positive Psychologie.

Die Grundlagen der Positiven Psychologie

Was ist Positive Psychologie?

Positive Psychologie beschreibt die wissenschaftliche Ergründung jener Dinge, die unser Leben lebenswert machen. Dabei konzentriert sie sich auf die Stärken des Menschen, die Freude am Leben und darauf, wie positive Gefühle erzeugt werden können. Damit unterscheidet sich die Positive Psychologie maßgeblich von der traditionellen Psychotherapie, die sich mit negativen Gefühlen, Erkrankungen und der Aufarbeitung der Vergangenheit beschäftigt.

Mittlerweile wissen wir, dass Gesundheit viel mehr als nur die Abwesenheit von Krankheit ist. Ebenso wenig entsteht Glück durch die Abwesenheit von Leid und psychischen Erkrankungen, weshalb die Positive Psychologie ihren Fokus auf das erfüllte Dasein des Menschen legt und darauf, wie dieses realisiert werden kann. In diesem Sinne nimmt sie Bedingungen und Wechselwirkungen unter die Lupe, die das menschliche Wohlbefinden und dessen optimale Persönlichkeitsentwicklung bewirken. Ihr Ziel liegt darin, dass ein Mensch, zwischenmenschliche Beziehungen, Freundschaften, Familien, Teams, Organisationen und sogar komplette Gesellschaften aufblühen können, indem Sie Zufriedenheit und Wohlergehen erfahren. Die Positive Psychologie kann als die Psychologie des Glücks betrachtet werden, die auf persönlicher, zwischenmenschlicher, organisatorischer, gesellschaftlicher und globaler Ebene zum Tragen kommt. Diverse Interventionen und konkrete Übungen werden zur Verfügung gestellt, die in verschiedenen Kontexten ihre Anwendung finden können und so zum Aufblühen des Menschen beitragen.

Auch wenn dieser Wissenschaftszweig noch recht jung ist, basieren seine Erkenntnisse auf Forschungs- und Studienergebnissen, die sich mit der Beantwortung von Fragen rund um das Thema Glück auseinandersetzen:

- Was ist eigentlich Glück?
- Wie kann Glück gemessen werden?
- Was macht den Menschen glücklich?
- Wie lässt sich das persönliche Wachstum des Menschen unterstützen?
- Wie kann die Gesundheit auf psychischer und physischer Ebene erhalten und verbessert werden?
- Wie kann der Mensch sein Potential entfalten?
- Was kann die Leistungsfähigkeit des Menschen langfristig und nachhaltig anheben?
- Wie kann der Mensch Herausforderungen und Krisensituationen erfolgreich meistern und dadurch in seiner Persönlichkeit wachsen?
- Wie entsteht ein erfülltes, lebenswertes Leben?

Die Positive Psychologie kann im Grunde genommen als Oberbegriff für viele Aspekte der Gesundheitsförderung beschrieben werden, der verschiedene Themen in sich zusammenfasst. Dazu zählen zum Beispiel

Achtsamkeit und Resilienz,

die es bereits vor der Positiven Psychologie gab und trotzdem ein wichtiger Grundpfeiler dessen sind. Diese und weitere Aspekte sind Thema dieses Buches und werden im Verlauf aufgegriffen.

Themenbereiche der Positiven Psychologie
Glück
Wohlbefinden
Selbstbestimmung
Charakterstärken
Sinn
Werte
Positive Gefühle
Positive Gedanken
Positive Lebenseinstellung
Positive Kommunikation
Positive zwischenmenschliche Beziehungen
Ziele und Zielerreichung
Flow-Zustand
Selbstmitgefühl und Selbstakzeptanz
Resilienz
Achtsamkeit

Welcher Sinn verbirgt sich hinter der Positiven Psychologie?

Glück ist das, was jeder Mensch bewusst und unbewusst anstrebt. Wer glücklich ist, ist nicht nur gesünder und lebt länger, sondern hat auch stabilere zwischenmenschliche Beziehungen, arbeitet effektiver und ist zudem erfolgreicher im Beruf. Glückliche Menschen handeln im Leben aktiver, sind anderen gegenüber hilfsbereiter und werden von ihren Mitmenschen positiver wahrgenommen. Es scheint, als stecken diese Persönlichkeiten voller Energie und Lebensfreude. Die Positive Psychologie möchte genau dies im Menschen fördern, indem sie sich auf die Suche nach den Charakterstärken des Einzelnen macht, statt sich mit dessen negativen Problemen und psychischen Ungleichgewichten auseinanderzusetzen. Dieser Wissenschaftszweig vertritt die Ansicht, dass der Mensch dann einem glücklicheren und erfüllteren Leben näherkommt, wenn er sich mit seinen positiven Anteilen und Gefühlen befasst, statt, wie die klassische Psychologie es verlangt, sich immer und immer wieder mit Traumata der Vergangenheit auseinanderzusetzen.

Die Unterschiede der klassischen und Positiven Psychologie

Klassische Psychologie	Positive Psychologie
• richtet sich auf die Vergangenheit aus	• lässt die Vergangenheit außen vor
• betrachtet die Auswirkungen vergangener Gedanken, Gefühle und Handlungen auf die gegenwärtige Situation	• stellt die Frage, was wir heute tun können, um unsere Gegenwart sowie Zukunft positiv beeinflussen zu können
• fokussiert Pathologien: negative Ausprägungen, Fehler, Defizite und Krankheiten erhalten volle Aufmerksamkeit	• fokussiert Positives: Potenziale, Stärken und bisherige Erfolge erhalten volle Aufmerksamkeit
• geht davon aus, dass etwas mit dem Patienten nicht stimmt, dass er von der Norm abweicht und er wieder „in Ordnung“ gebracht werden muss	• macht den Menschen auf seine Talente, Chancen und seine einzigartige Persönlichkeit aufmerksam
	• bringt ungenutzte Fähigkeiten und Tugenden zum Vorschein
	• regt den Menschen an, sich besser kennenzulernen und herauszufinden, wie er sich entwickeln und wie er ein sinnerfülltes Leben führen kann
	• erinnert uns daran, dass wir selbst unser Leben bestimmen

Eine bedeutende Aufgabe der Positiven Psychologie liegt in der Ergründung dessen, wie wir eine selbstbestimmtere und gelungene Existenz führen können. Ihr Anliegen ist es, dem Menschen zu verdeutlichen, wie wichtig es für das persönliche Glück ist, die eigenen Fähigkeiten zu verbessern, auszuleben und das Potential, das in jedem von uns innewohnt, zu erfüllen. Die Effektivität hinter dieser besonderen Ausrichtung der Psychologie ist, dass sie sich werte-, sinn- und stärkenorientiert darum bemüht, in allem und jedem das Gute zu sehen. Sie vermittelt uns das Vertrauen, dass jeder Mensch wachsen kann, ein gewaltiges Potential besitzt und im Kern ein gutes Wesen ist. Damit steht bei der Positiven Psychologie das Wohl der Menschen an erster Stelle, wodurch sie die Welt ein Stückchen besser macht.

Die Entstehung der Positiven Psychologie

Die Positive Psychologie ist keine neue Betrachtungsweise, denn selbst der griechische Philosoph **Aristoteles** formulierte während der Antike einige Ansätze zum Thema Glück, die unter Eudaimonie und Hedonismus zusammengefasst wurden.

Definition: Eudaimonie

Der Begriff „Eudaimonie" kann auf Aristoteles zurückgeführt werden, der darin die Lehre eines gelingenden Lebens beschrieb. Sie beschäftigt sich mit jener Lebensweise, die dem Menschen ermöglicht, sein wahres Selbst zu offenbaren und sein gesamtes Potential zu entfalten. Eudaimonie strebt nach der Erfüllung persönlicher Ziele, die mit unseren eigenen Werten übereinstimmen, wobei die Motivation dazu aus unserem Inneren entspringt. Aus diesem Grund galt Eudaimonie für Aristoteles als die höchste Tugend, in gewisser Hinsicht also als das Ziel jedes menschlichen Handelns.

Definition: Hedonismus

Der Hedonismus beschreibt eine Lebenseinstellung, die sich auf Genuss, Freude und Lust ausrichtet. Dabei befasst sich der Begriff mit der Theorie, dass das menschliche Verhalten zentral durch die persönliche Lust motiviert wird. Mit der Verwendung des Wortes geht meist ein negativer Beigeschmack einher, da es mit einer egoistischen und auf kurzfristiges sinnliches Vergnügen ausgerichteten Lebensweise gleichgesetzt wird. Die antiken Philosophen verstanden jedoch unter dem Hedonismus das Streben nach einem Zustand, der für den Menschen als angenehm und zu Glück führend beschrieben wird. Sie erfanden dafür die Bezeichnung „Ataraxie" – die vollkommene Seelenruhe.

Der Begriff Positive Psychologie wurde jedoch erst durch den Psychologen **Abraham Maslow** geprägt, dessen Name durch seine berühmte Bedürfnispyramide noch heute jedem ein Begriff ist.

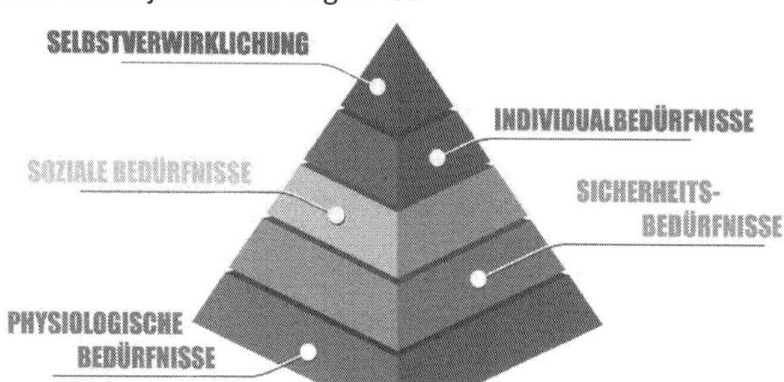

Abraham Maslow – wie ein Kapitel in seinem Buch die moderne Psychologie veränderte

Der Psychologe und Humanist Abraham Maslow wurde 1908 in New York, USA, geboren. Als Sohn jüdischer Einwanderer wurde er in seiner Kindheit Zeuge von unzähligen Diskriminierungen, was ihn dazu motivierte, sich in die Welt der Bücher zu vertiefen. Er wollte ergründen, was den Menschen bewegt, bestimmte Handlungen auszuführen, weshalb er sich später für ein Psychologiestudium an der University of Wisconsin entschied. Nach seinem erfolgreich abgeschlossenen Studium kehrte er nach New York zurück, um an der Columbia University zu lehren. In diesen Jahren erforschte er die Psychologie gemeinsam mit dem amerikanischen Psychologen Edward Thorndike und seinen Mentoren Harry Harlow und Alfred Adler. Als Abraham Maslow zum Brooklyn College wechselte, lernte er in diesem Lebensabschnitt die beiden deutsch-amerikanischen Psychoanalytiker Erich Fromm und Karen Horney kennen, die seine psychologischen Ansätze ebenfalls prägten.

Abraham Maslow verschaffte sich im Laufe seines Lebens ein gutes Verständnis für das menschliche Verhalten, wodurch er in der Lage war, seine revolutionäre Betrachtungsweise der Hierarchie der Bedürfnisse zu formulieren. Sie besagt, dass jeder Mensch zentrale Bedürfnisse besitzt, allen voran das Bedürfnis nach physiologischem Überleben, Sicherheit, Zugehörigkeit, Individualität und schlussendlich nach Selbstverwirklichung.

In seinem Buch „Motivation und Persönlichkeit", das 1981 erschien, widmete Abraham Maslow der Positiven Psychologie ein eigenes Kapitel – ein Begriff, der zuvor noch nirgends aufgetaucht war.

Es dauerte eine Weile, bis die Kritiken an seinen Theorien abgeklungen waren und Psychologen seinen Ansichten eine Chance gaben, doch bald zog Abraham Maslow die Aufmerksamkeit auf sich, die auch nach seinem Tod bis heute nicht abgeklungen ist. Nicht nur in der Welt der Psychologie fand insbesondere seine Bedürfnispyramide immer mehr Anklang, sondern auch in Bereichen der Soziologie, Anthropologie und des modernen Marketings vervollständigen Wissenschaftler und Forscher ihre Ansichten durch die Vorstellung, dass das Wohlbefinden des Menschen durch die Befriedigung strukturierter Bedürfnisse gewährleistet wird.

Kein Wunder also, dass Abraham Maslow 1967 von der American Humanist Association (aus dem Englischen: Amerikanischer Verband der Humanisten) zum Humanisten des Jahres ernannt wurde, bevor er 1970 verstarb.

Die klassische Psychologie des 19. und 20. Jahrhunderts legte ihre Aufmerksamkeit in erster Linie auf die vielen verschiedenen Formen der Erkrankungen, an denen die menschliche Psyche leiden konnte.

Ängste, Depressionen und andere negative Gefühle rückten bei unzähligen Studien und Erforschungen in den Fokus der Psychologen, während die Betrachtung von Zufriedenheit, Glück und positiven Gefühlen weitaus zurückgestellt wurde. Das wird durch die Anzahl der veröffentlichten wissenschaftlichen Artikel im Zeitraum zwischen 1887 und 1999 deutlich: Während in etwa 170.000 Berichte über psychische Krankheiten und negative Emotionen verfasst wurden, waren es im Vergleich dazu nur etwa 12.000 an der Zahl, die sich mit dem Glücksempfinden des Menschen auseinandersetzten. Es entstand demnach ein deutliches Ungleichgewicht innerhalb der Forschungen, wobei die Wissenschaft ihren Blickwinkel ganz klar bevorzugt auf die Probleme und Erkrankungen der menschlichen Psyche legte.

Nachdem die Studie der Cross-National Collaborative Group, auf die weiter oben bereits eingegangen wurde, im Jahr 1992 die Fachwelt der Psychologie erschütterte, entwickelte sich jedoch langsam ein Interesse an der Beantwortung der Frage, durch welche Faktoren der Mensch eigentlich glücklich und zufrieden wird.

Schließlich machte der US-amerikanische Psychologe Martin Seligman mit seiner bedeutenden Rede, die er im Rahmen seines Antritts als neuer Präsident der American Psychological Association (kurz: APA, aus dem Englischen: Nordamerikanischer Fachverband der Psychologie) 1998 abhielt, auf die vorherrschenden problematischen Umstände aufmerksam: Er zeigte auf, dass sich die Psychologie zwar seit Jahrzehnten darum bemühe, psychische Erkrankungen zu behandeln, dabei jedoch das aus den Augen verloren hatte, was ein von Glück erfülltes Leben ausmache. Martin Seligman kritisierte, dass sich die Wissenschaft zu sehr auf die Leiden der Psyche versteifte. Außerdem brachte der amerikanische Psychologe den Hinweis hervor, dass es einen neuen Wissenschaftsbereich bräuchte, der das Menschenbild, gestützt durch Studien und Forschungen, neu aufrolle. Diese bedeutsame Rede vor wichtigem Publikum wird als ein Meilenstein der Entwicklung und Verbreitung der Positiven Psychologie beschrieben, da er mit der damaligen Ausrichtung der traditionellen Psychologie brach. Nicht ohne Grund gilt Martin Seligman als einer der Gründerväter dieser Fachrichtung.

Martin Seligman – ein Pionier der Positiven Psychologie, der den Blickwinkel der psychologischen Fachwelt neu ausrichtete

Professor Dr. Martin E. P. Seligman wurde 1942 im amerikanischen Bundesstaat New York geboren. Seine Eltern ermöglichten ihm, trotz begrenzter finanzieller Mittel, eine sehr gute Schulausbildung. Diese Chance nutzte er, sodass er, mit nur 22 Jahren, sein Studium der Philosophie an der Princeton University mit höchster Auszeichnung abschloss. Auch das anschließende Studium der Psychologie an der University of Pennsylvania konnte er mit einem Stipendium erfolgreich beenden. Während dieses Zeitraumes begann er, sich mit dem Phänomen der sogenannten „erlernten Hilflosigkeit" (durch negative Erlebnisse entwickelte Überzeugung, die eigene Lebenssituation nicht mehr verändern zu können und daran selbst schuld zu sein) zu beschäftigen, für dessen Entdeckung er später bekannt werden sollte. Als Professor der Psychologie an der University of Pennsylvania konnte er seine Forschungen weiterverfolgen und weitete diese auf das Thema „erlernte Depression" (durch negative Erlebnisse entwickelte Überzeugung, keine Kontrolle mehr auf die eigenen Lebensumstände ausüben zu können und an dieser Hilflosigkeit selbst schuld zu sein) aus. Er beschäftigte sich zudem mit Optimismus und dessen Einfluss auf das menschliche Wohlergehen, wodurch er eine neue Orientierung in der psychologischen Fachwelt prägte: die Positive Psychologie. Als der amerikanische Psychologe 1998 schließlich mit der größten Mehrheit zum neuen Präsidenten des amerikanischen Fachverbandes der Psychologie (APA) gewählt wurde, erhielt er damit die Chance für seine bedeutende Rede, die bereits erwähnt wurde. Da sich jeder Präsident der APA auf ein Hauptthema ausrichten muss, dem er sich während seiner Amtszeit verschreibt, wählte Martin Seligman die Positive Psychologie und legte damit den Grundstein für eine wesentliche Veränderung innerhalb des psychologischen Fachbereichs. Er erkannte, dass die Verbesserung der Lebensbedingungen der Menschen nicht dadurch gewährleistet werden konnte, indem immer nur Erkrankungen und Probleme behandelt werden. Martin Seligman sah die Lösung hingegen in präventiven Maßnahmen, wie

- die Förderung positiver Gefühle,
- das Einsetzen des eigenen Potentials,
- Flow-Erfahrungen und
- die Entwicklung und Verfolgung von Zielen,

wodurch sich das Glück des Einzelnen steigern soll, bevor eine Krankheit wie Depressionen auftreten kann.In über 20 Büchern und über 200 veröffentlichten wissenschaftlichen Artikeln klärt Martin Seligman über psychologische Vorgänge im Menschen auf. Er beschäftigt sich mit den Themen wie Optimismus, Motivation und Persönlichkeit, wobei sein Fokus ganz eindeutig darauf liegt, den Menschen aufzuzeigen, wie sie aufblühen können, glücklicher werden und somit sogar länger leben können.

Die wissenschaftliche Forschung hinter der Positiven Psychologie

Die Positive Psychologie basiert auf den wissenschaftlichen Forschungen, die die menschlichen Ressourcen, Potentiale, Stärken und sein Wohlbefinden untersuchen. Dabei befassten sich bereits zahlreiche Psychologen mit den Effekten positiver Gefühle auf die Psyche und den Körper des Menschen, auf seine sozialen Kontakte und seiner Fähigkeit, in den sogenannten Flow-Zustand zu gelangen, den wir uns später noch genauer anschauen werden. Zudem nehmen auch Themen wie Motivation, das Sinn-Erleben und Achtsamkeit einen Einfluss auf unsere psychische Gesundheit, wie sich aus der Studienlage ablesen lässt.

Der bereits erwähnte amerikanische Psychologe und Präsident der APA **Martin Seligman** erkannte in den siebziger Jahren das Phänomen der sogenannten erlernten Hilflosigkeit. Dabei stellte er fest, dass etwa 70 Prozent aller depressiven Erkrankungen anhand eines Modells erklärbar sind und geheilt werden können. Martin Seligman beobachtete, dass es an Depressionen erkrankten Menschen nicht leicht fällt, ihren Alltag zu meistern. Sie können häufig den Sinn in ihrem Leben und ihren eigenen Wert nicht erkennen. Der Psychologe ist der Ansicht, dass diese Abwärtsspirale der Depression nur durch ein tief verwurzeltes Gefühl der Hilflosigkeit zustande kommen kann, die sich der Patient im Laufe der Zeit selbst angeeignet hat. Martin Seligman führte des Weiteren Experimente mit einer Versuchsgruppe durch, um seine Erkenntnisse zu stützen und Lösungswege aufzuzeigen. Dabei wies er die Probanden an, Übungen der Positiven Psychologie auszuführen, die die Individuen an ihre persönlichen Stärken erinnern sollen, sodass sie in der Lage sind, Kontrolle über ihr Leben zurückzuerlangen. Die Probanden bekamen unter anderem die Aufgabe, jeden Abend drei positive Ereignisse des vergangenen Tages zusammenzufassen, sich schöne Beschäftigungen herauszusuchen und ihre Charakterstärken zum Einsatz zu bringen. 14 Sitzungen später zeigten ebendiese Probanden, bei denen im klinischen Rahmen Depressionen diagnostiziert wurden, geringere Werte der Erkrankung als die Kontrollgruppe des Experiments, die hingegen mit einer Vielzahl negativer Gedanken konfrontiert wurden.

Eine weitere Erforscherin der Positiven Psychologie ist **Miriam Akhtar**, die in Großbritannien als Expertin in Sachen Glücksforschung gilt. Als Autorin, Dozentin, Beraterin, Speakerin und Coach konnte sie bereits vielen Menschen auf der ganzen Welt aus leichten und mittelschweren Depressionen heraushelfen. Ihre Motivation liegt dabei in ihrer eigenen depressiven Erkrankung, die sie mithilfe der Positiven Psychologie heilen konnte. Dabei bewies die Expertin für Glück die Effektivität der Positiven Psychologie mit diversen Praktiken, die die Erkrankung vorbeugen beziehungsweise den Heilungsprozess initiieren. Ihr Kredo lautet:

„Wer lieber etwas tun möchte, um sich besser zu fühlen, statt unaufhörlich in den Ursachen des Unwohlseins zu stochern, wird so eine Linderung empfinden" – Miriam Akhtar

Zu guter Letzt soll neben anderen wichtigen Forschern noch der Psychologe **Milhaly Csikszentmihalyi** genannt werden, der sich unter anderem mit dem Flow-Zustand auseinandersetzte. Bereits 1975 stellte der gebürtige Ungar Beobachtungen dazu an, wann der Mensch intensive Glücksgefühle empfindet, und beschrieb einen Zusammenhang mit dem Flow-Erlebnis.

Der Flow-Zustand und das Flow-Erlebnis
Ein Flow-Erlebnis nehmen Menschen wahr, die mit ihrer Tätigkeit förmlich zu verschmelzen scheinen und dabei die Zeit völlig vergessen. Dabei kann der Flow-Zustand in allen Lebensbereichen entstehen, sowohl bei der Arbeit, der Ausführung einer monotonen Aktivität und während körperlicher Bewegung als auch während des Spielens eines Instrumentes. Menschen, die den Flow erfahren, befinden sich in einem Zustand, in dem keine Probleme existieren und keine Sorgen von Bedeutung sind – sie sind einfach glücklich.

Kritische Stimmen

Noch immer wird die Positive Psychologie von einigen Forschern und Psychologen nicht ernst genommen, weil sie diese als positive Ideologie, die jegliches Negative ausblendet, einschätzen. Das mag besonders zur Entstehungszeit des Psychologiezweigs gestimmt haben, als sich noch zu sehr auf das Positive konzentriert wurde. Die Forschung hat sich jedoch entwickelt und mit ihr die Betrachtungsweisen, wodurch nun auch negative Gefühle sowie Krisen und Konflikte in die Psychologie einbezogen werden. Die Positive Psychologie bleibt sich dennoch nach wie vor selbst treu: Sie richtet sich auf das Glück und Wohlbefinden des Menschen aus, auch wenn sie nicht verleugnet, dass das Leben nicht immer nur schön und einfach ist.

Negative Gefühle und ihre Bedeutung
Negative Gefühle sind ein Anzeichen dafür, dass gerade etwas nicht stimmt. Sie weisen uns auf etwas hin und verschwinden erst dann wieder, wenn wir dieses Problem beseitigt haben. Deshalb ist es wichtig, negative Gefühle nicht zu unterdrücken, ansonsten suchen sie sich ein anderes Ventil, um in Erscheinung zu treten. Dann entstehen nicht selten Schlafstörungen, Kreislaufbeschwerden oder chronische Schmerzen.

- Schreiben Sie Ihre negativen Gefühle und die Gedanken dazu auf, um ihnen so Raum zu geben.
- Sprechen Sie mit Freunden oder Ihrer Familie über Ihre Empfindungen.
- Lassen Sie Ihren Gefühlen freien Lauf und erlauben Sie sich – solange dabei niemand zu Schaden kommt –, sie zum Ausdruck zu bringen.
- Meditieren Sie über Ihre Gefühle.
- Lernen Sie, zu akzeptieren, was Sie gerade fühlen, indem Sie Ihre Empfindungen annehmen.
- Zeigen Sie sich selbst gegenüber Verständnis und Mitgefühl für Ihre Negativität.
- Hören Sie auf Ihren Körper, um herauszufinden, was Sie gerade brauchen: Lautes Schreien, sportliche Aktivität oder doch eine liebevolle Umarmung?

Bei der Positiven Psychologie geht es mit Sicherheit nicht darum, sich das Leben schönzureden und über alles Schlechte hinwegzulächeln – so viel steht fest. Sie ist auch keine „Happyologie", wie Kritiker sie gern bezeichnen. Vielmehr steht das im Vordergrund, was dem Einzelnen wirklich wichtig ist, was ihn als Charakter ausmacht und wie er auch in Krisenzeiten mit den Herausforderungen umgehen kann. Dabei bringen uns weder naiver Optimismus noch reines positives Denken an unsere Ziele.

Es war nicht immer so, doch mittlerweile hat die Positive Psychologie erkannt, dass auch negative Ereignisse des Lebens gut für den Menschen sein können und somit zu seinem Glück beitragen können. Positives kann auch zu Negativem führen – das Gleiche gilt umgekehrt. So kann unrealistischer Optimismus riskante Handlungen bewirken, die negative Folgen haben können. Wenn die eigene Stärke übertrieben wird, haben wir mit entsprechenden Konsequenzen zu rechnen. Gleichzeitig jedoch können die Herausforderungen des Lebens den Menschen dazu anregen, seine Persönlichkeit zu stärken. Schließlich wachsen wir nur dann, wenn wir uns außerhalb unserer Komfortzone bewegen und uns mit schwierigen Situationen konfrontieren. Wenn das Leben wunderschön „Friede, Freude, Eierkuchen" ist, kann kein echtes Wachstum stattfinden, weil wir keinen Antrieb zur Veränderung wahrnehmen. Misserfolge hingegen präsentieren uns bedeutsame Lernerfahrungen,

die sich zu einem späteren Zeitpunkt als hilfreich herausstellen können. Genauso sollten negative Gefühle ernst genommen werden, da sie wichtige Anzeiger für unerfüllte Bedürfnisse und missachtete Werte darstellen.
Aus diesen Gründen integrierte die Positive Psychologie im Laufe Ihrer Entwicklung Themen wie Krisenerfahrungen und negative Empfindungen. Dies bereichert sie ungemein, da sie den Menschen in seiner Gesamtheit anerkennt – inklusive der positiven und negativen Aspekte. Da auch Schwierigkeiten, Herausforderungen und Verletzungen langfristig zum Aufblühen des Menschen beitragen können, bekommen diese Themen mittlerweile einen Raum innerhalb der Positiven Psychologie.

Das Streben nach Glück und Lebenszufriedenheit

Die Definition von Glück: Das Wohlempfinden als Antrieb des Menschen

Wenn Sie einen Menschen fragen, was er in seinem Leben erreichen möchte, werden Sie mit großer Wahrscheinlichkeit die Antwort hören: „Ich möchte glücklich sein.“ Vielleicht wird er sagen, dass er gern eine Familie gründen, einen festen Job oder eine bestimmte Summe Geld auf dem Konto haben möchte, doch letztendlich erhofft er sich von all diesen Dingen ein und dasselbe: Sie sollen ihm Glück bereiten.

Glück scheint den Menschen in jeder Lebenslage anzutreiben und zu motivieren. Es ist ein positiver emotionaler Zustand, der häufig auch als Wohlbefinden definiert und durch diverse Faktoren, die zusammenwirken, hervorgerufen wird. Alles, was wir tun, kann darauf zurückgeführt werden, dass wir aus der Hoffnung heraus handeln, unsere derzeitige Situation verbessern zu können und glücklicher zu werden. Hinter den meisten Handlungen, Wünschen, Träumen und Zielen des Menschen verbirgt sich das ultimative Bedürfnis nach Glück. Wir streben bewusst und unbewusst nach diesem angenehmen Gefühl der Zufriedenheit in unserem Leben und der Wertschätzung von außen, aber auch uns selbst gegenüber. Dabei definiert jeder Einzelne Glück ein wenig anders. Unsere Charaktere sind so unterschiedlich, dass jeder etwas anderes braucht, um zufrieden zu sein. Letztendlich geht es jedoch immer darum, dass wir aufblühen können, wie eine Knospe, die durch das Heranreifen zur Blüte endlich ihre volle Schönheit entfalten kann. Damit gehen nicht nur Zufriedenheit und Wohlbefinden einher, sondern auch eine verbesserte Leistungsfähigkeit und das persönliche Wachstum eines Individuums.

Manchmal klopft das Glück an, schaut nur für einen kurzen Moment in unser Leben und erinnert uns daran, was das Leben eigentlich lebenswert macht. Andere Male entschließt es sich dazu, länger bei uns zu verweilen, was wir dann als Zufriedenheit beschreiben. Es gibt auch diese Momente, in denen sich ein Schicksalsschlag erst im Nachhinein als glückliche Fügung offenbart.

Beispiel:
Ihnen wird plötzlich der Job gekündigt, was Sie dazu zwingt, eine neue Einkommensquelle zu finden, die letztendlich viel besser zu Ihnen passt als die vorherige.

Die Mischung aus beiden Formen des kurzfristigen und langfristigen Glücks liefert letztendlich die Basis eines freudvollen Daseins.

Die Formen des Glücks: Eudaimonie versus Hedonie

Psychologen unterscheiden zwischen zwei Formen des Glücks:

- hedonisch und
- eudaimonisch.

Diese Begriffe mögen Ihnen bekannt vorkommen, denn sie entstammen den Konzepten des Hedonismus und der Eudaimonie, auf die im vorherigen Kapitel bereits eingegangen wurde.

Hedonisches Glück wird durch Erfahrungen hervorgerufen, bei denen es um Freude, Vergnügen und Genuss auf körperlicher wie auch geistiger Ebene geht. Die Freude soll maximiert werden, während gleichzeitig der Schmerz minimiert wird. Wenn wir von Glück sprechen, ist es meist das hedonische, von dem wir reden: Wir wollen uns gut fühlen, zufrieden mit uns und unserem Leben sein, möglichst viele positive und gleichzeitig so wenig negative Gefühle wie möglich empfinden. Das können wir hervorrufen, indem wir uns beispielsweise etwas gönnen, wie ein richtig gutes Essen, der Kauf eines Konsumgutes oder körperliche Vergnügen wie Sex.

Eudaimonisches Glück hingegen bezieht sich auf die Psyche, denn Vergnügen und Genuss im hedonischen Sinne zu erleben bedeutet noch lange nicht, dass wir auch geistig glücklich sind. Schon Aristoteles riet den Lesern seiner Schriften, ein Leben im Einklang mit den eigenen Tugenden zu führen, um glücklicher zu sein. Er vertrat die Annahme, dass der Mensch nach der Erfüllung seines Potentials und der besten Version seiner Selbst strebe, was seinem Leben einen höheren Sinn und Zweck verleihe. Auch Abraham Maslows Bedürfnispyramide weist darauf hin, dass das oberste menschliche Bedürfnis in der Selbstverwirklichung liegt und dass die Entfaltung der eigenen Persönlichkeit somit das höchste Ziel darstellt, das ein Mensch in seinem Leben zu erreichen hofft.

Der eudaimonische Ansatz des Glücks bezieht sich auf die Entfaltung des Individuums durch das Hervorbringen der eigenen Stärken, den Einsatz für etwas, das ihm am Herzen liegt, und die Verfolgung persönlicher Ziele trotz potenzieller Schwierigkeiten. Das psychische Wohlbefinden umfasst dabei die Fähigkeiten,

- uns selbst so akzeptieren zu können, wie wir sind,
- uns persönlich weiterentwickeln zu können,
- soziale Beziehungen zu anderen Menschen zu pflegen,
- autonom und unabhängig zu agieren,
- unseren Alltag zu meistern und
- unsere Lebensziele zu formulieren sowie zu verfolgen.

Dabei handelt der Mensch in jedem Fall intrinsisch, das heißt, dass er die Dinge um ihrer selbst willen tut und nicht als Mittel zum Zweck oder weil er sich davon Anerkennung oder eine Belohnung erhofft. Wichtig ist, anzumerken, dass das Gefühl des Glücks hier nicht erst am Ende auftritt, wenn die Tätigkeit abgeschlossen ist, sondern während des gesamten Prozesses spürbar ist.

Die beiden Formen des Glücks, eudaimonisch und hedonisch, sind nicht eindeutig voneinander abgrenzbar. Empfinden wir eudamonisches Glück, so fühlen wir uns meist auch auf hedonische Weise erfüllt. Jedoch ruft nicht jedes hedonische Wohlbefinden auch eudaimonische Glücksgefühle hervor. Der Mensch benötigt beide Formen, um zu gedeihen. Wie die Forscher Luke Wayne Henderson, Tess Knight und Ben Richardson in einer Studie von 2013 herausfanden, steigert hedonisches Verhalten positive Gefühle und die Lebenszufriedenheit. Außerdem trägt es zur Regulation von Emotionen und der Reduzierung von negativen Gefühlen, Stress sowie Depressionen bei. Eudaimonisches Verhalten verleiht dem Leben hingegen einen höheren Sinn und führt uns zur Erfüllung. Demnach tragen beide Formen des Glücks auf unterschiedliche Weisen dazu bei, dass sich der Mensch wohlfühlt und zufrieden ist. Wenn wir unser persönliches Glück maximieren wollen, müssen wir also sowohl hedonisches als auch eudaimonisches Verhalten berücksichtigen.

Die Unterschiede zwischen hedonischem und eudaimonischem Glück im Überblick:

Hedonisches Glück	Eudaimonisches Glück
• Freude, Vergnügen, Lust, Genuss • temporäres Glück • geschieht unabhängig von unserem Charakter	• Lebenssinn, Erfüllung, Selbstverwirklichung, Ausleben der eigenen Stärken und Potenziale • psychisches Glück • langfristiges Glück

Der Einfluss des Glücks auf die Gesundheit

Wie wichtig Glück für uns Menschen ist, verdeutlichen die empirischen Forschungen des niederländischen Soziologen und Experten in Sachen Glück Ruut Veenhoven. 2007 veröffentlichte er Ergebnisse, die bewiesen, dass glückliche Menschen eine höhere Lebenserwartung haben als jene, die unglücklich sind. Das liegt daran, dass die positiven Empfindungen des Wohlgefühls wie eine Art Kur für das Immunsystem wirken, zu einer besseren Regulation des endokrinen Systems führen und das kardiovaskuläre Risiko verringern. Herzinfarkte passieren deutlich seltener und es konnte zudem festgestellt werden, dass der Bluthochdruck sinkt, der in der Regel mit einem erhöhten Stressniveau einhergeht. Glückliche Empfindungen werden über das Belohnungssystem des Körpers ausgelöst und reduzieren damit physischen und psychischen Stress sowie dessen Folgen.

Des Weiteren verändern Menschen, die glücklich und zufrieden mit ihrem Leben sind, ihr Verhalten: Sie tendieren dazu, sich gesünder zu ernähren, weniger häufig zu Suchtmitteln zu greifen, sich mehr zu bewegen und intaktere zwischenmenschliche Beziehungen zu pflegen.

Diese positiven Effekte auf die Gesundheit des Menschen sind besonders stark bei eudaimonischem Verhalten anzutreffen. Wenn wir also unseren Lebenssinn erfüllen, tun wir gleichzeitig automatisch etwas Gutes für unsere Gesundheit.

Das Glück liegt in unserer Hand

Wenn wir Glück verspüren, sind wir in der Lage, Berge zu versetzen. Es kann wie eine Welle des puren Wohlempfindens beschrieben werden, die unseren gesamten Körper überflutet und alles Negative davonspült. Plötzlich sind wir im Reinen mit uns und unseren Mitmenschen, sodass innere und äußere Konflikte an Relevanz verlieren. Das Glücksgefühl in uns schenkt uns neue Energie, sodass auf einmal nichts mehr unmöglich scheint. Diese innere Empfindung befähigt uns dazu, alles zu erreichen, was wir erreichen wollen. Das Vertrauen in uns selbst und unsere Fähigkeiten erscheint unendlich und wir zweifeln nicht länger daran, unsere Ziele verwirklichen zu können. Glück motiviert uns dazu, unsere Träume wahr werden zu lassen. Dafür müssen wir aktiv werden, was uns nicht schwerfällt, wenn uns das Glücksgefühl Energie bereitstellt. Es sind weniger die äußeren Umstände oder materiellen Besitztümer, die bestimmen, ob und wie glücklich wir sein können, sondern vielmehr unsere eigenen Muster des Denkens, Fühlens und Verhaltens. Viele Menschen glauben trotzdem, dass uns kurzfristige Vergnügungen wie Drogen, Partys, Sex ohne Liebe oder Essen langfristig glücklich machen, doch dabei sind diese Aktivitäten leider nur von kurzer Dauer. Es werden zeitweise Genüsse mit echtem, authentischem Glück durch die Erfüllung des Lebenssinns verwechselt, was der einzige Weg zu tatsächlich nachhaltigem Glück ist. Während wir lernen müssen, äußere Begebenheiten so anzunehmen, wie sie sind, und damit zu leben, müssen wir bei uns selbst nicht in Resignation gehen, weil wir uns verändern und verbessern können. Damit liegt unser Glück wortwörtlich in unseren eigenen Händen. Doch was genau macht uns Menschen eigentlich glücklich?

Das PERMA-Modell: Die 5 Säulen des Glücks

Martin Seligman war durch seine zahlreichen Forschungen und Erkenntnisse dazu befähigt, ein konkretes Modell zu entwickeln, das beschreibt, auf welchen Grundpfeilern das persönliche Glück des Einzelnen aufbaut. Er nennt es das PERMA-Modell, wobei das Akronym für

- P – Positive Emotions (aus dem Englischen: positive Emotionen)
- E – Engagement
- R – Relationships (aus dem Englischen: Beziehungen)
- M – Meaning (aus dem Englischen: Sinn)
- A – Achievement (aus dem Englischen: Zielerreichung)

steht.

Sie bilden das Grundgerüst, auf dem das Wohlbefinden und die Zufriedenheit des Menschen aufbaut.

Die 1. Säule: Positive Emotionen

Dass negative Gefühle uns herunterziehen können, bis unsere Stimmung im Keller ist, haben wir wohl alle schon am eigenen Leib gespürt. Doch um glücklich zu sein, ist es nicht genug, wenn wir lediglich damit aufhören, Negatives zu denken. Die positiven Empfindungen müssen überwiegen, damit unser Wohlbefinden steigt. Genauso, wie wir bewusst unsere negativen Emotionen wahrnehmen sollten, ist es wichtig, dass wir auch bewusst die Entscheidung treffen, positive Gefühle zu haben. Es ist leicht, negativ gestimmt zu sein, da diese Empfindungen oft von ganz allein kommen, doch für positive ist häufig etwas mehr Willenskraft nötig. Dabei geht es jedoch nicht darum, negative Gefühle zu unterdrücken, sondern die positiven zu verstärken.

Dankbarkeit, Freude, Interesse, Hoffnung, Spaß, Heiterkeit, Stolz, Demut, Inspiration und natürlich nicht zu vergessen die Liebe sind Beispiele für positive Emotionen, die, sofern empfunden, zu einem gesteigerten Wohlbefinden und Glücksgefühlen führen.

Tipps zur Stärkung positiver Gefühle

- Um sofortige positive Gefühle zu erzeugen, versetzen Sie sich in die Dankbarkeit. Was schätzen Sie in Ihrem Leben? Was macht Sie glücklich? Wofür sind Sie konkret dankbar?
- Sagen Sie sich selbst immer wieder positive Affirmationen, egal, ob Sie sich danach fühlen oder nicht. „Ich bin ein starker Mensch", „Ich bin selbstbewusst" und „Ich bin liebenswürdig" sind einige Beispiele.
- Bewegen Sie Ihren Körper bei sportlichen Aktivitäten, um sich durch die dabei freigesetzten Endorphine in ein Wohlgefühl zu versetzen.
- Verbringen Sie Zeit mit positiv eingestellten Menschen, die Ihre Stimmung automatisch anheben.
- Kümmern Sie sich um sich selbst, indem Sie durch Entspannung und liebevolle Dinge dafür sorgen, dass es Ihnen gut geht. Machen Sie das, was Ihnen Freude bereitet.

Die 2. Säule: Engagement

Es ist in uns Menschen verankert, dass wir ein Bedürfnis danach verspüren, unsere Interessen auszuleben, unsere Stärken einzubringen und uns in Tätigkeiten zu vertiefen, die wir aus dem Herzen heraus gern tun. Dieses Engagement für etwas Größeres, als wir es selbst sind, katapultiert uns in ein tiefes Glücksempfinden, solange es mit dem von Mihaly Csikszentmihalyi beschriebenen Flow-Zustand einhergeht. Dabei geht der Mensch, der sich in diesem befindet, völlig in dem auf, was er tut. Er wird förmlich absorbiert von der ausgeführten Aufgabe, wobei sein Fokus vollständig im Hier und Jetzt ausgerichtet ist. Vergangenes und Zukünftiges spielen keine Rolle mehr, sodass weder extrinsische Belohnungen noch andere Konsequenzen relevant sind. Die Handlung des Flows wird vollständig intrinsisch motiviert, was ein zentraler Punkt bei der Definition dieses Zustandes ist.

Extrinsisch beschreibt den Antrieb für ein bestimmtes Verhalten, das jedoch nicht von der betroffenen Person an sich kommt, sondern durch äußere Bedingungen und Reize hervorgerufen wird. Eine **intrinsische** Motivation hingegen bedeutet, dass der Antrieb von innen kommt. Sie führen ein bestimmtes Verhalten aus eigenem Interesse und aus eigenem Willen aus, nicht, weil irgendjemand sie dazu auffordert oder sie durch eine Aussicht auf Belohnung oder Bestrafung dazu animiert werden.

Die Flow-Erfahrung zeichnet sich zudem durch das Merkmal der Qualität der Tätigkeit aus, die das jeweilige Individuum ausführt. Der Mensch gerät nämlich erst in einen solchen beglückenden Zustand, wenn die Aktivität die Persönlichkeit herausfordert, jedoch nicht überfordert. Die Anforderungen, die die Aufgabe an den Menschen stellt, sind zwar überdurchschnittlich hoch, aber dennoch zu meistern. Wenn hingegen die Anforderungen zu hoch sind und die Kompetenz des Einzelnen überschreitet, sind Ängste und Zweifel die logische Konsequenz.

„Freude entsteht an der Grenze zwischen Langeweile und Anspannung. Dort, wo Herausforderungen und Handlungsfähigkeit im Gleichgewicht sind.“ – Mihaly Csikszentmihalyi

Der Flow-Zustand fordert also das Engagement des Menschen, weil er ihn vor eine realistische Herausforderung stellt, die ihn jedoch nicht überfordert oder ängstigt. Die Handlungsziele sind dabei klar definiert und der Mensch erhält unmittelbar Feedback bezüglich seiner Fortschritte. Nehmen wir die gestellte Aufgabe an, erlauben wir, uns in sie zu vertiefen, und bringen wir all unser Engagement ein, werden wir mit einer echten Flow-Erfahrung und Glücksgefühlen belohnt.

Tipps für mehr Flow in Ihrem Leben

Der Flow-Zustand entsteht unter gewissen Bedingungen: Sie benötigen ein klares Ziel vor Augen, müssen sich auf ein begrenztes Feld konzentrieren und das Verhältnis zwischen der Anforderung und Ihrer Fähigkeiten muss wie oben beschrieben stimmen. Dabei sollte die Aktivität Ihnen dennoch ein Gefühl von Kontrolle vermitteln. Sie darf Sie nicht überfordern, sondern Ihnen mühelos von der Hand gehen. Gelingt das, verschmelzen Sie mit der Handlung und Ihr Körper bleibt aktiv, während das Gehirn passiv wird.

- Eliminieren Sie externe Ablenkungen, um sich zu 100 % auf Ihre Aktivität fokussieren zu können. Das Handy gehört in einen anderen Raum, die Benachrichtigungen von E-Mails werden ausgeschaltet und Mitmenschen werden gebeten, nicht zu stören.
- Eliminieren Sie interne Ablenkungen, indem Sie sich zum Beispiel durch eine kurze Meditation auf Ihre vorgenommene Tätigkeit gedanklich vorbereiten. Packen Sie bildlich gesehen all Ihre alltäglichen Sorgen und Gedanken in eine Box für die Zeit des Flows, um dadurch nicht gestört und abgelenkt zu werden.
- Bevor Sie in den Flow-Zustand einsteigen, beenden Sie zunächst, was Sie angefangen haben, damit die unvollendeten Aufgaben nicht Ihren Fokus sabotieren.
- Schalten Sie passende vertraute Musik mit minimalem oder keinem Text ein, um sich davon entspannen zu lassen und besser in den Flow kommen zu können.
- Stellen Sie sicher, dass Sie sich über einen längeren Zeitraum gut konzentrieren können, indem Sie den Raum gut belüften, ausgeruht sind und Ihren Körper mit Feuchtigkeit durch Wassertrinken versorgen.
- Rufen Sie sich in Erinnerung, *warum* Sie diese Tätigkeit ausführen. Je intrinsischer die Motivation ist, desto schneller können Sie in den Flow-Zustand geraten.
- Halten Sie sich ein klares Ziel vor Augen, das Sie erreichen möchten, und setzen Sie gleichzeitig einen knapp bemessenen Zeitrahmen an, was Sie dazu zwingt, produktiv zu arbeiten.
- Entwickeln Sie aus der Tätigkeit eine Gewohnheit, wodurch diese mit der Zeit automatisiert abläuft.
- Machen Sie Pausen, wenn Sie sie brauchen, doch arbeiten Sie in den Phasen der Aktivität so konzentriert wie möglich. Das Gehirn kann sich maximal für 1,5 bis 2 Stunden fokussieren, danach sinkt die Leistung und eine Pause von 20 bis 30 Minuten ist angebracht, die den Energietank wieder auffüllt.

Die 3. Säule: Relationships (Beziehungen)

Der Mensch ist ein soziales Wesen, insofern ist es nicht verwunderlich, dass gelingende zwischenmenschliche Beziehungen unser Leben erfüllter machen. Das Streben nach Zugehörigkeit ist in uns tief verwurzelt und ein zentrales Bedürfnis laut Abraham Maslow, ebenso wie die Selbstbestimmung und das Ausleben unserer Fähigkeiten. Diese beschreiben die Grundbedürfnisse des Menschen, die nicht anerzogen, sondern angeboren, universell und überlebenswichtig für uns sind. Wir fühlen uns ganz automatisch zu Dingen motiviert, die unser Verlangen nach sozialer Zugehörigkeit und Anerkennung befriedigen. Die Bedeutung positiver zwischenmenschlicher Beziehungen in Bezug auf ein gelingendes, erfülltes Leben konnte bereits in einer langfristig angelegten Studie aufgezeigt werden. Im Jahr 1995 kamen die amerikanischen Psychologen Roy Baumeister und Mark Leary zu dem Schluss, dass fehlende soziale Bindungen eng mit Leid, Unglücklichsein und Depressionen zusammenhängen. Auch wenn jeder Mensch ein subjektives Empfinden bezüglich Wohlbefinden und Glück aufweist, so scheint das Empfinden von sozialer Isolation davon nicht betroffen zu sein.

Die 4. Säule: Meaning (Sinn)

Wenn wir unsere persönlichen Stärken und Fähigkeiten für einen höheren Zweck, also mit Bedeutung, zum Einsatz bringen, geschieht etwas Wunderbares: Wir fühlen uns erfüllt. Einen Sinn hinter unserem Leben und unseren Handlungen zu erkennen, ist ein bedeutsamer Faktor für das individuelle Glück, da es für jeden Menschen wichtig ist, den Grund dafür zu erkennen, warum er lebt und am Leben sein sollte. Nichts ist schlimmer für uns, als in Bedeutungslosigkeit unterzugehen, denn das erstickt die Freude am Leben vollständig.

Die 5. Säule: Achievement (Zielerreichung)

Sich Ziele zu stecken und diese zu erreichen ist ein weiterer Grundpfeiler für echtes Glück im Leben. Wenn wir Freude an unseren Fähigkeiten empfinden, diese zum Tragen kommen dürfen, indem wir Leistung erbringen, erfüllt sich für uns der Sinn des Lebens. Erfolge sind die Bestätigung unserer Leistung und spornen uns zu weiteren Höchstleistungen an. Als schöpferisches und kreatives Wesen verlangt der Mensch im tiefsten Inneren danach, etwas zu kreieren, dass Spuren hinterlässt, andere Menschen beeinflusst und über die Begrenzung des eigenen Lebens hinausgeht. Indem wir an unsere eigene Handlungsfähigkeit glauben und unsere selbstgesteckten Ziele erreichen, steigert sich automatisch unser Selbstwertgefühl, was uns wiederum ganz automatisch zu glücklicheren und zufriedeneren Menschen macht.

Die 6 Tugenden des Glücks

Neben dem PERMA-Modell identifizierten Martin Seligman und sein Kollege Christopher Peterson 6 Tugenden, die mit bestimmten Charakterstärken in Zusammenhang stehen. Diese sollen insbesondere das Glücksempfinden im Menschen fördern, wobei diese Forschungen auf der Annahme beruhen, dass bestimmte Charaktereigenschaften mit der Wahrnehmungsfähigkeit von Glück in Verbindung stehen. Zum Beispiel gelten extrovertierte Persönlichkeiten als generell glücklicher als introvertierte Menschen, weil es diesen leichter fällt, sich mit anderen zu verbinden, auszutauschen und im Kontakt mit anderen Kraft zu tanken, während introvertierte Menschen es bevorzugen, mehr Zeit mit sich und den eigenen Gedanken zu verbringen. Die Positive Psychologie will jedoch keine Persönlichkeiten verändern, damit diese glücklicher werden, sondern vielmehr diese dazu anregen, die persönlichen Stärken hervorzuheben, um daraus positivere Empfindungen zu generieren. Die folgenden Zeilen listen Tugenden und Charakterstärken auf, die gemäß der Psychologen Martin Seligman und Christopher Peterson als erstrebenswert gelten – ob als Teil unserer eigenen Persönlichkeit oder dem einer anderen.

Die 1. Tugend: Weisheit und Wissen

Diese Tugend beschreibt den Erwerb und den Gebrauch von Wissen. Die dazugehörigen Charakterstärken sind folgende:

- **Begeisterung für das Lernen:** Wir möchten uns neues Wissen einverleiben und neue Fähigkeiten erlernen.
- **Neugierde:** Wir besitzen ein Interesse an der uns umgebenden Welt und möchten sie verstehen.
- **Aufgeschlossenheit und Urteilsvermögen:** Wir besitzen die Fähigkeit, Dinge aus allen Perspektiven zu betrachten.
- **Kreativität:** Wir hegen den Wunsch, Dinge auf neue Art und Weise zu erledigen.
- **Voraussicht:** Wir bewerten unsere Handlungen in Bezug auf die Zukunft und wägen die Konsequenzen ab.

Die 2. Tugend: Mut

Mut ist die innere Stärke des Menschen, die ihn dazu befähigt, innere und äußere Hindernisse zu überwinden, um ein angestrebtes Ziel zu erreichen. Dazu gehören diese Charakterstärken:

- **Tapferkeit:** Wir geben bei Bedrohungen und Schmerz nicht so einfach nach.
- **Integrität:** Wir sind ehrlich und authentisch zu uns selbst und zu anderen.
- **Vitalität:** Uns wohnt ein Tatendrang inne, der uns voller Begeisterung und Energie unsere Ziele verfolgen lässt.
- **Ausdauer:** Wir beenden beharrlich das, was wir angefangen haben.

Die 3. Tugend: Menschlichkeit

Diese Tugend beschreibt die interpersonalen Stärken des Menschen, die eine liebevolle und mitfühlende Interaktion innerhalb von Beziehungen, Gruppen oder der Gesellschaft ermöglichen. Dabei sprechen wir von den folgenden Charakterstärken:

- **Freundlichkeit:** Wir begegnen unseren Mitmenschen stets freundlich, vollbringen gute Taten und tun anderen Gefallen.
- **Soziale Intelligenz:** Uns ist bewusst, dass nicht nur wir selbst persönliche Gefühle und Ziele haben, sondern auch unsere Mitmenschen.
- **Liebe:** Wir sind in der Lage dazu, uns anderen Menschen zu nähern.

Die 4. Tugend: Gerechtigkeit

Auch die Gerechtigkeit ist eine Tugend, die sich auf das zwischenmenschliche Miteinander bezieht. Die dazu zählenden Charakterstärken sind ziviler Natur und stärken zudem das Gemeinwesen:

- **Fairness:** Wir behandeln alle Menschen gleich und gerecht.
- **Teamwork:** Wir betrachten uns selbst als ein Bestandteil einer Gruppe.
- **Führungsqualität:** Wir können Aktivitäten einer Gruppe organisieren und strukturieren.

Die 5. Tugend: Mäßigung

Die Tugend der Mäßigung erinnert uns daran, uns zurückzuhalten und dem anderen Extrem, dem Exzess, entgegenzusteuern. Die dazugehörigen Charakterstärken sind folgende:

- **Bereitschaft zur Vergebung:** Mit Gnade vergeben wir denjenigen, die uns Unrecht getan haben.
- **Achtsamkeit:** Wir sagen oder tun nichts, was wir zu einem späteren Zeitpunkt bereuen könnten.
- **Bescheidenheit:** In Demut lassen wir unsere Erfolge für sich sprechen.
- **Selbstregulation:** Wir kontrollieren unsere Gedanken, Gefühle, Worte und Handlungen.

Die 6. Tugend: Transzendenz

Transzendenz ist die Tugend, die sich auf die Spiritualität ausrichtet und dem Menschen ermöglicht, den Sinn hinter den Dingen zu verstehen. Sie erweckt die Möglichkeit einer höheren Macht. Dies lässt sich durch die folgenden Charakterstärken beschreiben:

- **Humor:** Wir blicken mit Freude auf das Leben und lachen gern gemeinsam mit unseren Mitmenschen.
- **Sinn für Schönheit:** Wir können Schönheit in allem erkennen.
- **Hoffnung:** Wir erwarten stets das Beste und arbeiten darauf hin.
- **Dankbarkeit:** Uns ist das Gute in unserem Leben bewusst und wir wissen es zu schätzen.
- **Spiritualität:** Wir sind der Überzeugung, dass allem Leben ein höherer Sinn unterliegt.

DIE 7 GLÜCKSBAUSTEINE DER POSITIVEN PSYCHOLOGIE

Nun haben Sie sich bereits einiges an theoretischem Wissen über das spannende Thema der Positiven Psychologie aneignen können, so wie die Formen des Glücks, das PERMA-Modell oder die 6 Tugenden des Glücks. Im Laufe dieses Buches werden Sie lernen, wie Sie diese Theorien in die Praxis umsetzen können, wodurch Sie in der Lage sein werden, die Erkenntnisse aus den Forschungen und Studien zur menschlichen Psyche in Ihren eigenen Alltag zu integrieren. Dafür werden die zahlreichen Übungen in einige konkrete Schritte zusammengefasst:

die 7 Glücksbausteine.

Diese bilden die Grundpfeiler eines erfüllten Lebens, das auch Sie erreichen können.

Es gibt unzählige Faktoren, die uns glücklich machen, und unzählige weitere, die verursachen, dass wir unglücklich sind. Wenn Sie ein zufriedeneres Leben führen möchten, sollten Sie jene Aspekte reduzieren, die Sie daran hindern, Wohlempfinden zu verspüren, und jene fördern, die Ihnen gute Gefühle vermitteln. Die 7 Glücksbausteine fassen diese Arbeit zusammen, indem sie Sie dabei unterstützen, Ihr Leben neu zu ordnen und zu reevaluieren. Dieses Buch, das vielmehr als ein Arbeitsheft zu verstehen ist, begleitet Sie auf einem Weg zu sich selbst. Dabei geht es in erster Linie nicht einmal darum, glücklicher zu sein, sondern vielmehr darum, die einzelnen Bereiche des Lebens zu betrachten, die besonders viel Potential zur Steigerung Ihres Glücksempfindens beherbergen. Die Betrachtung und Aufarbeitung dieser führt dann ganz automatisch zu mehr Wohlgefühl.

Baustein 1: Grübeln stoppen

Der erste Baustein beschäftigt sich mit dem Problem, das leider sehr viele Menschen kennen: das Grübeln. Wir verirren uns häufig in negative Gedankenmuster, ohne dass wir es bemerken. Vergangene Erlebnisse und zukünftige Ereignisse werden wieder und wieder gedanklich durchgekaut, wobei sich jedoch nichts an der eigentlichen Situation ändert. Grübeln bringt uns in den seltensten Fällen im Leben weiter – viel öfter führt es dazu, dass wir unglücklicher werden. Wenn wir also lernen, weniger zu grübeln, steigern wir damit gleichzeitig unsere Fähigkeit, positiv zu denken und Glück zu empfinden. In dem ersten Kapitel werden Sie erfahren, welcher konkreten Übungen es bedarf, um dieses Ziel zu erreichen.

Baustein 2: Gelassenheit lernen

Der zweite Baustein regt uns dazu an, gelassener auf die Höhen und Tiefen des Lebens zu reagieren. Wenn wir uns weniger intensiv von den Wellen der Ereignisse mitreißen lassen, werden wir auch nicht mehr so abhängig von äußeren Umständen sein. In diesem Kapitel werden Sie erfahren, wie Sie mit Stresssituationen besser umgehen können, die Sie zuvor völlig aus der Bahn geworfen haben. Glück ist nur dann möglich, wenn wir auch in der Lage dazu sind, die Faktoren zu beseitigen, die diese wunderbare Empfindung verhindern.

Baustein 3: Positives Denken

Positives Denken beschreibt den dritten Baustein für ein glücklicheres Leben. Wie die ständig aktive innere Stimme mit uns redet, entscheidet maßgeblich darüber, ob wir in dem jeweiligen Moment überhaupt fähig dazu sind, glückliche Momente wahrzunehmen. Hinter dem positiven Denken verbirgt sich eine gewaltige Macht, wie es bereits die Positive Psychologie für sich erkannt hat. Wie auch Sie ganz einfach auf diese fast magisch anmutende und doch durch wissenschaftliche Forschungen greifbare Kraft zugreifen können, erfahren Sie in diesem Kapitel.

Baustein 4: Gewohnheiten ändern

Der vierte Baustein platziert unsere Gewohnheiten ins Zentrum unserer Aufmerksamkeit. Was wir tagein, tagaus tun, bestimmt, wer wir sind und demnach wie glücklich wir sein können. Hegen wir Angewohnheiten, die uns davon abhalten, zufrieden zu sein, ist es ratsam, diese aufzudecken und durch neue Gewohnheiten zu ersetzen. Das Schwierige an der Sache ist: Diese Dinge führen wir häufig völlig unbewusst aus. Bringen Sie also mithilfe dieses Kapitels Licht in das Dunkle Ihres Alltags und entlarven Sie all das, was Sie von Ihrem persönlichen Glück abhält.

Baustein 5: Ängste besiegen

Ängste zeigen uns die Grenzen unserer Komfortzone auf, doch sie können uns auch lähmen und uns darin hemmen, Dinge anzugehen, die uns ein glücklicheres und zufriedeneres Leben bescheren würden. Ängste sind in den meisten Situationen irrational und damit überwindbar. Erkennen Sie, was hinter Ihren eigenen Sorgen und Zweifeln verborgen liegt und wie Sie diese besiegen, um aus der Komfortzone heraus in die Zone des Glücks und der Lebenszufriedenheit hineinzutreten.

Baustein 6: Selbstbewusstsein erhöhen

Der sechste Baustein zeigt uns Möglichkeiten auf, wie wir unser Selbstbewusstsein erhöhen können, um ein erfüllteres Dasein führen zu können. Jeder Mensch ist absolut einmalig und besitzt Stärken und Qualitäten, die es so nicht noch einmal auf der Erde gibt. Unsere einzigartigen Fähigkeiten und Talente sind eine Bereicherung für die Welt und sollten demnach zum Ausdruck gebracht werden. Es ist wirklich schade, wenn wir uns von einem glücklicheren Leben abwenden, weil wir der Meinung sind, nicht gut genug zu sein oder es nicht verdient zu haben. Deswegen ist das Selbstbewusstsein eine wichtige Stellschraube des Glücks, mit dem wir uns selbst die Kraft geben, Neues zu wagen, Meinungen auszusprechen und Herausforderungen zu meistern.

Baustein 7: Resilienz stärken

Die Resilienz beschreibt die psychische Widerstandskraft eines Menschen und seine Fähigkeit, mit äußeren Umständen umzugehen. Wenn Krisen geschehen und Schicksalsschläge unser Leben auf den Kopf stellen, ist unsere Resilienz gefragt, die bestimmt, wie gut wir diese schwierigen Momente des Lebens händeln können. In problematischen Situationen verbergen sich sogar wichtige Chancen des Wachstums, die wir uns mithilfe der Resilienz aneignen können. Wie auch Sie das schaffen können, lernen Sie in diesem Kapitel.

Diese Glücksbausteine stellen die Grundpfeiler eines erfüllteren Lebens dar, sie gehen jedoch fließend ineinander über und können nicht strikt voneinander getrennt werden: Grübeln wir weniger, können wir unsere Gedanken viel leichter mit positivem Inhalt füllen. Wenn wir gelassen sind, können wir gleichzeitig deutlich besser mit unseren Ängsten umgehen und werden resilienter.

Denken wir positiver, sind wir ganz automatisch gelassener, grübeln weniger, haben weniger Angst, können mit den Herausforderungen des Lebens besser umgehen, erhöhen unser Selbstbewusstsein und sind resilienter. Mit guten Gedanken lassen sich auch Gewohnheiten viel leichter in eine Form verändern, die uns zuträglicher ist und uns glücklicher macht. Gewohnheiten prägen auch unsere Art, mit unseren Ängsten umzugehen, wodurch wir diese besser besiegen können.

Unser Selbstbewusstsein erhöht sich automatisch, wenn wir positiv denken, weniger grübeln, gelassener sind, Resilienz aufweisen und bemerken, dass wir imstande dazu sind, Probleme zu lösen. Ängste können uns nicht mehr so viel anhaben, was uns wiederum noch resilienter macht. Wie Sie sehen können, sind die 7 Glücksbausteine als Gesamtheit zu betrachten, da jeder Themenbereich mit den anderen interagiert und sie sich gegenseitig bedingen.

Das birgt einen weiteren wunderbaren Vorteil: Wenn Sie sich mit den einzelnen Grundpfeilern des Glücks befassen und die Themen für sich aufarbeiten, werden Sie damit automatisch die anderen ebenfalls stärken. Je mehr Sie sich also in die Positive Psychologie hineinarbeiten, desto näher kommen Sie dem persönlichen Glück – das ist eine Entwicklung, die nicht linear, sondern exponentiell ansteigt.

Ihr persönlicher Glücks-Selbsttest

Die Bedeutung des Selbsttests: Durch Selbsterkenntnis zu mehr Glück im Leben

Glück ist messbar. Wie zufrieden wir gerade mit unserem Leben sind, kann anhand von Zahlen veranschaulicht werden, die sich aus einem Selbsttest ergeben. Dabei geht es jedoch nicht darum, die eigenen Ergebnisse mit denen anderer Menschen zu vergleichen und sich daraufhin einzuordnen. Das Ziel liegt vielmehr darin, einen Ist-Zustand zu definieren, der den Ausgangspunkt für zukünftige Persönlichkeitsarbeit bietet. Im Rahmen dieses Buches werden Sie dazu inspiriert, sich diversen Persönlichkeitsbereichen in Ihrem Leben zuzuwenden, die als die 7 Bausteine betitelt werden. Wenn Sie echte Veränderungen in diesen erreichen möchten, was Sie Ihrem eigenen Glück näherbringen wird, ist Ihr voller Einsatz gefragt:

- Selbstreflexion,
- Selbsterkenntnis,
- Selbstarbeit.

Dafür ist es hilfreich, zunächst die Ausgangslage zu betrachten:

Wo stehen Sie gerade?

Wie glücklich sind Sie in diesem Moment mit Ihrem Leben?

Können Sie von sich behaupten, wahrlich zufrieden mit sich und den Gegebenheiten Ihres Alltags zu sein?

Die Wahrscheinlichkeit ist recht hoch, dass Sie zurzeit nicht besonders glücklich sind oder zumindest in diesem Bereich ordentlich Luft nach oben sehen, sonst hätten Sie nicht zu diesem Buch gegriffen.

Durch Beantwortung von Fragen zur Selbsterkenntnis

Die meisten Menschen in unserer Gesellschaft leben ein überwiegend unbewusstes Leben. Wenn Sie gefragt werden, wie es ihnen geht, hört man in der Regel nur die Standardantworten: „Mir geht es gut", „Geht schon, danke", „Gut und selbst?" Doch ist das wirklich ehrlich gemeint? Die Antworten kommen meist wie aus der Pistole geschossen, weil sich nur die wenigsten Menschen wirklich die Zeit nehmen und sich ernsthaft fragen: „Ja, wie geht es mir denn eigentlich?" Wenn Sie selbst Probleme damit haben, diese Frage für sich zu beantworten, ist dies nicht schlimm, sondern traurigerweise die Norm. Wir haben verlernt, auf unser inneres Gefühl zu hören, und was nicht genutzt wird, verkümmert irgendwann – so auch die Fähigkeit, zu spüren, was in mir gerade vorgeht.

Nehmen Sie sich deshalb wirklich einmal die Zeit, um den folgenden Selbsttest durchzuführen, und wählen Sie dafür einen ruhigen Moment, ganz ohne Zeitdruck. Setzen Sie sich irgendwo hin, wo Sie alleine sind und nicht gestört werden können. Widmen Sie sich mit voller Aufmerksamkeit den einzelnen Fragen und lesen Sie diese genau durch. Konzentrieren Sie sich auf die Gedanken und Gefühle in Ihrem Inneren, wenn Sie den Selbsttest ausführen – hören Sie genau hin.

Welche Gedanken tauchen auf, wenn Sie sich fragen, ob Sie glücklich sind?

Welche Empfindungen können Sie in Ihrem Körper wahrnehmen, wenn Sie die Frage über Erfüllung durchlesen?

Der Test wird so wertvoll für Sie sein, wie Sie ihn ernst nehmen. Wenn Sie ihn nebenbei ausfüllen, während Sie die Einkaufsliste schreiben und mit einer Freundin telefonieren, wird er Ihnen nicht sehr viel bringen. Widmen Sie sich dem Glückstest jedoch mit Ihrer gesamten Aufmerksamkeit und ohne Zeitdruck, mit dem ernsthaften Wunsch, sich selbst besser kennenzulernen, wird er Sie mit Selbsterkenntnis beschenken. Also machen Sie etwas aus dieser Chance, die sich Ihnen gerade auftut.

Die Schwierigkeit der Selbsterkenntnis

Sich selbst zu erkennen ist ganz und gar nicht einfach. Der Mensch hat in der Regel ein verzerrtes Bild von sich selbst, das nicht dem entspricht, wie er eigentlich ist. Wir denken Dinge von uns, die gar nicht oder nicht in dem Umfang auf uns zutreffen. Manche behaupten von sich, sehr tolerant gegenüber anderen Menschen zu sein, doch in einigen Situationen stellt sich dann heraus, dass diese nicht gut mit der Meinung ihrer Mitmenschen umgehen können, sollte sie von ihrer eigenen abweichen. Andere wiederum halten sich für optisch unattraktiv oder gar hässlich, dabei sind sie scheinbar in ihrem Umfeld die Einzigen, die ihre Schönheit nicht erkennen können. Oder wir glauben, an einer Herausforderung zu zerbrechen, weil wir uns vollständig überfordert damit fühlen, und stellen dann nach einiger Zeit überrascht fest, dass wir sie nicht nur gemeistert haben, sondern dass uns dies auch noch mit Bravour gelungen ist. Es gehört also zum Alltag des Menschen dazu, sich selbst fehlerhaft einzuschätzen.

Exkurs: Glaubenssätze und innere Überzeugungen
Glaubenssätze beschreiben unsere Gedanken und inneren Einstellungen uns selbst, unserem Umfeld und unserem Leben gegenüber. Sie sind entscheidend für unser Verhalten und unsere Empfindungen, da wir uns tagtäglich unbewusst von diesen leiten lassen.

Glaubenssätze entstehen durch die Erfahrungen, die der Mensch in seinem Leben macht: Er übernimmt in seiner Kindheit unbewusst Ansichten und Denkweisen von seinen Bezugspersonen, wie zum Beispiel „In der Familie bin ich sicher" oder „Geld verdirbt den Charakter". Im Laufe des Lebens prägen den Menschen zudem Erlebnisse, aus denen er ebenfalls innere Überzeugungen entwickelt. Gute oder schlechte Erfahrungen verwandeln sich dann in generalisierte Wahrheiten. Wer beim Spielen vom Baum gefallen ist, könnte sein Leben lang diese Meinung vertreten: „Auf Bäume zu klettern ist gefährlich." Wessen Eltern immer viel Zeit auf der Arbeit verbracht haben, könnte diesen Glaubenssatz entwickeln: „Geld verdient man nur durch harte Arbeit." Zudem können sich bestimmte, sehr wirkungsvolle Aussagen im Kopf festsetzen, die man als Kind oft hörte und deswegen in die eigene Denkweise integriert hat, wie zum Beispiel „Ich bin sehr kreativ", „Ich bin immer so laut" oder „Es ist nicht richtig, wie ich das mache".

Unsere inneren Überzeugungen können uns entweder motivieren und zu mehr Glück verhelfen oder aber sie bremsen uns aus und intensivieren das Gefühl von Unzufriedenheit. Deshalb ist es wichtig, dass wir unsere Glaubenssätze kennenlernen, um sie gegebenenfalls so anzupassen, dass Sie uns auf unserem Weg zu mehr Glück und Erfüllung im Leben unterstützen.

Für mehr Positivität in Ihrem Alltag lohnt es sich, Ihre negativen inneren Überzeugungen zu transformieren. Mit jeder Wiederholung der neuen positiven Glaubenssätze werden diese nach und nach das alte Denkmuster in Ihnen ersetzen. Hier ein paar Beispiele für mögliche Umwandlungen:

„Andere Menschen sind wichtiger als ich" → „Ich bin wichtig", „Ich kümmere mich gut um mich selbst und stelle sicher, dass meine Bedürfnisse befriedigt sind"

„Wenn ich ich selbst bin, werde ich zurückgewiesen" → „Ich traue mich, mein wahres selbst zu zeigen", „Es ist sicher für mich, mein wahres Ich zu zeigen"

„Die Liebe verletzt nur" → „Ich öffne mich für die Liebe und all ihre Geschenke", „Ich erkenne die schönen Seiten der Liebe"

„Meine Erkrankung ist unheilbar" → „Ich bin kraftvoll und gesund", „Ich trage selbst zu meiner Gesundheit bei"

„Geld verdirbt den Charakter" → „Geld eröffnet mir Chancen"

„Ich kann das nicht" → „Ich gebe mein Bestes", „Ich kann meine Grenzen überschreiten", „Was ich mir vornehme, kann ich auch schaffen"

Es ist sehr wichtig, dass wir Werkzeuge wie diesen Glücksselbsttest nutzen, um uns ein Stückchen besser kennenzulernen und uns bewusst zu machen, was wir bereits haben. Während wir unser soziales Umfeld mit unseren eigenen Augen betrachten können, können wir uns selbst nur mithilfe eines Spiegels sehen, was eine realistische Einschätzung unseres Selbst erschwert. Zudem ist es unser Innenleben, unsere Gefühle, Gedanken, Ängste und Zweifel, die unsere Sicht auf uns und damit die Realität verzerren. Wir neigen dazu, uns zu unter- oder überschätzen, weil wir unsere Stärken und Schwächen entweder nicht identifizieren können oder diese falsch bewerten. Zudem kann uns unser inneres Schuld- und Schamgefühl davon abhalten, genauer hinzuschauen. Die Selbsterkenntnis erfordert eine gehörige Portion Mut, denn wenn wir uns erlauben, unsere innere Gedankenwelt sowie unsere Verhaltensmuster zu analysieren, könnten Dinge an die Oberfläche kommen, für die wir uns schämen oder Schuld empfinden. Diese Gefühle gehören jedoch zu einem gesunden Selbsterkennen dazu, schließlich sind sie ein Teil von uns, sonst würden wir sie nicht verspüren.

Die Bedeutung der Selbsterkenntnis

Wenn Sie einen fremdbestimmten Alltag führen, es aber nicht wissen, werden Sie nicht zufriedener werden, bis Ihnen dieser Umstand auffällt. Sie müssen zunächst feststellen, wo die Probleme liegen, die Ihnen Ihr Leben so schwer machen. Erst, wenn dieser Ausgangspunkt geklärt ist, können Sie effektiv an einer Lösung arbeiten. Selbsterkenntnis wirkt wie eine Taschenlampe, die endlich Licht ins Dunkle bringt:

Welche Bausteine in Ihrem Leben sind es genau, die Ihrem Zufriedenheitsgefühl am meisten entgegenstehen?

Welche sind in Ihrem Leben schon recht gut ausgeprägt und fördern Ihr Glück?

Welche Bausteine weisen das größte Potential zur Verbesserung auf?

Ihr persönlicher Glückstest

Beantworten Sie die folgenden Aussagen so ehrlich und authentisch wie möglich. Nehmen Sie sich Zeit dafür, um die Antworten zu finden. Kreuzen Sie dafür auf der Skala der Selbstbewertung die Zahl an, die am meisten auf Sie zutrifft, wobei 1 *trifft nicht zu* bedeutet und 10 für *trifft zu* steht.

Baustein 1: Grübeln

1. Ich erwische mich nur selten dabei, im Alltag in meinen Gedanken versunken zu sein und zu grübeln. Ich bin meistens sehr achtsam und mit den Gedanken bei dem, was ich gerade tue.

1 Trifft nicht zu	2	3	4	5	6	7	8	9	10 Trifft zu

2. Ich neige dazu, mich auf das zu konzentrieren, was mich glücklich macht und mich erfreut, statt auf das, was mir Sorgen bereitet.

1 Trifft nicht zu	2	3	4	5	6	7	8	9	10 Trifft zu

3. Ich mache mir nur wenige Sorgen bezüglich meiner Zukunft.

1 Trifft nicht zu	2	3	4	5	6	7	8	9	10 Trifft zu

4. Ich bereue selten die Entscheidungen, die ich in der Vergangenheit getroffen habe. Dementsprechend muss ich sie nicht immer und immer wieder anzweifeln.

1 Trifft nicht zu	2	3	4	5	6	7	8	9	10 Trifft zu

5. Ich zweifle in der Regel nicht an meinen Fähigkeiten. Ich glaube daran, dass ich Talente habe und diese nützlich sind.

1 Trifft nicht zu	2	3	4	5	6	7	8	9	10 Trifft zu

6. Ich bin der Meinung, dass für meine Existenz immer gesorgt ist, auf die eine oder andere Weise.

1 Trifft nicht zu	2	3	4	5	6	7	8	9	10 Trifft zu

7. Ich reflektiere mein Verhalten innerhalb meiner Beziehungen, sodass es mich weiterbringt, jedoch ohne es dabei zu übertreiben.

1 Trifft nicht zu	2	3	4	5	6	7	8	9	10 Trifft zu

8. Ich erwische mich nur selten beim Grübeln über den Sinn meines Lebens.

1 Trifft nicht zu	2	3	4	5	6	7	8	9	10 Trifft zu

9. Ich male mir nur selten das Worst-Case-Szenario (das schlimmstmögliche Ergebnis, das eintreffen kann) aus. Viel lieber konzentriere ich mich auf die Dinge, die gut laufen könnten.

1 Trifft nicht zu	2	3	4	5	6	7	8	9	10 Trifft zu

10. Es fällt mir meistens leicht, ein negatives Gedankenkarussell zu bemerken und es wieder zum Stillstand zu bringen.

1 Trifft nicht zu	2	3	4	5	6	7	8	9	10 Trifft zu

Baustein 2: Gelassenheit

1. Ich kann in der Regel gut mit Herausforderungen und Druck umgehen.

1 Trifft nicht zu	2	3	4	5	6	7	8	9	10 Trifft zu

2. In stressigen Situationen lasse ich mich nicht so schnell mitreißen, sondern bleibe erst einmal ruhig und besonnen.

1 Trifft nicht zu	2	3	4	5	6	7	8	9	10 Trifft zu

3. In einer Diskussion mit einem Mitmenschen bleibe ich locker und verliere nicht so schnell die Geduld, auch wenn es einmal persönlich wird.

1 Trifft nicht zu	2	3	4	5	6	7	8	9	10 Trifft zu

4. Wenn mir etwas Schlimmes widerfährt, atme ich erst einmal tief durch und überlege dann, mit möglichst klarem Kopf, was jetzt zu tun ist.

1 Trifft nicht zu	2	3	4	5	6	7	8	9	10 Trifft zu

5. Es gibt nur wenige Faktoren, die mich so richtig auf die Palme bringen und meine Gefühle überkochen lassen.

1 Trifft nicht zu	2	3	4	5	6	7	8	9	10 Trifft zu

6. Es fällt mir in der Regel nicht schwer, mich selbst, andere Menschen und Lebenssituationen so zu akzeptieren, wie sie sind.

1 Trifft nicht zu	2	3	4	5	6	7	8	9	10 Trifft zu

7. Wenn ich doch einmal gestresst bin, kann ich mich recht schnell wieder aus diesem Zustand befreien, indem ich mich entspanne.

1 Trifft nicht zu	2	3	4	5	6	7	8	9	10 Trifft zu

8. Ich kenne Techniken zur Entspannung in stressigen Momenten, die ich auch effektiv in der Praxis zum Einsatz bringe.

1 Trifft nicht zu	2	3	4	5	6	7	8	9	10 Trifft zu

9. Ich habe selten das Problem, dass ich mit meinen Emotionen überfordert bin und diese den Blick auf die Realität verzerren.

1 Trifft nicht zu	2	3	4	5	6	7	8	9	10 Trifft zu

10. Es gelingt mir oft, eine unvoreingenommene Haltung einzunehmen.

1 Trifft nicht zu	2	3	4	5	6	7	8	9	10 Trifft zu

Baustein 3: Positives Denken

1. Ich hege eine positive Einstellung über das Leben und meine Mitmenschen.

1 Trifft nicht zu	2	3	4	5	6	7	8	9	10 Trifft zu

2. Ich würde mich als einen optimistischen Menschen beschreiben.

1 Trifft nicht zu	2	3	4	5	6	7	8	9	10 Trifft zu

3. Es fällt mir leicht, Dinge aufzuzählen, für die ich dankbar bin.

1 Trifft nicht zu	2	3	4	5	6	7	8	9	10 Trifft zu

4. Wenn ich doch einmal negative Gedanken habe, erwische ich mich rechtzeitig dabei, um sie dann in positive umzuwandeln.

1 Trifft nicht zu	2	3	4	5	6	7	8	9	10 Trifft zu

5. Ich sage mir häufig selbst, dass ich ein guter Mensch bin und welche Vorzüge ich habe.

1 Trifft nicht zu	2	3	4	5	6	7	8	9	10 Trifft zu

6. Ich stelle mir häufig vor, wie sich die Dinge für mich in der Zukunft positiv entwickeln.

1 Trifft nicht zu	2	3	4	5	6	7	8	9	10 Trifft zu

7. Wenn ich an eine Herausforderung in der Zukunft denke, neige ich dazu, mir das Best-Case-Szenario (das bestmögliche Ereignis, das eintreffen kann) in den Kopf zu rufen.

1 Trifft nicht zu	2	3	4	5	6	7	8	9	10 Trifft zu

8. Wenn ich an meine Mitmenschen denke, richtet sich meine Aufmerksamkeit automatisch auf die positiven Charaktereigenschaften dieser Menschen.

1 Trifft nicht zu	2	3	4	5	6	7	8	9	10 Trifft zu

9. Bin ich einmal krank, so habe ich keinen Zweifel daran, dass ich schon bald wieder gesund und geheilt bin.

1 Trifft nicht zu	2	3	4	5	6	7	8	9	10 Trifft zu

10. Ich begegne den Herausforderungen in meinem Leben in der Regel optimistisch, da ich darauf vertraue, dass sie aus einem Grund geschehen und ich dazu in der Lage bin, sie zu meistern.

1 Trifft nicht zu	2	3	4	5	6	7	8	9	10 Trifft zu

Baustein 4: Gewohnheiten

1. Es fällt mir nicht allzu schwer, alte Gewohnheiten aufzudecken und durch neue zu ersetzen, wenn ich bemerke, dass sie mir nicht mehr dienlich sind.

1 Trifft nicht zu	2	3	4	5	6	7	8	9	10 Trifft zu

2. Es ist mir wichtig, mit welchen Dingen ich meinen Tag fülle, weshalb ich Gewohnheiten, die ungesund sind, keinen Raum in meinem Leben lasse.

1 Trifft nicht zu	2	3	4	5	6	7	8	9	10 Trifft zu

3. Ich reflektiere häufig das, was ich automatisch tue, um jenes zu identifizieren, was ich noch verbessern kann.

1 Trifft nicht zu	2	3	4	5	6	7	8	9	10 Trifft zu

4. Meine körperliche und geistige Gesundheit liegt mir sehr am Herzen, weshalb ich darauf achte, mir gute Gewohnheiten anzueignen.

1 Trifft nicht zu	2	3	4	5	6	7	8	9	10 Trifft zu

5. Ich besitze eine gute Selbstkontrolle.

1 Trifft nicht zu	2	3	4	5	6	7	8	9	10 Trifft zu

6. Ich weise eine gute Willenskraft auf.

1 Trifft nicht zu	2	3	4	5	6	7	8	9	10 Trifft zu

7. Meine Disziplin ist gut ausgeprägt.

1 Trifft nicht zu	2	3	4	5	6	7	8	9	10 Trifft zu

8. Meine Gewohnheiten sind in der Regel intrinsisch motiviert. Ich tue sie nicht, weil irgendjemand behauptet, dass es gesund ist, oder weil ich Konsequenzen fürchte, sondern weil ich den Vorteil darin für mich erkenne.

1 Trifft nicht zu	2	3	4	5	6	7	8	9	10 Trifft zu

9. Meine Gewohnheiten motivieren mich, damit weiterzumachen, weil es sich gut anfühlt, sie auszuführen.

1 Trifft nicht zu	2	3	4	5	6	7	8	9	10 Trifft zu

10. Ich nutze meine Gewohnheiten bewusst dazu, um mein Leben etwas gesünder und besser zu machen, um in meiner Persönlichkeit zu wachsen und um glücklicher zu werden.

1 Trifft nicht zu	2	3	4	5	6	7	8	9	10 Trifft zu

Baustein 5: Ängste

1. Ich habe keine Angst vor meinen Ängsten, weil ich weiß, dass es immer einen Grund für Ihre Existenz gibt.

1 Trifft nicht zu	2	3	4	5	6	7	8	9	10 Trifft zu

2. Wenn ich eine Angst in mir verspüre, ignoriere ich sie nicht, sondern möchte ergründen, was sich hinter ihr verbirgt.

1 Trifft nicht zu	2	3	4	5	6	7	8	9	10 Trifft zu

3. Meine Ängste fühlen sich nicht überwältigend für mich an.

1 Trifft nicht zu	2	3	4	5	6	7	8	9	10 Trifft zu

4. In der Regel sind meine Ängste rational und nicht irrational.

1 Trifft nicht zu	2	3	4	5	6	7	8	9	10 Trifft zu

5. Wenn ich mir gedanklich vorstelle, mich meiner größten Angst auszusetzen, ist mir zwar etwas mulmig zumute, aber ich fühle mich dabei nicht überfordert.

1 Trifft nicht zu	2	3	4	5	6	7	8	9	10 Trifft zu

6. Es gibt nur wenige Situationen, die in mir Ängste hervorrufen.

1 Trifft nicht zu	2	3	4	5	6	7	8	9	10 Trifft zu

7. Ich kenne einige Selbsthilfetechniken zur Angstbewältigung und weiß damit umzugehen.

1 Trifft nicht zu	2	3	4	5	6	7	8	9	10 Trifft zu

8. Ich vermeide keine angstauslösenden Reize, sondern konfrontiere mich sogar mit ihnen von Zeit zu Zeit.

1 Trifft nicht zu	2	3	4	5	6	7	8	9	10 Trifft zu

9. Ab und zu setze ich mich bewusst Situationen aus, die sich außerhalb meiner Komfortzone befinden, um davon zu lernen und daran zu wachsen.

1 Trifft nicht zu	2	3	4	5	6	7	8	9	10 Trifft zu

10. Ich bin in der Regel ein mutiger Mensch.

1 Trifft nicht zu	2	3	4	5	6	7	8	9	10 Trifft zu

Baustein 6: Selbstbewusstsein

1. Ich werde von meinen Mitmenschen als selbstbewusst beschrieben.

1 Trifft nicht zu	2	3	4	5	6	7	8	9	10 Trifft zu

2. Ich nehme mich so an, wie ich bin, und habe deshalb keine Hemmungen, um mich der Welt mitsamt meiner Stärken und Schwächen zu präsentieren.

1 Trifft nicht zu	2	3	4	5	6	7	8	9	10 Trifft zu

3. Ich habe keine Scheu, anderen Menschen meine Meinung zu sagen, auch wenn sie das vor den Kopf stoßen könnte.

1 Trifft nicht zu	2	3	4	5	6	7	8	9	10 Trifft zu

4. Ich vertraue mir selbst, auch in stressigen und herausfordernden Momenten, die sich außerhalb meiner Komfortzone befinden.

1 Trifft nicht zu	2	3	4	5	6	7	8	9	10 Trifft zu

5. Ich fühle mich mit meinen Fähigkeiten sicher in meinem Körper und in meinem Leben.

1 Trifft nicht zu	2	3	4	5	6	7	8	9	10 Trifft zu

6. Ich bin zwar selbstbewusst, aber nicht überheblich und arrogant.

1 Trifft nicht zu	2	3	4	5	6	7	8	9	10 Trifft zu

7. Ich kenne meinen Selbstwert und weiß, dass ich ein wertvoller Mensch bin.

1 Trifft nicht zu	2	3	4	5	6	7	8	9	10 Trifft zu

8. Wenn mir einmal ein Fehler unterlaufen ist, bedeutet dies nicht, dass ich dadurch als Mensch weniger wert bin.

1 Trifft nicht zu	2	3	4	5	6	7	8	9	10 Trifft zu

9. Ich fühle mich in der Gegenwart von anderen Menschen wohl.

1 Trifft nicht zu	2	3	4	5	6	7	8	9	10 Trifft zu

10. Ich kann hervorragend über mich selbst lachen.

1 Trifft nicht zu	2	3	4	5	6	7	8	9	10 Trifft zu

Baustein 7: Resilienz

1. Wenn etwas Unerwartetes geschieht, reagiere ich darauf flexibel, indem ich neue Ideen vorschlage.

1 Trifft nicht zu	2	3	4	5	6	7	8	9	10 Trifft zu

2. Es fällt mir nicht schwer, mich den Gegebenheiten einer Situation anzupassen, um das Beste daraus zu machen.

1 Trifft nicht zu	2	3	4	5	6	7	8	9	10 Trifft zu

3. Schwierige Dinge belasten mich nicht so stark, dass ich das Gefühl habe, nicht damit umgehen zu können, oder dass sie mein Leben in irgendeiner Weise behindern.

1 Trifft nicht zu	2	3	4	5	6	7	8	9	10 Trifft zu

4. Es fällt mir leicht, mein Verhalten an der gegebenen Situation auszurichten.

1 Trifft nicht zu	2	3	4	5	6	7	8	9	10 Trifft zu

5. Ich habe keine Angst vor Veränderungen, weil ich weiß, dass ich mit ihnen umgehen kann.

1 Trifft nicht zu	2	3	4	5	6	7	8	9	10 Trifft zu

6. Ich scheue keine zwischenmenschlichen Konflikte, auch wenn sie Veränderungen bedeuten könnten.

1 Trifft nicht zu	2	3	4	5	6	7	8	9	10 Trifft zu

7. Wenn mir ein Schicksalsschlag widerfährt, bin ich in der Lage, darüber hinwegzukommen und weiterzumachen, ohne in eine substanzielle Existenzkrise zu fallen.

1 Trifft nicht zu	2	3	4	5	6	7	8	9	10 Trifft zu

8. Ich weiß, dass ich selbst über mein Schicksal bestimme.

1 Trifft nicht zu	2	3	4	5	6	7	8	9	10 Trifft zu

9. Ich versuche, so viel wie möglich aus den Herausforderungen des Alltages zu lernen.

1 Trifft nicht zu	2	3	4	5	6	7	8	9	10 Trifft zu

10. Ich betrachte Krisen als Chance für persönliches Wachstum.

1 Trifft nicht zu	2	3	4	5	6	7	8	9	10 Trifft zu

Am Ende des Glückstests angekommen, zählen Sie die Punkte in den Kategorien der Glücksbausteine zusammen.

Beispiel:
Baustein 1: 5 + 7 + 2 + 4 + 1 + 4 + 3 + 6 + 5 + 5 = 42
Das Ergebnis beträgt hier 42 von insgesamt 100 möglichen Glücks-Punkten.

Sie sollten also insgesamt 7 einzelne Ergebnisse haben, die Sie in der linken Ergebnisspalte (Vorher) in der folgenden Tabelle notieren. Die rechte Spalte (Nachher) können Sie vorerst ignorieren, die brauchen Sie erst zum Ende des Buches. Ihr Ergebnis zwischen 10 und 100 ist gleichzeitig als Prozentangabe zu sehen, wodurch deutlich wird, auf welchem Stand Sie sich in dem Bereich befinden und welche Bausteine Ihre persönliche Problemzone darstellen. Um die Gesamt-Glücks-Punktzahl auszurechnen, ermitteln Sie den Durchschnitt der Werte, indem Sie deren Summe durch 7 teilen.

Beispiel:
42 % (Baustein 1) + 65 % (Baustein 2) + 38 % (Baustein 3) + 69 % (Baustein 4) + 25 % (Baustein 5) + 30 % (Baustein 6) + 32 % (Baustein 7) = 301 : 7 (Anzahl aller Bausteine) = 43 %
Das Ergebnis beträgt hier 44 %, was Ihr gesamtes momentanes Glücksempfinden anzeigt.

Baustein	**Ihre Ergebnisse**	
	Vorher	**Nachher**
Baustein 1: Grübeln	________ %	________ %
Baustein 2: Gelassenheit	________ %	________ %
Baustein 3: Positives Denken	________ %	________ %
Baustein 4: Gewohnheiten	________ %	________ %
Baustein 5: Ängste	________ %	________ %
Baustein 6: Selbstbewusstsein	________ %	________ %
Baustein 7: Resilienz	________ %	________ %
Gesamt-Glücks-Punktzahl	**________ %**	**________ %**

Wichtig: Dieser Test dient nicht der Selbstverurteilung. Betrachten Sie die Ergebnisse als objektiven Ist-Zustand, der jedoch nicht bewerten soll, ob Sie Ihr Leben gut oder schlecht führen. Sie sind ein guter Mensch, unabhängig davon, ob Sie gerade viele Glücks-Punkte gesammelt haben oder nur sehr wenige.

Die Interpretation der Ergebnisse

Wenn Sie sich nun die mit Ihren Ergebnissen ausgefüllte linke Spalte der Tabelle aus dem letzten Kapitel anschauen, können Sie an den Prozenten ablesen, wie ausgeprägt Ihre Stärken auf diesen Gebieten sind beziehungsweise wie viel Potenzial sich noch darin verbirgt. Wenn Sie zum Beispiel beim positiven Denken eine Glückspunktezahl von „38" erreicht haben, bedeutet dies, dass Sie nur zu 38 % in Ihrem Leben positiv denken, wobei Sie in den restlichen 62 % Ihres Alltags anscheinend damit noch Probleme haben. Durch die numerischen Ergebnisse des Glückstests können wir besser verstehen, was eigentlich in unserem Leben vor sich geht. Oft haben wir uns bereits so an unsere negativen Muster gewöhnt, dass sie uns gar nicht mehr auffallen. Dann kann es gut und gerne einmal passieren, dass Sie sich beispielsweise eigentlich immer für recht selbstbewusst gehalten haben, doch Ihre niedrige Glückspunktzahl von 25 %, laut dem Beispiel, etwas anderes aussagt. Das Stichwort lautet hier „verzerrtes Selbstbild" – Sie erinnern sich an das Kapitel „Die Bedeutung des Selbsttests: Durch Selbsterkenntnis zu mehr Glück im Leben". Damit lenkt der Test die Aufmerksamkeit auf ganz konkrete Sachverhalte und Aussagen, wodurch Ihr unbewusster Verstand keine Chance mehr hat, Dinge zu verschleiern oder „unter den Tisch" fallen zu lassen. Was Sie in der Tabelle sehen, sind klare und eindeutige Fakten Ihres momentanen Ist-Zustandes.

Die rechnerisch ermittelte Gesamt-Glücks-Punktzahl zeigt Ihnen auf, wie glücklich Sie momentan mit sich und Ihrem Leben im Gesamten sind – in Bezug auf die Glücksbausteine. Natürlich erhebt dieser Selbsttest keinen Anspruch darauf, alle Aspekte des kompletten Lebens eines Menschen abdecken zu können, denn das wäre unrealistisch. Dennoch erhalten Sie einen aussagekräftigen Ausgangspunkt bezüglich Ihres derzeitigen Glücksempfindens. Je mehr sich das Ergebnis der 100 % annähert, desto glücklicher sind Sie. Im Beispiel sind es 43 % – da ist doch noch deutliches Verbesserungspotenzial vorhanden. Gleichzeitig ist es wichtig, dass Sie anerkennen, in welchen Glücksbausteinen Sie bereits gute Werte aufweisen und welche schon weit entwickelt sind. So lernen Sie etwas über sich und Ihre Stärken. Auf der anderen Seite lügen die Zahlen ebenso wenig über Ihre Schwächen. Können Sie die hier verborgene Herausforderung zur Verbesserung erkennen?

Um sich Ihre Stärken und Schwächen, die Sie durch den Selbsttest identifizieren konnten, noch einmal vor Augen zu führen, können Sie diese hier notieren:

Meine Stärken:

___

Meine Schwächen:

___

Ihre Reise zur Steigerung von Glück und Wohlbefinden

Glück und Wohlbefinden können gesteigert werden. Ihre Gesamt-Glücks-Punktezahl ist nicht in Stein gemeißelt und wer weiß, vielleicht werden Sie bereits am Ende dieses Buches überrascht sein, welch einen gewaltigen Fortschritt Sie gemacht haben. Der Selbsttest bildet lediglich eine Momentaufnahme Ihrer Empfindungen ab, was bedeutet, dass, selbst wenn Sie jetzt unglücklich sind, das nicht immer so sein wird, auch wenn es sich womöglich gerade so anfühlt. Verinnerlichen Sie sich also, dass Sie sich nicht mit einem unbefriedigten und unerfüllten Leben zufriedengeben müssen, wenn Sie eigentlich ein glückliches anstreben.

Wenn Sie die folgenden Kapitel lesen und die Übungen der einzelnen Glücksbausteine durcharbeiten, werden Sie vermutlich besonders aufmerksam bei jenen Themen sein, die in Ihrem persönlichen Glückstest tendenziell schlechter abgeschnitten haben. Ja, es ist wichtig, das Leben bezüglich dieser Bausteine besonders genau unter die Lupe zu nehmen, doch vergessen Sie dabei nicht, auch die anderen Themen ernst zu nehmen. Selbst, wenn Sie eine zufriedenstellende Punktzahl bei einem der Glücksbausteine erreicht haben, so gibt es immer Verbesserungspotenzial nach oben. Arbeiten Sie also auch an Ihren Stärken weiter und vernachlässigen Sie diese nicht – genau das ist der Ansatz, den die Positive Psychologie verfolgt. Ruhen Sie sich nicht auf Ihren Erfolgen aus, sondern nutzen Sie den Aufschwung und die Motivation, um noch besser zu werden. Stärken und Schwächen sind Teil eines jeden Menschen und gehören einfach zu uns dazu.

Mit diesem Buch werden hier keine „Problembereiche Ihrer Psyche" versucht, zu beseitigen. Es darf Sie vielmehr dazu ermuntern, diese anzunehmen, zu akzeptieren und mit ihnen zu arbeiten. Gleichzeitig möchte die Positive Psychologie darauf hinweisen, dass Sie Ihre Stärken noch weiter ausbauen, denn hier liegt Ihr Potenzial verborgen. Wenn Sie sich mit Ihren positiven Seiten Ihrer Persönlichkeit befassen, werden Sie sich auf das Gute in Ihnen fokussieren und damit gemäß dem Gesetz der Resonanz mehr Glück und Zufriedenheit in Ihr Leben ziehen. Lassen Sie die Positive Psychologie Ihr verständnisvoller und sanfter Begleiter bei dieser intensiven inneren Erkenntnisarbeit sein.

Exkurs: Gesetz der Resonanz

Das Gesetz der Resonanz besagt, dass wir das in unser Leben ziehen, mit dem wir in Resonanz gehen. Ein Mensch, dessen Gedanken, Worte und Taten Aggressivität und Hass ausdrücken, wird keine Liebe anziehen können. Sie können sich das wie ein Radio vorstellen, dessen Empfänger auf UKW eingestellt wurde und das deshalb keine Sender auf Mittelwelle empfangen kann.

Der Mensch kann also nur das wahrnehmen, mit dem er in Resonanz schwingt. Auch die Positive Psychologie macht von diesem universellen Gesetz Gebrauch, denn sie regt uns dazu an, uns auf genau das zu konzentrieren, was wir in unser Leben ziehen möchten. Der Fokus wird von den Schwächen, Fehlern und Misserfolgen auf die Stärken, Potentiale und Erfüllung verlagert. Damit passen wir unsere Schwingungsfrequenz dem Glück und dem Wohlbefinden an. Täten wir das nicht, würden wir weiterhin Unglück und Unwohlsein empfinden, und zwar so lange, bis wir etwas an unserer eigenen Sichtweise ändern. Wir müssen also lernen, bereits so zu sein und zu leben, wie wir uns ein glücklicheres Leben vorstellen.

Das Fundament der Positiven Psychologie

Die Bereitschaft zur Selbstreflexion

Selbstreflexion ist für ein glücklicheres und zufriedenes Leben eine notwendige Voraussetzung. Zudem bringt sie uns näher zu unserem wahren Selbst. Doch wie genau steht sie mit der Positiven Psychologie in Verbindung?

Bei der Reflexion unserer eigenen Person oder von Situationen, die uns geschehen, distanzieren wir uns bewusst von uns selbst oder dem Erlebnis, wodurch wir eine andere Perspektive bei der Betrachtung, Wahrnehmung und Bewertung unserer Gedanken, Worte und Taten und der von anderen einnehmen können. Hier wird von der sogenannten **Meta-Ebene** gesprochen, die mit einer übergeordneten Stufe verglichen werden kann. Das Besondere daran ist, dass wir uns dadurch von unseren Emotionen trennen, die unsere Sichtweise trüben.

Die Meta-Ebene
Die Meta-Ebene ist eine Sichtweise, bei der eine erhöhte Perspektive eingenommen wird. Sie könnte auch als Vogelperspektive beschrieben werden, da die jeweilige Situation oder das Gespräch von oben betrachtet wird. Der Vorteil der Meta-Ebene liegt darin, dass ein Konflikt rein sachlich angesehen werden kann. Der Beteiligte gewinnt einen gesunden Abstand zu seinen Emotionen, wodurch er in der Lage ist, die Fakten zu erkennen.

Ein Beispiel zur Verdeutlichung:
Sie hatten einen Streit mit einem Freund und Sie gingen, ohne Klärung, auseinander. Ein paar Tage später sprechen Sie sich erneut und können sich einander wieder annähern. Verantwortlich dafür ist die Meta-Ebene, auf die Sie sich beide ein paar Tage nach dem Streit unbewusst einlassen konnten, da Sie Distanz zu der Emotionalität gewonnen haben. Das Klärungsgespräch findet auf einer sachlichen Ebene statt, wodurch Sie in der Lage sind, die Situation „von oben" zu betrachten.

Eine ähnliche Distanz, die eine gute Reflexion ermöglicht, besitzen Sie, wenn Sie dem Streit von zwei anderen Menschen zuhören. Dabei agieren Sie als eine unbeteiligte Partei, die weder Teil des Diskussionsgegenstandes ist noch sich in die Diskussion einmischt. Sie hören lediglich zu.

Damit die Selbstreflexion erfolgreich ist, sollte es uns gelingen, ehrlich und kritisch vorzugehen, jedoch ohne Verurteilungen. Konstruktive Hinweise werden uns weiterbringen, destruktive hingegen tun nur eines: zerstören. Das positive Denken spielt dabei eine sehr wichtige Rolle: Wir reflektieren uns, damit wir mehr Glück in unser Leben ziehen, und nicht, um unsere Schwächen und Misserfolge zu erklären und in Negativität und Depression zu verfallen. Dabei wird also nicht die Frage gestellt, warum etwas passiert ist, sondern wozu – ein großer Unterschied, der die Perspektive auf das Gute ändert.

Bereits die alten Griechen wussten, was notwendig ist, um ein gutes und glückliches Leben zu führen. So verewigten sie ihr Lebensmotto auf dem Apollotempel von Delphi: Erkenne dich selbst (Griechisch: gnôthi seautón, γνῶθι σεαυτόν).

Was uns die Reflexion bringt

Die Gedanken, Worte und Handlungen zu reflektieren, bereichert das Leben des Menschen ungemein, da er sich so besser kennenlernt und herausfindet, was in ihm steckt. Die Kritik und Verurteilung unseres Selbst ist nicht das Ziel, sondern die Wahrnehmung und Beobachtung von dem, was in uns geschieht, und dem, was wir nach außen hin an Sprache und Verhalten tragen. Die Reflexion ist in erster Linie weniger dafür gedacht, um sich selbst zu verbessern, zu optimieren und die eigene Leistung zu steigern. Sie ist die Ergründung der Sinnhaftigkeit unserer Empfindungen und Verhaltensweisen, was unserer psychischen Gesundheit dienlich ist. Die Reflexion kann deswegen auch als Selbstschau, Selbstbesinnung oder innere Einkehr bezeichnet werden, wobei alle Begriffe die Fähigkeit beschreiben, über die Vorstellungskraft diverse Erkenntnisse über sich selbst zu gewinnen. Das ermöglicht uns, uns selbst wieder zu finden.

Wir können aus unseren Fehlern lernen, die uns in der Vergangenheit unterlaufen sind und wir nicht noch einmal wiederholen wollen. Um etwas zu lernen, müssen wir zunächst den Blick auf die Vergangenheit werfen, um die Gegenwart besser zu verstehen und daraus hilfreiche Schlüsse für die Zukunft ziehen zu können. Damit kommen wir unseren Zielen Stück für Stück näher. Wenn wir ehrlich zu uns selbst sind, können wir alle Seiten sachlich betrachten, um daraufhin die bestmögliche Entscheidung für uns zu treffen. Auch in Konfliktsituationen ist die Einnahme der Meta-Ebene ein wertvolles Werkzeug, wodurch wir nicht nur schneller eine Lösung herbeiführen, sondern zudem eine, die für alle Parteien die beste ist. Zudem ist es wichtig, eine gehörige Portion Selbstmitgefühl aufzubringen, wenn es an unsere inneren Vorgänge geht, die ja auch unsere Träume und Hoffnungen, aber auch Sorgen und Ängste beinhalten. Dadurch erhöht sich die Fähigkeit, sich selbst besser wahrnehmen zu können, wodurch wir leichter unsere Bedürfnisse zum Ausdruck bringen und diese befriedigen können – eine Grundlage des glücklicheren Lebens.

Die Bereitschaft zur Selbstreflexion erhöhen: Tipps zur Einnahme der Meta-Ebene

Optimale Voraussetzungen schaffen

Wir kommen mit der Selbstreflexion nicht weit, wenn wir gestresst sind und unter Zeitdruck stehen. Mal schnell so nebenbei das eigene Verhalten zu analysieren, ermöglicht keine so tiefe Einsicht wie die Reflexion in Ruhe. Deswegen ist Entspannung eine Voraussetzung für diesen Prozess. Wenn Sie in Ihre innere Welt vordringen möchten, um wirklich etwas über sich zu lernen, nehmen Sie sich dafür auch die Zeit, die Sie brauchen.

Routine

Selbstreflexion ist ein lebenslanger Prozess. Wenn Sie wirklich dranbleiben möchten, schaffen Sie sich eine feste Routine, wodurch Sie regelmäßige Selbstwahrnehmung praktizieren. Wenn Sie eine Gewohnheit in Ihren Alltag etablieren, machen Sie es sich selbst leichter, diese auch beizubehalten, ohne davon nach ein paar Wochen wieder abzukommen. Hier ein paar Tipps, wie Sie eine neue Routine in Ihr Leben integrieren können:

- Formulieren Sie Ihr persönliches „Warum“, das Sie sich immer wieder vor Augen führen können, um Ihre Motivation aufrechtzuerhalten.
- Notieren Sie die neue Routine auf einem Zettel und platzieren Sie diesen an einem Ort, an dem Sie ihn häufig sehen.
- Stellen Sie sich einen Wecker, um sich an Ihre Vorhaben zu erinnern.
- Platzieren Sie die Gegenstände, die Sie an Ihre neue Routine erinnern sollen, vor Ihren Augen (z. B. legen Sie das Tagebuch und den Stift gut sichtbar auf den Nachttisch, um sich an die abendliche Reflexion zu erinnern).
- Belohnen Sie sich für eine gelungene neue Routine, um sich zu motivieren.
- Nutzen Sie die Macht der Wiederholungen: Je öfter die Tätigkeit ausgeführt wird, desto besser prägt Sie sich ein. Bleiben Sie bis dahin geduldig mit sich.

Übung macht den Meister

Je mehr Sie reflektieren, desto besser werden Sie darin. Sie können sich bei den täglichen Geschehnissen auf eine Meta-Ebene begeben, indem Sie die Vogelperspektive einnehmen, oder auch bei vergangenen Situationen, die besonders herausfordernd für Sie gewesen sind. Es lohnt sich, bei jedem schwierigen Erlebnis einmal genauer nachzuhaken und zu reflektieren, was genau eigentlich damals geschehen ist. Sie werden ganz sicher an Erkenntnisse gelangen, die Sie sich zuvor nicht einmal vorstellen konnten.

Innen versus Außen: wenn die Realität von der eigenen Wahrnehmung abweicht

Oft weicht unsere eigene Wahrnehmung von dem ab, was andere erzählen. Diese Diskrepanz zwischen der Realität und unserem Empfinden geschieht immer dann, wenn unsere vergangenen Erfahrungen, unser Charakter und unsere Gefühle die geschehene Situation filtern.

Beispiel:
Stellen Sie sich vor, jemand würde Ihnen an den Kopf werfen, dass Sie zu dick seien. Sie könnten, vereinfacht betrachtet, auf zwei verschiedene Weisen reagieren: Entweder Sie bleiben neutral, weil Sie die Meinung nicht teilen, oder Sie fühlen sich angegriffen und verletzt, weil Sie ebenfalls befürchten, zu viel auf den Rippen zu haben. Dabei hat sich die Aussage des Gegenübers nicht geändert. Ihre Reaktion ist ganz und gar abhängig von dem, was in Ihrem Inneren vorgeht.

Um sicherzustellen, dass Sie die vergangene Situation, die Sie reflektieren möchten, auch richtig in Erinnerung haben und diese nicht durch Ihren eigenen Wahrnehmungsfilter verzerrt wurde, fragen Sie einfach Ihre Mitmenschen darüber aus, wie diese das Ereignis empfunden haben. Holen Sie sich Feedback von außen ein, am besten von Menschen, denen Sie vertrauen und die auch bereit dazu sind, die Wahrheit zu sagen.

Reflexion mit anderen Menschen: Metakommunikation

Befinden Sie sich in einem Gespräch mit einem anderen Menschen, können schnell Missverständnisse entstehen, weil Sie, der Sender, etwas anderes gemeint haben, als Ihr Gegenüber, der Empfänger, verstanden hat. Um dies zu vermeiden, wiederholt der Empfänger die Botschaft des Senders und fügt hinzu, wie er es verstanden hat. Dadurch kann der Sender gleichzeitig feststellen, ob er es wirklich so meinte oder ob er gegebenenfalls seine Worte anpassen muss. Durch diese simple Wiederholung des Gesagten wird ein Bedeutungsabgleich zwischen der Botschaft des Senders und dem sinngemäßen Verstehen des Empfängers vorgenommen. Eventuell entstandene Irrtümer oder Missverständnisse kommen so zum Vorschein.

Übung: Selbstreflexion als tägliches Ritual

Lassen Sie jeden Abend vor dem Einschlafen Ihren Tag Revue passieren. Denken Sie darüber nach, was geschehen ist, was gut gelaufen ist und was Ihnen Unbehagen bereitet hat. Achten Sie darauf, dass Sie diese Übung ohne Grübeln, sondern mit einem guten Gefühl abschließen, um ruhig einschlafen zu können. Wie Sie Ihren Tag abschließen, bestimmt, wie Sie Ihren nächsten Tag beginnen.

Übung: Tagebuch schreiben

Die Gedanken aufzuschreiben kann helfen, eine objektivere Sichtweise auf die Geschehnisse einzunehmen und die hervorgerufenen Gedanken und Gefühle zu verarbeiten. Es ist sogar wissenschaftlich belegt worden, dass Tagebuchschreiben Stress lindert, die Gelassenheit steigert, Angstzustände reduziert, dabei hilft, Traumata zu überwinden und Depressionen zu heilen. Kaufen Sie sich dafür ein schönes Büchlein und füllen Sie es mit Ihrem inneren Empfinden. Keine Sorge: Sie müssen es niemals irgendjemandem zeigen.

Übung: Meditation

Meditieren Sie über ein bestimmtes Ereignis oder eine Frage, die Sie momentan beschäftigt. Durch das Meditieren gelangen Sie zu der Ruhe und der Entspannung, die Ihnen tiefe Einsichten ermöglichen. Der Ablauf könnte wie folgt aussehen:

- Bereiten Sie sich auf die Meditation vor, indem Sie einen ruhigen Ort in Ihrem vertrauten Heim herrichten, Kerzen anzünden, Gegenstände platzieren und eine angenehme Atmosphäre schaffen. Beseitigen Sie mögliche Störquellen und tragen Sie bequeme Kleidung.
- Setzen Sie sich bequem in eine Haltung, die Sie über einen längeren Zeitraum hinweg einnehmen können.
- Schließen Sie die Augen und atmen Sie ein paar Male tief durch, um im Hier und Jetzt anzukommen.
- Nehmen Sie sich jetzt gedanklich ein Erlebnis vor, das Sie beschäftigt, und beobachten Sie, was sich vor Ihrem inneren Auge ereignet.
- Wechseln Sie die Perspektiven, indem Sie die Situation aus verschiedenen Rollen und Sichtweisen betrachten.
- Versuchen Sie dabei bewusst, Ihre Emotionen und Vorurteile außen vor zu lassen. Betrachten Sie nur die Fakten.
- Beobachten Sie, was mit Ihnen geschieht. Wie fühlt sich dies für Sie an? Welche neuen Erkenntnisse können Sie entwickeln?
- Danken Sie sich selbst zum Abschluss für Ihre Reflexionsbereitschaft.

Übung: Fragen, die zur Selbstreflexion anregen

Fragen sind das Mittel, über das Sie sich selbst ergründen können. Sie regen uns zum Nachdenken an und ermöglichen uns, zu sinnvollen Ergebnissen zu kommen. Einige Beispiele für Fragen, die Sie sich stellen könnten, liefert die folgende Liste:

- Was bereitet mir Freude im Leben?
- Was kann ich gut?
- Welche Ziele möchte ich erreichen?
- Wie kann ich meine Stärken weiter fördern?
- Was sind meine Schwächen?
- Welche konkreten Schritte kann ich unternehmen, um meine Schwächen auszugleichen?
- Welche Charaktereigenschaften in mir werden besonders von meinen Mitmenschen geschätzt?
- In welchen Bereichen des Lebens fällt es mir leicht, das Leben anderer Menschen zu bereichern?
- Worauf könnte ich verzichten, habe es aber bis jetzt noch nicht getan?
- Was hindert mich daran, Erfolg zu haben?
- Wo stehe ich mir selbst im Weg?
- Welchen Einfluss haben meine Mitmenschen auf mich?
- Für wie wertvoll halte ich meine Talente und Fähigkeiten?

Offenheit und Neugierde

Der Prozess der Selbsterkenntnis, den die Positive Psychologie von uns verlangt, erfordert eine gewisse Offenheit und Neugierde gegenüber dem, was wir entdecken könnten. Diese Eigenschaften, die übrigens auch Teil der 24 Charakterstärken und 6 Tugenden des Glücks laut Martin Seligman sind, beschreiben die Fähigkeit, dass wir uns aktiv auf die Suche nach neuen Erfahrungen machen, indem wir uns für verschiedene Themenbereiche interessieren. Dabei sind wir bereit dazu, Risiken einzugehen und Veränderungen einzuleiten, um uns neues Wissen und neue Erfahrungen anzueignen.

Dinge über sich zu lernen ist wahrlich eine Bereicherung für das gesamte Leben, doch das bedeutet nicht, dass es leicht und immer schön ist. Diese Aha-Momente, die wir haben, wenn uns endlich ein Licht bezüglich unserer Stärken und Schwächen aufgeht, halten nicht immer angenehme Erkenntnisse bereit, doch in jedem Fall welche, die uns weiterbringen, insofern wir sie nutzen. Sie werden auf Ihrer Reise in die Welt der Positiven Psychologie Mut beweisen müssen, Neues zu wagen, denn trotz des Namens werden Sie unweigerlich Ihren negativen Seiten begegnen. Das soll keine Bewertung sein, denn jeder Mensch ist gut so, wie er ist, mit all seinen Aspekten, die seine Persönlichkeit zu etwas Einzigartigem auf dieser Welt machen.

Sie werden mehrfach an den Punkt kommen, an dem Sie sich dazu aufgefordert fühlen, Ihre alten Gedanken, Sichtweisen, Gewohnheiten und Handlungsmuster zu überdenken. Dafür ist es notwendig, dass Sie bereit dazu sind, Veränderungen vorzunehmen, wo immer sie erforderlich sind, um Platz für mehr Glück in Ihrem Leben zu schaffen. Auch, wenn es manchmal schwer ist, sich einzugestehen, dass man falsch liegt oder ungesunde Angewohnheiten besitzt, so ist es die natürliche Offenheit und die Neugierde, die uns dazu antreiben, die Dinge einmal anders anzugehen. Kultivieren und bewahren Sie sich diese Eigenschaften, um zufriedener zu werden und erfüllter zu leben.

Es soll Ihnen an diesem Punkt auf keinen Fall Angst machen, denn trotz des Faktes, dass nicht immer alles einfach sein wird, werden die Vorteile des Prozesses, den die Positive Psychologie in Gange setzt, überwiegen. Wo Risiko besteht, warten auch Geschenke auf Sie. Der Mensch ist intuitiv davon abgeneigt, sich mit unangenehmen Seiten und Gefühlen zu befassen, doch einmal überwunden, zeigt sich wahre Befreiung. So fällt es vielen Menschen schwer, sich den Optimismus anzueignen und sich eine positive Einstellung dem Leben gegenüber anzugewöhnen, dabei liegt genau in diesen das Fundament eines glücklicheren Daseins verborgen. Blicken Sie also mit Neugierde auf die folgenden Kapitel, um sich mit Offenheit auf die Übungen und lebensverändernden Effekte einlassen zu können.

Annahme des Veränderungsprozesses

Wenn Sie der Positiven Psychologie ehrlich eine Chance in Ihrem Leben geben, werden Sie sich auf Veränderungen einstellen und die damit einhergehenden Konsequenzen annehmen müssen, die sich letztendlich auf Ihr Glücksniveau auswirken werden. Doch zuvor wird Ihre Bereitschaft geprüft, alte Muster aufzuweichen und zu verlassen, die Sie an mehr Zufriedenheit hindern.

Sollte es Ihnen schwerfallen, sich von Ihrem alten Leben des Unglücks zu verabschieden, halten Sie sich vor Augen, dass jede Veränderung auch Chancen in sich trägt. Ein Merkmal eines aktiven Lebens ist die Fähigkeit, selbst Veränderungen als ein Instrument der Lebensgestaltung zu initiieren. Sie nehmen immer wieder in den verschiedenen Lebensbereichen Anpassungen vor, um noch mehr Freude und Leichtigkeit in den Alltag zu integrieren.

Veränderungen sind per se weder gut noch schlecht. Es ist unsere eigene Bewertung der Situation, die der Veränderung ein Urteil aufdrückt. Das können Sie nutzen, indem Sie sich darüber bewusst werden, dass Sie es selbst in der Hand haben, was Sie aus einem Wandel machen. Sie könnten jammern und sich darüber ärgern oder Sie machen es so, wie die Positive Psychologie es rät:

Sie nehmen die Veränderung an und ziehen das Beste daraus.

Es liegt in der Natur des Menschen, dass ihm das Unbekannte zunächst erst einmal Angst macht. Innerhalb unserer Komfortzone fühlen wir uns wohl, weil wir dort nicht mit Unerwartetem zu rechnen haben und genau wissen, was zu tun ist. Doch leider spielt das Leben nicht so, denn die einzige Konstante des Universums ist die Veränderung – dessen können wir uns sicher sein.

Unsere Skepsis gegenüber den möglichen Unannehmlichkeiten und Gefahren einer Veränderung ist nicht nur angeboren, sondern sichert zudem unser Überleben. Das Entscheidende ist nur, sich von den Impulsen nicht beherrschen zu lassen, sondern abzuwägen, welches Risiko vertretbar ist und welches nicht.

Mit dem Kauf dieser Lektüre haben Sie bereits bewiesen, dass Sie innerlich für eine Veränderung in Ihrem Leben bereit sind: Eine Veränderung, die Sie letztendlich erfüllter sein lässt. Da stellt sich nur eine Frage: Sind Sie bereit dafür, in Ihr Inneres zu blicken und Prozesse in Gang zu setzen, die alte mentale sowie physische Muster ersetzen? Sind Sie bereit dazu, das loszulassen, was Sie von einem wirklich glücklichen Leben abhält?

Die 7 Bausteine des Glücks

Baustein 1: Grübeln stoppen

Grübeln: Die Angewohnheit des Misserfolgs

Der Geist ist ständig aktiv. Die Gedanken kreisen um ein und dasselbe Thema, doch es scheint kein Ende zu geben. Der Gegenstand der Sorge wird wieder und wieder durchgekaut, aber einer Lösung kommt man trotzdem nicht näher. Bestimmt kennen Sie es: das Grübeln.

Grübeln beschreibt einen anhaltenden Denkprozess, der kein Ende findet, wenn er nicht aktiv unterbrochen wird. Ein bekannter Spruch beschreibt es so treffend: *„Grübeln ist wie Schaukeln: Man ist zwar beschäftigt, aber man kommt einfach nicht voran."* Die Gedanken bewegen sich im Kreis, weshalb es sich auch so anfühlt, als würde man sich in einer negativen Spirale befinden, aus der es keinen Ausweg gibt. Eine bestimmte Situation in der Vergangenheit, ein gemachter Fehler oder die verletzenden Worte des Partners werden tausende Male im Kopf durchgegangen, sodass es nicht selten die Stimmung herunterreißt. Das Grübeln bezieht sich in der Regel auf Ereignisse der Vergangenheit, wobei der Grübelnde in erster Linie über sich selbst, seine Handlungen, Eigenschaften und Fehler nachdenkt. Es wird versucht, herauszufinden, was besser hätte gemacht werden können, weshalb die Szene immer wieder im Kopf durchgespielt wird.

- Existenzängste,
- Erlebnisse der Kindheit,
- Beziehungskonflikte,
- Selbstwertgefühle und
- Sinnfragen

sind typische Themen, die uns in die Grübelfalle geraten lassen. Dabei kann jedoch nichts Gutes entstehen. Ja, sich selbst zu reflektieren ist wichtig, wie Sie im vergangenen Kapitel gelernt haben, doch beim Grübeln schlägt das Nachdenken ins Negative um. Was vergangen ist, ist vergangen und kann nicht mehr beeinflusst werden.

Ein Merkmal des Grübelns ist, dass es destruktiv ist. Die Gedanken sind in der Regel übermäßig kritisch und pessimistisch, wobei sich der Betroffene auf das Negative fixiert, statt über praktische Lösungen, Möglichkeiten der Handlung und die Verbesserung der Situation nachzudenken. Nicht selten sind die Gedanken so kritisch, dass sie selbstabwertend sind und den Betroffenen mit einem Gefühl der Nutzlosigkeit und Hoffnungslosigkeit zurücklassen. Die Inhalte des Grübelns sind weitestgehend abstrakter Natur, die häufig den Bezug zur Realität verloren haben. Der Grübler steigert sich immer weiter in ein

Gedankenkonstrukt hinein, das am Ende nicht mehr wirklich etwas mit dem zu tun hat, was es einmal war. Vielleicht hat Sie ein Gespräch mit einem Freund zum Grübeln veranlasst, bei dem dieser nebenbei erwähnte, dass Sie ja ein wenig zugenommen hätten. Wenn Sie sich nun in diese Gedanken hineinsteigern und die Abwärtsspirale hinuntergleiten, könnten Sie Ihre Attraktivität gedanklich so abwerten, dass Sie sich anschließend depressiv fühlen. Es begann mit einem einfachen, unbewussten und vermutlich für den Freund belanglosen Kommentar über Ihre Figur und es endet mit Ihren Grübeleien, die Sie als Mensch völlig in Frage stellen.

Wenn wir uns ständig damit beschäftigen, was wir als schlecht definieren, was uns unglücklich macht und worüber wir uns sorgen, werden wir genau das empfinden: Negativität, Unglück und Angst. Negative Gedanken verursachen eine negative Stimmung, was Grübeln so gefährlich macht. Es steht eng mit Depressionen in Zusammenhang, die durch das Gedankenkarussell entstehen und aufrechterhalten werden können. Wird Grübeln zur Gewohnheit, kann es depressive Phasen auslösen, was durch wissenschaftliche Forschungen bereits entdeckt wurde. Wichtig ist vor allem, zu wissen, dass es nicht die Inhalte der Gedanken sind, die hier ein Problem darstellen, sondern vielmehr der Prozess des Grübelns selbst.

Die Auswirkungen des Grübelns

Kein Wunder, dass Grübler meistens unter Schlafstörungen leiden. Es lässt sie nur schwer zur Ruhe kommen, wenn die negativen Gedanken im gesamten Körper für Stress sorgen. Besonders abends, wenn man sich ins Bett legt und eigentlich einschlafen möchte, halten keine Ablenkungen mehr davon ab, in ein Gedankenkarussell zu geraten. Tagsüber ist es noch recht leicht, die mentale Dauerschleife zu unterbinden, weil wir durch Arbeit, Freizeit oder soziale Kontakte automatisch beschäftigt sind. Abends und nachts hingegen fallen diese Ablenkungen weg und hartnäckige Grübelattacken können in unseren Geist Einzug halten. Diese hohe Aktivität im Gehirn lässt jedoch nicht zu, dass sich der Körper auf einen erholsamen Schlaf vorbereitet. Dann bleibt meist nur die verzweifelte Hoffnung, dass das Grübeln von allein aufhört und die Müdigkeit die Oberhand gewinnt. Das muss jedoch nicht sein: Wie es auch anders geht, erfahren Sie im übernächsten Kapitel.

Die Inhalte der Grübeleien befassen sich meistens mit Traumata aus der Vergangenheit und unverarbeiteten negativen Ereignissen. Dabei bringen diese typischerweise überzogene Selbstkritik, Selbstzweifel sowie Schuld- und Schamgefühle mit sich. Es werden die eigenen Handlungen, Leistungen, Arbeitsweisen oder Ergebnisse kritisiert, was den Betroffenen emotional stark trifft – so stark, dass sein Selbstwertgefühl und Selbstvertrauen darunter leiden. Die Endlosschleife der Negativität vermittelt dem Grübler schnell ein Gefühl von Ohnmacht und Frustration.

Diese beschriebenen Empfindungen, die mit dem Grübeln einhergehen, versetzen den Betroffenen in eine Opfermentalität. Sie fühlen sich hilflos dem Schicksal und ihren Ängsten ausgesetzt. Es fühlt sich an, als gäbe es keinen Ausweg aus den eigenen Problemen und Charakterschwächen. Betroffene beklagen nicht selten eine auftretende Verschlechterung des Gemütszustandes, Energielosigkeit und Unwohlsein. Auch körperliche Auswirkungen wie

- Verspannungen,
- Konzentrationsbeschwerden,
- Appetitlosigkeit,
- Verdauungsstörungen oder
- Magengeschwüre

können sich mit der Zeit bemerkbar machen. Darüber hinaus werden Erkrankungen wie Depressionen, Zwangsstörungen oder Burnout begünstigt, die durch die negative Gedankenspirale entstehen oder gar verschlimmert werden können.

Wenn wir also so wenig von uns halten, mit uns selbst hart ins Gericht gehen, unsere Fähigkeiten anzweifeln und unseren Schwächen mehr Gewicht verleihen, kann Grübeln zu nichts anderes führen als zu Misserfolg. Während uns die Positive Psychologie lehrt, den Fokus auf unsere Stärken zu legen, aktiv unsere Potentiale zu entfalten und für unsere Ziele einzustehen, kultiviert das Grübeln lediglich immer mehr Negativität in uns. Hier wird deutlich, was das Stoppen des Gedankenkarussells zu einem so wichtigen Glücksbaustein macht, denn es liegt in der Natur des Grübelns, zu verhindern, dass wir uns wohlfühlen können, indem wir Freude, Vergnügen und Dankbarkeit empfinden. Damit steht es diametral entgegengesetzt zu der inneren lebensbejahenden Einstellung der Positiven Psychologie, die uns unsere Bedürfnisse befriedigen, unsere Träume erfüllen und unsere Persönlichkeit wachsen lässt, um uns damit zu einem glücklicheren sowie zufriedeneren Leben zu verhelfen.

1.2 Psychologische Hintergründe und Effekte des Grübelns

Der Unterschied zwischen Grübeln und anderen Formen des Denkens

Grübeln besitzt keine Zielgerichtetheit. Es geht lediglich darum, immer wieder ein und dasselbe Thema zu wiederholen. Im Vergleich dazu ist das klassische **Nachdenken** ein Vorgang, der das Ziel verfolgt, ein konkretes Problem, durch geistige Beschäftigung mit dem Thema, zu lösen.

Es werden verschiedene Erkenntnisse der Vergangenheit in den Kopf gerufen, verschiedene Szenarien durchgespielt und es wird über konkrete Schritte sinniert.

- „Wie kann ich vorgehen, um das Problem zu beseitigen?",
- „Was muss ich tun, damit sich eine Lösung findet?"

sind die Fragen, die man sich bei dieser Form des Denkens stellt, während sich der Grübler vielmehr Fragen wie

- „Warum muss immer mir das passieren?"

stellt. Deshalb folgt beim Nachdenken, anders als beim Grübeln, eine Handlung, nämlich die Umsetzung jener Lösung, die erdacht wurde. Kurz und knapp zusammengefasst: Grübeln ist destruktiv, Nachdenken ist konstruktiv.

Selbsttest: Denke ich noch nach oder grüble ich schon?
Ob wir gerade nachdenken oder grübeln, ist nicht immer eindeutig bestimmbar, schon gar nicht, wenn wir uns selbst betrachten. Um dennoch zu erkennen, ob die Form des Denkens uns gerade weiterbringt oder unterbunden werden sollte, können Sie sich die folgenden Fragen stellen:

- Habe ich durch das Nachdenken etwas begriffen, was mir zuvor noch nicht klar war?
- Bin ich durch das Nachdenken einer Lösung für das Problem nähergekommen?
- Fühle ich mich durch das Nachdenken weniger negativ und depressiv?

Wenn Sie diese Fragen mit „nein" beantworten müssen, sind Sie höchstwahrscheinlich in eine negative Gedankenspirale abgedriftet. Im nächsten Kapitel werden Ihnen Übungen vorgestellt, mit denen Sie aus dem Strudel wieder entkommen können.

Grübeln unterscheidet sich zudem vom typischen Sich-**Sorgen**-Machen. Bei Letzterem beziehen sich die Gedanken auf die Zukunft, nicht wie beim Grübeln auf die Vergangenheit. Sorgen können durch eine Aneinanderreihung von Vorstellungen beschrieben werden, die als unkontrollierbar empfunden werden und demnach negative Gefühle verursachen. Es verursacht im Betroffenen eine Angst davor, dass sich etwas Schlimmes ereignen könnte. Der zentrale Unterschied zwischen Grübeln und Sorgen zeigt sich also in der zeitlichen Bezogenheit der negativen Gedanken.

Tipps für weniger Sorgen:
Sorgen beziehen sich auf die Zukunft, weshalb es hilfreich ist, sich darauf zu besinnen, dass jetzt gerade die Gegenwart geschieht. Kommen Sie zurück ins Hier und Jetzt, um sich von den düsteren Gedanken zu befreien. Meistens sind unsere Gedanken über eine potenzielle Zukunft viel schlimmer als die eigentlichen Situationen, auf die sie sich beziehen. Deswegen macht es wenig Sinn, sich über Dinge Gedanken zu machen, die höchstwahrscheinlich nichts weiter als reine Fantasie sind. Gelingt es Ihnen nur schwer, sich auf den gegenwärtigen Moment zu fokussieren, richten Sie Ihre Aufmerksamkeit auf das, was Sie jetzt gerade umgibt:

Was sehen, hören, riechen, schmecken und fühlen Sie?

Durch bereits schlechte Erfahrungen, die wir gemacht haben, glauben wir, dass diese sich wiederholen werden. Doch dieses Denkmuster können wir umgedreht für uns nutzen: Die Erfahrung zeigt uns, dass wir bereits mit ähnlichen Dingen gut umgehen konnten und diese positiv überstanden haben. Dann wird es uns auch dieses Mal gelingen.

Grübeln verursacht Stress

Beim Grübeln werden im Gehirn die Konfliktzentren aktiviert, die bei Selbstgesprächen und in Situationen einer Auseinandersetzung ihre Arbeit antreten. Auf der körperlichen Ebene löst das negative Gedankenkarussell in uns also identische Mechanismen wie Streit, Zwist und Uneinigkeit aus. Das Grübeln verursacht somit genauso viel Stress wie der Auslöser der negativen Gedanken selbst. Der Körper erkennt dabei keinen Unterschied zwischen dem vergangenen Erlebnis, das wir als negativ auffassen, und dem Grübeln über dieses. Aus seiner Perspektive heraus erleben wir geistig wie körperlich die Situation wieder und wieder – und zwar so oft, wie wir sie durchdenken. Er kann nicht unterscheiden, ob wir das Negative gerade erleben oder nur denken. Dies verschlimmert unser Leid nur noch und lässt es besonders lang anhalten.

Was Stress mit dem Körper macht

Wird Grübeln zur mentalen Gewohnheit, werden ununterbrochen Stresshormone ausgeschüttet. Das zeigt auf, dass das Wiederkäuen von negativen Gedanken in ähnlicher Weise auf unseren Organismus wirkt wie Stress. Deshalb kann langanhaltendes Grübeln zu Bluthochdruck, einer gesteigerten Herzrate und einer vermehrten Ausschüttung von Cortisol führen, was wiederum mit diversen Erkrankungen des Herz-Kreislauf-Systems in Verbindung gebracht wird.

In der Regel kann der menschliche Körper gut mit Stress umgehen, da es eine ganz normale Erscheinung des Lebens ist. Allerdings gilt das nur unter der Voraussetzung, dass das stressauslösende Ereignis nach einer gewissen Zeit wieder beendet ist und sich der Körper in den Normalzustand zurückversetzen kann. Beim Grübeln ist dies jedoch nicht der Fall, da hier der Stress einen Dauerzustand darstellt, der dem Körper nicht erlaubt, zu Ruhe und Entspannung zu kommen. Das begünstigt so ziemlich alle Erkrankungen, die sich schleichend manifestieren, da sich der Organismus weder regenerieren noch seine Energie für Selbstheilung aufwenden kann. Er befindet sich durch die negative Gedankenspirale in einem Modus, der sonst nur bei akuter Gefahr eintreten sollte.

Die Auswirkungen des Grübelns auf unsere Emotionen

Das Grübeln ist in der Regel mit vielen intensiven Gefühlen verbunden, wobei Emotionen unterschiedlich lange anhalten. Je nachdem, welche Empfindungen wir haben, können diese noch nachhallen. Manche tauchen plötzlich auf und verschwinden genauso schnell wieder, während andere sich scheinbar in unserem Geist über Stunden hinweg festsetzen. Eine wissenschaftliche Studie der belgischen Universität in Leuven zeigte auf, dass Traurigkeit die Emotion ist, die sich am längsten in unserem Geist hält. Dabei spielt jedoch die Bedeutung eine Rolle, mit der der Betroffene das Ereignis, aus dem die Emotion resultiert, bewertet. Je ernster die Probanden ein Erlebnis bewerteten, desto länger anhaltend waren die daraus entstandenen Gefühle. Das erklärt auch, warum Traurigkeit die mit Abstand am längsten anhaltende Emotion ist, da sie meist mit Verlust oder Tod von Menschen einhergeht, dem wir eine überaus große Bedeutung zuschreiben. Die Forscher stellten hier einen Zusammenhang mit dem Grübeln fest: Das Wiederkäuen vergangener Situationen bestimmt maßgeblich, wie lange eine Emotion verspürt wird. Gefühle, die mit einem hohen Maß an Grübelei in Verbindung stehen, halten am längsten an.

Die durchschnittliche Dauer von Emotionen (nach ansteigender Dauer sortiert)

Positive Emotionen	Negative Emotionen
Überraschung: 2 Stunden	Ekel: 30 Minuten
Stolz: 2 Stunden 36 Minuten	Scham: 30 Minuten
Entspannung: 4 Stunden 18 Minuten	Angst: 42 Minuten
Bewunderung: 5 Stunden	Demütigung: 48 Minuten
Dankbarkeit: 5 Stunden	Irritation: 1 Stunde 18 Minuten
Begeisterung: 6 Stunden	Langeweile: 2 Stunden
Erleichterung: 8 Stunden	Wut: 2 Stunden
Hoffnung: 24 Stunden	Stress: 3 Stunden
Zufriedenheit: 24 Stunden	Schuld: 3 Stunden 30 Minuten
Freude: 35 Stunden	Neid: 15 Stunden
	Verzweiflung: 24 Stunden
	Enttäuschung: 24 Stunden
	Sorge: 24 Stunden
	Hass: 60 Stunden
	Trauer: 120 Stunden

Die Ursache des Grübelns: Gedankenschleifen als Vermeidungstaktik

Doch warum grübelt der Mensch eigentlich? Was steckt hinter dem Drang, das Gedankenkarussell zu fahren, und warum können wir nur unter Anstrengung aussteigen? Warum nur tun wir uns diese Negativität selbst an, wo wir doch deutlich zu spüren bekommen, wie schlecht sich das anfühlt?

Wir stellen uns unbewusst Warum-Fragen, auf die es keine Antworten gibt:

- „Warum muss ich so fühlen?",
- „Warum habe ich bloß immer so ein Pech?",
- „Warum ist das Leben immer so gemein zu mir?"

Es ist die Suche ins Leere. Dadurch wird deutlich, wie sinnlos das Grübeln im Grunde genommen ist. Tatsächlich ist es aber auch nicht die Beantwortung unserer Fragen, die wir uns durch die Dauerschleife der Gedanken erhoffen. Das Grübeln erfüllt bereits durch die entstehende Opfermentalität ihren Zweck. Finden Sie, dass das keinen Sinn ergibt? Lassen Sie mich das einmal näher erklären.

Sich in Gedankenkreisen zu verlieren, macht den Menschen passiv. Wenn wir uns in Gefühle wie Trauer, Wut, Hoffnungslosigkeit oder Ohnmacht hineinbegeben, geht uns jegliche Motivation abhanden, etwas an unserer Situation verbessern zu wollen. Zwanghaft wiederholen wir unangenehme Erfahrungen, ohne nach einer Lösung Ausschau zu halten. Wir hüllen uns mit dem Grübeln in eine schwere Decke von Gedanken, die uns bestätigen, dass es keinen Zweck hat, etwas verändern zu können, weil wir entweder zu unfähig, zu unkreativ, zu dumm, zu dick, zu alt, zu dies oder zu jenes sind. Wir erleben uns als ein Opfer unserer Schwächen, der Umwelt und des Lebens – wir fühlen uns, als müssten wir uns dem Schicksal hoffnungslos ergeben.

Viele Psychotherapeuten konnten feststellen, dass das Grübeln nichts anderes ist als die Angst davor, aktiv in das Leben einzugreifen. Auslöser für das tägliche Gedankenkreisen sind meist Konflikte, nicht getroffene Entscheidungen und unangenehme Gefühle, die wir unterdrücken wollen. Indem wir uns hinter negativen Gedanken verschanzen, liefern wir uns selbst einen Grund, um passiv ausharren zu können. Wenn wir nichts tun, sondern uns „tot stellen“, können uns schließlich keine Fehler passieren, wir können nicht kritisiert oder zurückgewiesen werden und wir können nicht scheitern. Wir sitzen oder liegen einfach nur da und denken nach. Das kommt jedoch mit einem hohen Preis, denn der Teufelskreis, in den wir geraten sind, lässt uns schnell den Blick für den Ausgang aus der Grübelei verlieren.

Das Paradoxe bei dieser Vermeidungstaktik ist, dass wir uns genau das, was wir eigentlich gar nicht wollen, durch das Grübeln selbst antun. Wir mögen zwar durch die selbsterlegte Handlungsunfähigkeit erreichen, dass wir im Leben nicht scheitern und andere Menschen uns nicht verletzen können, doch gleichzeitig sind wir selbst es, die uns verunsichern, abwerten und verurteilen. Das scheinen wir in Kauf zu nehmen, solange wir passiv bleiben können.

Das Grübeln versetzt uns in eine Art Schwebezustand, denn wir vermeiden dadurch einen sich uns aufdrängen wollenden Konflikt, der innerlich wie äußerlich auftreten kann. Diese schwierige Situation erscheint uns so gewaltig und unüberwindbar, dass wir uns dagegen sträuben, uns damit auseinanderzusetzen. Deswegen fällt es uns auch so schwer, aus der negativen Endlosschleife wieder herauszufinden, weil wir unbewusst eigentlich gar keine Lösung finden wollen. Unser Unterbewusstsein bewertet den vorhandenen Konflikt als für uns derzeit nicht händelbar, weshalb es die Strategie der Vermeidung wählt. Das ist eigentlich ein sehr sinnvolles mentales Programm zum Schutz unserer Psyche, wenn der Bewertungsmaßstab nicht von uns selbst stammen würde. Es entsteht ein Teufelskreis, der sich durch eine überzogene Selbstkritik selbst erhält: Wenn wir beim Grübeln schlecht über uns denken und uns nichts zutrauen, stufen wir uns selbst damit immer als unfähig ein, den Konflikt aktiv anzugehen, also auch ohne Grübeln bewältigen zu können. So etabliert sich eine Gewohnheit, die nur den Zweck erfüllt, uns mithilfe von Negativität abzulenken.

Übungen zur Reduzierung des Grübelns

Raus aus der negativen Gedankenspirale: Ansätze und Übungen zur Reduzierung von Grübeleien

Der erste und wichtigste Schritt, um uns aus der Grübelfalle zu befreien, ist das Erkennen. Die Dauerschleife lebt davon, dass wir sie nicht bemerken und uns unbewusst immer tiefer hineinreiten. Deshalb wird der Teufelskreis in dem Moment durchbrochen, in dem wir erkennen, was vor sich geht. Aus diesem Grund sind die folgenden Übungen so effektiv, wenn es ums Grübeln geht.

Wir können auch die Technik der kognitiven Umstrukturierung nutzen, um Gedanken zu identifizieren, die uns nicht guttun und uns nur herunterreißen, um sie dann durch Sichtweisen zu ersetzen, die besser für uns sind und uns auf unserem Weg zu mehr Glück im Leben beistehen. Unsere Gedanken nehmen dann einen positiven Einfluss auf unsere Gefühle und damit auf unser gesamtes Erleben der Welt.

Der Gedankenstopp: Umlenken des inneren Erlebens

Der Gedankenstopp beschreibt eine Technik, mit der Sie das Grübeln sofort unterbinden können, insofern Sie es bemerkt haben. Sobald Sie sich bewusst geworden sind, dass Sie gerade in negative Gedankenschleifen abgedriftet sind, sagen Sie zu sich selbst, entweder laut oder mental, „***Stopp***!". Diese bewährte Methode funktioniert natürlich auch mit anderen Signalen, zum Beispiel „***Schluss***!" oder „***Es reicht***!" – finden Sie einfach das Passende für sich heraus. Dadurch beenden Sie mit sofortiger Wirkung jegliche ungewollten Karussellfahrten und geben sich die Chance, sich für eine neue Art des Denkens zu entscheiden. Nachdem Sie den Gedankenstopp vollzogen haben, lenken Sie nun Ihr inneres Erleben in eine gewünschte, positive Richtung. Es ist wichtig, dass Sie die entstandene geistige Lücke wieder füllen, vorzugsweise mit Dingen, die in Ihnen angenehme Gefühle hervorrufen, ansonsten hat der Gedankenstopp nur wenig gebracht, weil Sie erneut in die Grübelfalle zurückfallen. Lenken Sie deshalb Ihre Aufmerksamkeit auf ansprechende innere Bilder oder schöne Erinnerungen, zum Beispiel mit Ihrer Familie oder aus dem letzten Urlaub. Dies ist besonders vor dem Einschlafen hilfreich, wenn wieder einmal die Negativität an Ihre geistige Tür anklopft.

Die 2-Minuten-Regel

Sollten Sie sich nicht sicher sein, ob Sie überhaupt grübeln oder ob Ihre Gedanken doch noch zu einem Ziel führen werden, versuchen Sie es mit der 2-Minuten-Regel. Dabei erlauben Sie sich exakt 2 Minuten lang die Gedanken, die zu Ihnen kommen wollen. Sie dürfen auf dieselbe Art weiterdenken, ohne etwas kontrollieren oder verändern zu wollen. Nach den 2 Minuten stellen Sie sich dann die folgenden Fragen:

- Haben mich meine Gedanken weitergebracht?
- Fühle ich mich jetzt besser oder schlechter als vorher?
- Bin ich jetzt erkenntnisreicher als vorher?
- Habe ich in den 2 Minuten weniger Selbstkritik als vorher ausgeübt?

Die Antworten auf die Fragen werden Ihnen verdeutlichen, auf welche Art Sie gerade gedacht haben. War es das Grübeln, unterbrechen Sie den Denkprozess nun, zum Beispiel durch Ablenkung. War es hingegen einfaches Nachdenken, können Sie damit fortfahren.

Distanz durch Spiegelarbeit

Einen interessanten Effekt und ein spannendes Experiment bewirkt die Arbeit mit dem Spiegel. Statt das Grübeln sofort zu unterbinden, wenn Sie es das nächste Mal bemerken, setzen Sie sich einfach einmal vor einen Spiegel und schauen sich beim Denken in das eigene Gesicht. Das wird lehrreiche Gefühle in Ihnen hervorlocken, die jedoch einiges bewirken können. Dadurch gewinnen Sie eine gewisse Distanz zu Ihren Gedanken, da Sie sich nun von außen betrachten. Diese kennen Sie bereits als Meta-Ebene.

Distanz durch die Meta-Ebene

Wenn wir innerhalb unserer Grübelgedanken gefangen sind und es uns in diesem Moment nicht einmal bewusst ist, sind wir in unsere eigenen Gefühle und Empfindungen verstrickt. Uns fehlt die nötige Distanz, um das Thema objektiv zu betrachten und zu einer Lösung zu kommen. Ganz im Gegenteil geht es eigentlich gar nicht um Inhalt oder Logik der Gedanken, sondern einfach nur darum, dass es uns schlecht geht. Wenn wir uns dann dafür entscheiden, uns auf die Meta-Ebene zu begeben, sehen wir uns nicht länger in das Geschehen involviert. Die höhere Perspektive, die wir dadurch eingenommen haben, ermöglicht uns, uns ein objektives Bild zu machen, das auf Fakten statt Emotionalitäten basiert. Haben Sie gerade das Grübeln feststellen können, lassen Sie es geschehen, doch wagen Sie ein kleines Rollenspiel: Nehmen Sie die Position eines Beobachters ein. Stellen Sie sich vor, wie Sie als Zuschauer vor einer Leinwand sitzen und den Film anschauen, der gerade in Ihrem Kopf vor sich geht. Verdeutlichen Sie sich, dass Sie dabei nicht beteiligt an der Situation sind.

- Was können Sie feststellen?
- Welche unbestreitbaren Fakten über den Inhalt Ihrer Grübeleien können Sie nennen?
- Welche Gefühle können Sie benennen und
- durch welche vergangenen Ereignisse wurden diese hervorgerufen?

Sammeln Sie so Informationen zum Film, den Sie gerade als Beobachter anschauen. In den meisten Fällen fällt uns dann endlich auf, wie sehr wir uns eigentlich mental festgefahren haben und dass das Ganze scheinbar ein Eigenleben entwickelt hat. Dies sind unglaublich hilfreiche Erkenntnisse auf dem Weg zu einem immer mehr vom Grübeln befreiten Leben.

Ablenkung schaffen

Grübeln können wir immer dann, wenn unsere Aufmerksamkeit nicht bei anderen Tätigkeiten benötigt wird – wenn wir sozusagen nichts Besseres zu tun haben. Da kann Ablenkung helfen, um sich gar nicht erst in die Lage zu versetzen, in der das Grübeln möglich wird. Wir setzen uns also gar nicht erst der Situation aus, die unsere Gewohnheit stimulieren könnte.

Wie genau diese Ablenkung aussieht, können Sie ganz allein entscheiden. *Was* Sie tun, ist nicht entscheidend, wichtig ist nur, *dass* Sie etwas tun. Sie könnten eine klassische To-do-Liste erstellen und Dinge notieren, die Sie ohnehin noch zu erledigen haben, wodurch Sie diese Übung gleich mit etwas Praktischem verbinden. Sie könnten auch ein schönes Buch lesen, einen informativen Podcast hören oder mit einem Freund telefonieren.

Der Grübelstuhl

Diese Übung geht das Grübeln auf eine andere Art und Weise an: Sie erlaubt das Gedankenkarussell, aber nur unter speziellen Bedingungen. Der Grübelstuhl ist besonders für Menschen geeignet, die nachts vom vielen Denken nicht einschlafen können. Wir müssen akzeptieren, dass es unmöglich ist, belastende Gefühle und Gedanken immer von uns wegzuschieben, davon einmal abgesehen ist es auch nicht gesund für unsere Psyche. Deshalb kann es sich als sinnvoll herausstellen, den Grübeleien Raum zu geben, jedoch unter Ihren Bedingungen. Wählen Sie dazu einen Ort in Ihrer Wohnung aus, den Sie nicht mit Entspannung verbinden. Das Wohnzimmer oder Schlafzimmer sind deshalb zum Beispiel keine gute Wahl. Haben Sie einen Raum gefunden, setzen Sie sich dort auf einen Stuhl, auf dem Sie normalerweise oder nur selten sitzen. Dies ist der Ort, den Sie von nun an aufsuchen, wenn Sie bemerken, dass Sie gerade grübeln. Wenn Sie zum Beispiel nicht einschlafen können, setzen Sie sich auf den Stuhl und geben sich dort die Zeit für die Gedankenschleifen. Sie können aber auch eine feste Zeit innerhalb Ihrer täglichen Routine festlegen, in der Sie sich auf den Stuhl setzen und sich selbst das Grübeln gestatten. Wenn die Gedanken dann abklingen, beenden Sie Ihre „Sitzung“ und fahren mit Ihrem Tag – ohne Gedankenkarussell – fort.

Entspannungsübungen

Grübeln steht stark mit Stress in Verbindung, weshalb ein Ansatz zur Reduzierung der mentalen Dauerschleife die gezielte Entspannung von Körper und Geist ist. Dabei gibt es nicht die eine Technik, die besonders effektiv wirkt, denn jeder Mensch ist anders und entspannt sich durch andere Dinge. Finden Sie etwas, was für Sie passt und bewirkt, dass Sie physisch wie psychisch loslassen können. Hier einige Inspirationen:

- Yoga
- Sport
- Massage
- Zeit in der Natur verbringen
- Meditation
- Qi-Gong
- Musik hören
- Lachen
- Tanzen
- Ein Bad nehmen
- Ganzkörperdehnübungen machen
- Thai-Chi
- Atemübungen (zum Beispiel die 2-2-4-Atmung aus dem Kapitel „Entspannungsübungen und Stressbewältigungstechniken“ des 2. Glücksbausteines: Gelassenheit lernen)
- Autogenes Training
- Lesen
- Fantasiereise (Stellen Sie sich einen schönen Ort vor, an dem Sie sich wohlfühlen, und verweilen Sie im Geiste dort. Nehmen Sie alles wahr, was um Sie herum geschieht.)
- Mit den Kindern spielen
- Spazieren gehen
- Progressive Muskelentspannung (Spannen Sie eine Muskelpartie in Ihrem Körper an, halten Sie diese Spannung für einen Moment und lassen Sie dann wieder los.)
- Mit dem Partner kuscheln

Kognitive Umstrukturierung durch einen Perspektivwechsel

Die Art und Weise, wie wir Dinge in unserem Leben erwarten und interpretieren, sowie die inneren Überzeugungen, die wir vertreten, sind verantwortlich für unsere Gefühle und unser Handeln. Es liegt also eine große Macht hinter unseren inneren Glaubenssätzen und der Art, wie wir denken, weswegen diese Übung Sie dazu anregt, Ihren Konflikt, über den Sie nachgrübeln, einmal aus einer anderen Perspektive zu betrachten. Während Sie das Grübeln an sich nicht weiterbringen wird, kann eine Umstrukturierung Ihrer Gedanken genau das bewirken.

Wenn Sie sich das nächste Mal beim Grübeln erwischen, nehmen Sie die Meta-Ebene ein, um Distanz zu schaffen und sich aus den Verstrickungen Ihrer Gefühle zu lösen. Wenn Sie ein vergangenes Ereignis immer wieder in Dauerschleife innerlich erleben, machen Sie sich bewusst, dass die Vergangenheit abgeschlossen ist und nicht mehr geändert werden kann. Legen Sie den vergangenen Konflikt beiseite beziehungsweise nehmen Sie die Situation an, die sich ereignet hat. Stellen Sie sich dafür diese elementare Frage:

„Wie sinnvoll ist es wirklich, dass ich die alten Wunden in meinen Gedanken wieder und wieder aufreiße?"

Machen Sie sich klar, dass es lediglich Ihre Gedanken sind, die für Ihre Stimmung verantwortlich sind – es sind keine Tatsachen. Häufig stellen wir uns die schlimmstmöglichen Szenarien vor, doch mal ganz ehrlich: Wie oft sind diese Horrorszenen wirklich eingetroffen in der Vergangenheit? Die Beantwortung der folgenden Fragen könnte Ihnen weiterhelfen:

- Ist dieser negative Gedanke wirklich wahr?
- Kann ich mit Sicherheit sagen, dass sich diese Situation so ereignet hat, wie ich sie mir in Dauerschleife vorstelle?
- Gibt es vielleicht alternative Erklärungen für das, was passiert ist?
- Welche anderen Perspektiven könnte ich einnehmen, um die Reaktion der beteiligten Menschen besser verstehen zu können?
- Ist meine derzeitige Interpretation wirklich korrekt?

Nachdem Sie einige Erkenntnisse über die Inhalte Ihrer Grübeleien gewinnen konnten, formulieren Sie für sich den Wunsch, glücklich und zufrieden sein zu wollen. Dieser Schritt ist wichtig, damit Sie sich selbst bekräftigen, aus dem Grübeln auszusteigen. Erkennen Sie, dass es notwendig ist, aktiv zu werden und ins Handeln zu kommen, um eine Verbesserung Ihrer Situation zu bewirken.

- Was kann ich konkret tun, damit ich mich besser fühle?
- Wie kann ich eine Klärung bewirken?

- Welche Schritte muss ich unternehmen, damit ich die Situation besser verstehe?
- Wen kann ich kontaktieren, der mich bei dem Entwickeln eines besseren Verständnisses für die vergangene Situation unterstützen kann?
- Welche, an der vergangenen Situation beteiligte, Person kann ich darum bitten, mir ihre Perspektive des Geschehnisses zu erläutern?

Rufen Sie sich in Erinnerung, dass Sie fähig dazu sind, den vorliegenden Konflikt zu bewältigen. All diese Schritte dienen dazu, dem Grübeln seinen Nährboden zu entziehen. Sie müssen daher aus dem Opferdenken, der Ohnmacht und der Passivität heraustreten, damit Sie einen Perspektivwechsel einnehmen können.

Vom Opfer zum Schöpfer:

- Übernehmen Sie Verantwortung für Ihre Gedanken, Gefühle, Worte und Taten. Niemand kann Ihnen schlechte Gefühle machen, wenn Sie dies nicht auch zulassen.
- Suchen Sie nicht die Schuld bei anderen oder sich selbst. Dadurch entmachten Sie sich nur und versetzen sich in die Opferrolle.
- Lernen Sie, auch mit schwierigen Situationen umzugehen, und erkennen Sie, dass Herausforderungen Sie nicht umbringen, sondern stärker machen.
- Erkennen Sie, dass Sie selbst entscheiden, ob Sie Opfer oder Schöpfer sind. Solange Sie sich selbst als Opfer sehen, werden Sie es auch bleiben.
- Werden Sie sich bewusst, dass Sie niemals hilflos sind, sondern immer eine Wahl haben. Selbst wenn Sie sich doch machtlos fühlen, ist dies Ihre Entscheidung gewesen.
- Beeinflussen Sie Ihre Gefühle mithilfe Ihrer Gedanken. Wie Ihre innere Stimme jeden Tag mit Ihnen spricht, sagt aus, wie Sie sich fühlen. Ändern Sie dies, indem Sie gut mit sich selbst reden.
- Ergründen Sie die Verhaltensweisen anderer Menschen Ihnen gegenüber. Nehmen Sie die Meta-Ebene ein und machen Sie sich bewusst, dass jeder individuelle Motive verfolgt und Sie sich nicht von der Meinung anderer abhängig machen müssen.
- Tun Sie Dinge, die Ihr Selbstwertgefühl steigern. Nur, wenn Sie von sich selbst glauben, nichts wert zu sein, können Sie ein Opfer sein.

„Wozu" statt „Warum"

Grübeln macht uns passiv und ist nicht daran interessiert, uns Lösungsvorschläge zu unterbreiten. Das Blatt dreht sich jedoch in dem Moment, indem wir uns statt des bekannten „Warums" die Frage nach dem „Wozu" stellen. Das Warum zeigt unsere Opferhaltung auf, während wir mit dem Wozu signalisieren, dass wir uns nicht als Spielball des Schicksals sehen, sondern nach dem Positiven hinter dem Ereignis, das Gegenstand der Grübeleien ist, aktiv suchen. Damit fragen wir uns, was wir aus der Situation gelernt haben und wie diese uns im Leben weiterhilft. Sobald wir uns ehrlich auf die Suche nach einer Lösung machen, fangen wir an, nachzudenken, und das Gedankenkarussell kommt endlich zum Stillstand.

- Warum muss ich bloß immer so ein Pech haben? → Wozu musste dieses Ereignis geschehen?
- Warum ist das Leben immer so schwer? → Wozu musste ich den Konflikt miterleben?
- Warum muss ich mich nur so schrecklich fühlen? → Wozu empfinde ich diese Emotionen?

Bemerken Sie anhand dieser Beispiele, wie sich die Stimmung mit dem Wechsel von Warum zu Wozu verändert? Die Warum-Fragen klingen hoffnungslos, niedergeschlagen, pessimistisch, jammernd und klagend. Die Wozu-Fragen hingegen heben das Gemüt, weil sie sich auf die Suche nach dem Positiven hinter dem Erlebnis machen. Sie klingen hoffnungsvoll, optimistisch, anregend und lebensbejahend.

Das Grübeltagebuch: Reflexion der inneren Beweggründe

Das Grübeltagebuch soll Ihre Gedanken und Gefühle, zusammengefasst, in schriftlicher Form aufnehmen, damit Sie dadurch Erkenntnisse über sich selbst gewinnen können. Dokumentieren Sie in einem Buch Ihrer Wahl die Häufigkeit des Grübelns und die Geschehnisse, auf die es sich bezieht. Sie nehmen Ihre inneren Empfindungen dadurch ernst, indem Sie Ihnen Beachtung schenken, doch Sie identifizieren sich nicht übertrieben stark damit. Das Stichwort lautet hier wieder einmal: Meta-Ebene. Deswegen ist es auch ratsam, zwar kurz und knapp den Inhalt der heutigen Grübelgedanken zu notieren, diesen jedoch nicht zu umfangreich zu gestalten, was die Gefahr birgt, dass Sie sich wieder zu sehr in die Negativität hineinbegeben. Setzen Sie einen festen Zeitpunkt in Ihrer täglichen Routine fest, zu dem Sie eine „Verabredung" mit Ihrem Grübeltagebuch haben und die Informationen niederschreiben. Sollten Sie mit einem Psychotherapeuten zusammenarbeiten, könnten sich die hier aufgeführten Informationen zusätzlich als eine sehr wichtige Quelle der Erkenntnisse für Ihren Therapeuten herausstellen.

Ihr Grübeltagebuch könnte die folgende Form aufweisen:

Datum: ____

Heute habe ich nach eigener Einschätzung so viel gegrübelt (ankreuzen):

○ Gar nicht gegrübelt

○ Wenig gegrübelt

○ Mittelgradig gegrübelt

○ Viel gegrübelt

○ Extrem viel gegrübelt

Geschehnisse, die heute zum Grübeln beigetragen haben:

____

____

____

____

____

____

Der Inhalt des heutigen Grübelns (kurz und knapp):

____

____

____

____

____

____

Meine heutige Strategie zur Bewältigung des Grübelns (z. B. Gedankenstopp):

____

____

____

____

____

____

Wie gut ist mir die Strategie zur Bewältigung heute gelungen?

____

____

____

____

____

Bestandsaufnahme und Ergründung der persönlichen Auslöser

Eine Übung, die Sie auch in Ihrem Grübeltagebuch ausführen können, ist die Ergründung des Auslösers Ihrer Grübelattacken. Dabei geht diese Reflexionstechnik davon aus, dass ...

1. ... übermäßiges und zielloses Denken über ein bestimmtes vergangenes Erlebnis eine Gewohnheit ist, die durch verschiedene Faktoren ausgelöst werden kann, und dass ...
2. ... es eine Form des Vermeidungsverhaltens ist.

Für diese Übung nehmen Sie eine Bestandsaufnahme vor und ergründen, wann, wo, wie, warum und wozu Sie grübeln. So werden Sie Einsichten darüber gewinnen, welche Faktoren Ihre Gewohnheit des Denkens hervorrufen und welchen Konflikten Sie damit aus dem Weg gehen. Durch diese innere Befragung nehmen Sie ganz automatisch eine neue Sichtweise ein und erkennen, dass Grübeln nicht etwas ist, das mit Ihnen geschieht, ob Sie wollen oder nicht, sondern dass Sie es selbst in der Hand haben. Beantworten Sie dazu die folgenden Fragen:

- Wie häufig grüble ich?
- Zu welchen Zeiten neige ich dazu, zu grübeln?
- Was unterscheidet die Situationen, in denen ich ins Grübeln gerate, von jenen, in denen ich es nicht tue?
- Gibt es konkrete Auslöser für mein Grübeln?
- Welche Themen beschäftigen mich während des Grübelns?
- Welche Themen durchdenke ich immer wieder?
- Zu welchen Schlüssen komme ich in der Regel?
- Gibt es Gedanken und Gefühle, die immer wieder nach dem Grübeln auftreten?
- Stehen diese in Zusammenhang mit meinen Glaubenssätzen und inneren Überzeugungen?
- Wodurch wird mein Grübeln beendet?

ACHTSAMKEITSTECHNIKEN FÜR DEN GEGENWÄRTIGEN MOMENT

Gedanken und Gefühle kommen und gehen, vorausgesetzt, wir lassen das zu. Das bemerken Sie schnell selbst, wenn Sie Ihren Gedankenstrom mit Achtsamkeit beobachten. Beim Grübeln hingegen blockieren wir diesen natürlichen Fluss und halten negative Gedanken fest, wodurch sie nicht wieder von selbst vergehen können. Stattdessen stimulieren unsere Grübelgedanken über mögliche Ausgänge einer Situation oder unsere negativen Gefühle immer wieder aufs Neue unser Stresssystem und rufen dadurch Emotionen wie Hilflosigkeit, Verzweiflung und Angst hervor.

Sie können sich nur aus der Grübelfalle befreien, wenn Sie sich bewusst werden, dass Gedanken und Gefühle stets vorübergehende mentale Phänomene sind. Wenn wir bereit sind, sie loszulassen, verabschieden sie sich von selbst wieder, ohne Schaden angerichtet zu haben. Die Achtsamkeit ist eine wichtige Strategie zur Reduzierung vom Grübeln, die deshalb ihr eigenes Kapitel verdient hat.

Was ist Achtsamkeit?

Achtsamkeit beschreibt einen Zustand, in dem sich der Mensch der Gegenwart bewusst ist. Dabei sind alle seine Sinne aktiviert, denn er sieht, riecht, hört, schmeckt und fühlt seine Umgebung mit seiner gesamten Aufmerksamkeit. Dabei haben keinerlei andere Gedanken, die die Vergangenheit oder Zukunft betreffen, eine Chance, zu ihm durchzudringen, denn er befindet sich voll und ganz im Hier und Jetzt. In einer Gesellschaft, in der es normal ist, von einem Termin zum anderen zu hetzen, sich Sorgen um die morgige Präsentation auf der Arbeit zu machen und gleichzeitig den gestrigen Streit mit dem Partner zu überdenken, ist die Achtsamkeit wahrlich ein Segen gegen den Stress des Alltags und die dadurch entstehende Zerstreuung des Geistes. Führen wir ein achtsameres Leben, leben wir bewusster. Der Fokus bleibt dabei auf dem gegenwärtigen Moment, welcher der einzige Zeitpunkt ist, in dem wir genießen, handeln und verändern können. Es ist auch der einzige Zeitpunkt, in dem wir glücklich und zufrieden sein können. Wenn wir im Hier und Jetzt verankert sind, können uns keine Altlasten aus der Vergangenheit und keine Ängste der Zukunft überrennen. Achtsamkeit ist der Schlüssel zur Reduzierung des Grübelns – und gleichzeitig der Weg zu einem positiveren Leben.

Grübeln und Achtsamkeit: Wie ein veränderter Bewusstseinszustand schädliche Gedanken unmöglich macht

Das Grübeln lebt davon, dass wir es nicht bemerken und uns in dem Gedankenkarussell verlieren. Nur, wenn wir unbewusst bleiben, während wir in die Abwärtsspirale hineingeraten, bleibt das Grübeln bestehen. Sobald wir es jedoch bemerken, hat der Gedankenstrudel keine Chance mehr, uns in seinen Sog zu ziehen. Das klingt erst einmal leicht umzusetzen, schließlich müssen wir nichts tun, außer unseren Fokus auf das zu richten, was sich gerade in unserem Geist abspielt … oder?

Leider ist das in der Praxis nicht immer so einfach. Gedanken und Gefühle können so intensiv sein, dass sie uns vollkommen einnehmen. Sie umspülen all unsere Sinne, sodass wir nicht mehr in der Lage dazu sind, andere Dinge wahrzunehmen. Es scheint plötzlich nur noch dieses bestimmte Szenario in unserem Kopf zu geben. Der einzige Ausweg daraus ist, innerlich einen Schritt zurückzutreten. Lösen Sie für einen Moment die starke Identifizierung mit den Gedanken und werden Sie achtsam. Die folgenden Übungen unterstützen Sie dabei.

Achtsamkeit beim Essen

Seien Sie einmal ganz ehrlich: Wie oft essen Sie schon bewusst? In der Regel schauen wir dabei auf unser Smartphone, machen es ganz nebenbei, während der Arbeit oder versinken dabei in Grübeleien. Diese Übung hilft Ihnen, hier mehr Achtsamkeit hineinzubringen.

Achtsames Essen beginnt bereits vor der Nahrungsaufnahme. Fragen Sie sich zunächst innerlich, ob es Hunger oder Appetit ist, den Sie verspüren. Spüren Sie in sich hinein: Nach welchen Nahrungsmitteln verlangt Ihr Körper jetzt gerade? Was möchten Sie essen? Mit welcher Stimmung setzen Sie sich an den Esstisch? Erlauben Sie Ihren Gedanken nicht, abzuschweifen, sondern bleiben Sie ganz im gegenwärtigen Moment, indem Sie sich auf Ihren Körper und seine Reaktion auf die Nahrung fokussieren.

Haben Sie Ihre Wahl bezüglich Ihrer Mahlzeit getroffen, richten Sie all Ihre Sinne auf diese. Schauen Sie den gefüllten Teller vor sich an, entdecken Sie die Farben und die Details. Lassen Sie die Düfte in Ihre Nase steigen und schmecken Sie die verschiedenen Lebensmittel. Beobachten Sie, was diese Sinneseindrücke mit Ihnen machen. Welche Konsistenzen bemerken Sie? Läuft Ihnen das Wasser im Mund zusammen? Kommt Ihnen der Geschmack bekannt vor?

Achten Sie darauf, in jedem Moment des Essens bewusst zu bleiben, dann können Sie nicht anders, als langsam und bewusst zu kauen. Zählen Sie mit, wenn Sie mindestens 20- bis 30-mal kauen, was Ihnen außerdem dabei hilft, im gegenwärtigen Moment zu bleiben. Ist Ihre Mahlzeit beendet, horchen Sie in sich hinein, ob Sie satt und zufrieden sind.

Achtsam Zeit verstreichen lassen

In unserem Alltag schleichen sich immer wieder Momente ein, in denen unsere Geduld gefragt ist, in denen wir gerade nichts tun können und in denen uns nichts anderes übrigbleibt, als auszuharren. Ob es das Warten vor dem Kopierer im Büro ist, das Warten in der Schlange vor der Kasse beim Einkaufen oder das Warten im Auto während eines Staus. Dies sind meist auch die

Momente, in denen unser Gehirn nicht mit anderen Dingen beschäftigt ist und deswegen ins Grübeln geraten kann.

Warten kann nervig sein, doch es ist immer eine Frage, wie wir mit der Situation umgehen. Statt sich das nächste Mal wieder in negative Gedankenmuster zu begeben, versuchen Sie doch einmal, mehr Bewusstsein in den Moment zu bekommen. Spüren Sie einmal ganz achtsam, was gerade in Ihnen vorgeht:

- Verspüren Sie Stress, weil Sie es eigentlich gerade sehr eilig haben?
- Ist es Ungeduld und Ärger über den langsamen Autofahrer vor Ihnen?
- Oder ist es doch Resignation und Langeweile?

Es geht hier lediglich darum, zu beobachten, und nicht um das Bewerten der Gefühle. Wenn Sie Verspannungen aufgrund Ihrer Emotionen wahrnehmen, lassen Sie diese bewusst los. Wenn Sie schon warten müssen und die Zeit dadurch frei haben, warum nutzen Sie die Zeit dann nicht für etwas Schönes? Transformieren Sie die Gedanken, die Sie durch diese Achtsamkeitsübung entdeckt haben, in positive Bilder und Erinnerungen, die Sie erheitern.

Achtsames Atmen

Wann immer Sie in Zukunft bemerken, dass Sie sich in einem Grübelkarussell festgefahren haben, aber nicht genau wissen, wie Sie dort wieder herauskommen, ist das achtsame Atmen die wohl einfachste Technik überhaupt. Dafür brauchen Sie weder Hilfsmittel noch müssen Sie dafür etwas Bestimmtes tun. Sie können die Übung sogar in Gesellschaft anderer Menschen ausführen, ohne dass dies jemand mitbekommt. Das macht diese Technik so wertvoll beim Grübeln.

Richten Sie Ihre gesamte Aufmerksamkeit auf Ihren Atem. Sie müssen ihn nicht kontrollieren oder in eine bestimmte Richtung lenken. Lassen Sie ihn natürlich fließen, doch bleiben Sie bewusst. Beobachten Sie, wie die Luft beim Einatmen sich an der Nase kalt anfühlt und dann Ihre Lunge füllt. Beim Ausatmen ist die Luft angenehm warm, wenn sie den Körper wieder verlässt. Ihr Brustkorb und Bauchraum heben und senken sich von ganz allein, bevor das Spiel wieder von vorn losgeht. Sollten Ihnen wieder andere Gedanken in den Kopf kommen, ist das nicht weiter schlimm. Fokussieren Sie sich einfach erneut auf Ihren Atem. Mehr müssen Sie nicht tun. So simpel – und doch so effektiv.

Baustein 2: Gelassenheit lernen

Warum Gelassenheit so wichtig ist

Das Leben ist nicht immer ein Kinderspiel, wie man so schön sagt. Es gehört dazu, von Problemen heimgesucht und vor Herausforderungen gestellt zu werden. Unsere Ängste können uns die Laune vermiesen und Stress breitet sich in einem gewaltigen Tempo in unserem Körper und Geist aus – so schnell kann man gar nicht gucken. Wie soll man da locker und entspannt bleiben?

Glücklich und zufrieden zu sein bedeutet, auch in diesen schwierigen Momenten bei sich zu bleiben und die Positive Psychologie im Hinterkopf zu behalten – auch wenn das sehr schwerfallen kann. Gerade in diesen Momenten, in denen eben nicht alles sprichwörtlich eitel Sonnenschein ist, wird unsere Fähigkeit, mit den Herausforderungen des Lebens umzugehen, getestet. Es ist Gelassenheit, die von uns verlangt wird und die uns wieder zurück zu Wohlbefinden führt. Doch was genau ist das eigentlich?

Gelassenheit: Innere Ruhe und Ausgeglichenheit

Gelassenheit wird über die innere Ruhe und den Fokus beschrieben, die ein Mensch zu jeder Zeit einnimmt. Wenn wir Vergangenes und Zukünftiges loslassen und gleichzeitig damit unsere Ängste aufgeben, werden wir gelassen. Das komplette Gegenteil davon sind wir, wenn wir uns pessimistisch mit unseren negativen Gedanken, unseren Emotionen, Sorgen und Ängsten so stark identifizieren, dass wir die Kontrolle über unser Innenleben verlieren. Das äußert sich darin, dass in uns „eine Sicherung durchbrennt", wir den Kopf verlieren, wir uns über Kleinigkeiten und Unwichtiges aufregen, unüberlegte Entscheidungen treffen und vielleicht sogar panisch reagieren, wenn einmal etwas schiefgeht. Damit werden wir zu einem Spielball von äußeren Gegebenheiten und Umständen. Wir lassen uns förmlich von den Herausforderungen des Lebens herumschubsen und verhalten uns dabei nicht selten wie kleine Kinder.

Gelassenheit verlangt von uns, dass wir die Kontrolle zurückgewinnen, indem wir Verantwortung für das übernehmen, was wir fühlen und wie wir uns in bestimmten Momenten und gegenüber unseren Mitmenschen verhalten. Genau das bringt uns letztendlich im Leben weiter.

In sich zu ruhen, äußere Umstände, die man nicht ändern kann, anzunehmen und auch in stressigen Situationen locker und souverän zu bleiben, ermöglicht dem Menschen, auf eine andere Art und Weise mit Herausforderungen umzugehen. Dabei kann Gelassenheit situationsbedingt wie auch allgemein gesehen empfunden werden.

- **Situative Gelassenheit** ist die Fähigkeit, in akuten Situationen, in denen Stress dominant ist, Ruhe zu bewahren. Der Kopf bleibt kühl und rational. Wir verlieren weder die Beherrschung noch den klaren Verstand, wenn wir uns mit Stress konfrontiert sehen.
- **Allgemeine Gelassenheit** umfasst die grundsätzliche innere Einstellung gegenüber dem Leben und seinen Launen. Sie bestimmt, ob wir tendenziell eher unruhig und nervös oder aber ausgeglichen und entspannt sind.

Beide Formen der Gelassenheit sind miteinander verbunden, denn ein Mensch, der allgemein gelassen ist, wird auch in herausfordernden Momenten ruhiger reagieren können. Da stellt sich die Frage, warum wir uns so häufig aus der inneren Ruhe bringen lassen.

Wenn der Stress überhandnimmt

Gelassenheit ist immer dann gefragt, wenn wir von Stress heimgesucht werden. Werden wir angespannt und unruhig, fällt es uns schwer, locker zu bleiben. Sorgen werden zu einem festen Teil des Alltags, Unsicherheit überschattet alles, was wir tun, und Stress nistet sich in unserem Leben wie ein Parasit ein. Betroffene haben nicht selten mit

- körperlichen Verspannungen,
- Frustration,
- Gereiztheit,
- einem geschwächten Immunsystem,
- hohem Blutdruck und

Schlimmerem zu kämpfen. Die Folge ist, dass sich dadurch die Lebensqualität deutlich absenkt, insbesondere, wenn diese Zustände dauerhaft werden – davon sind heutzutage leider sehr viele Menschen betroffen. Wir entfernen uns immer weiter von dem, was wir eigentlich wollen: Glück und Wohlbefinden. Aus diesem Grund ist die Gelassenheit, als der zweite Glücksbaustein, ein wichtiger Schlüssel innerhalb der Positiven Psychologie, der uns die Tür zu einem erfüllteren Dasein öffnet.

Gelassenheit als Türöffner zum Glück

Gelassenheit ist wirklich eine Superkraft, die unser Leben transformiert. Menschen, die entspannt und locker mit den Launen des Lebens umgehen können, wird nachgesagt, ...

- ... gesünder zu sein und weniger oft zum Arzt zu müssen, weil ihr Körper und Geist durch weniger Stress belastet werden.
- ... bessere Entscheidungen treffen zu können, weil sie einen kühlen Kopf bewahren.
- ... weniger manipulierbar zu sein, weil sie sich nicht von starken Emotionen leiten lassen.
- ... besser mit Schicksalsschlägen umgehen zu können, weil sie wissen, dass die innere Haltung entscheidend ist.
- ... beliebter bei Mitmenschen zu sein, weil Gelassenheit ansteckend ist und sich gut anfühlt.
- ... auch schwierige Situationen meistern zu können, weil sie nicht den Kopf verlieren.
- ... erfolgreicher zu sein, weil Herausforderungen als Chancen genutzt werden, um daran zu wachsen.
- ... selbstbestimmter und erfüllter zu leben, weil sie Verantwortung für Ihr Leben übernehmen und sich nicht von äußeren Umständen herumschubsen lassen.
- ... glücklicher zu sein, weil sie sich nicht vom Stress einnehmen lassen.
- ... zufriedener zu sein, weil sie die Dinge leichter nehmen und sich auf das Positive konzentrieren.

Psychologische Ansatzpunkte zur Förderung von Gelassenheit

Stress im Leben können wir nicht vermeiden. Wir können uns weder davon abschotten noch ihn bekämpfen oder davor weglaufen. Die einzige Möglichkeit, um sich nicht davon einnehmen zu lassen, ist, ihn anzunehmen und gelassen auf die sogenannten Stressoren zu reagieren.

Stressoren: Dinge, die uns stressen

Stressoren sind jene Faktoren, die im Menschen eine Stressreaktion auslösen. Dabei unterscheiden diese sich von Individuum zu Individuum, was bei dem einen Angst hervorrufen lässt, tangiert den anderen überhaupt nicht.

Beispiel:
Für einen Schüler mag eine bevorstehende Klassenarbeit Stress auslösen, für einen Mitarbeiter könnte es das nächste Gespräch mit dem Chef sein.

Erst, wenn der Mensch eine äußere oder innere Herausforderung als unangenehm, überfordernd, unkontrollierbar oder sogar bedrohlich empfindet, wird von einem Stressor gesprochen.

Selbsttest: Bin ich gerade gestresst?
Häufig merken wir es nicht einmal, wenn wir uns im Stress befinden. Das passiert insbesondere dann, wenn die Anspannung subtil, also unterschwellig, ist. Um zu erkennen, ob Sie gerade gestresst sind, betrachten Sie die folgenden Ebenen:

- **Ebene des Körpers:** Achten Sie auf körperliche Anzeichen wie muskuläre Anspannung, eine erhöhte Herzfrequenz (ab etwa 100 Schlägen pro Minute) oder übermäßiges Schwitzen.
- **Ebene der Gedanken:** Beobachten Sie Ihre Gedanken und identifizieren Sie jene, die Sie demotivieren, herabwürdigen, entmachten oder überfordern.
- **Ebene der Gefühle:** Nehmen Sie wahr, ob Sie sich ausgelaugt oder kraftlos fühlen.
- **Ebene des Verhaltens:** Beobachten Sie sich einmal so, als würden Sie sich selbst begegnen: Können Sie Anzeichen von Stress in Form von hastigen Bewegungen, Gereiztheit oder anderen ins Wort fallen registrieren?

Die Formen von Stressoren

Situationen im Alltag, die von uns als unangenehm oder überfordernd wahrgenommen werden, bezeichnet man als **äußere Stressoren**. Das könnten zum Beispiel

- der Verkehrslärm,
- lange Wartezeiten,
- die eigenen Schulden,
- Erkrankungen oder
- Kritikäußerungen

sein.

Zu den **inneren Stressoren** gehören überzogene Ansprüche und Erwartungen, unerfüllte Bedürfnisse oder Perfektionismus. Sie werden in der Regel durch die Glaubenssätze bestimmt, die durch die eigene Erziehung in der Kindheit entstanden sind.

Des Weiteren gibt es die **psychisch-mentalen Stressoren**, die Stressauslöser zusammenfassen, die als geistige Belastung empfunden werden, wie zum Beispiel Über- oder Unterforderung sowie Zeit-, Konkurrenz- oder Leistungsdruck.

Zu guter Letzt werden unter **psychosozialen Stressoren** jene Auslöser für Stress zusammengefasst, die als psychosoziale Belastung wahrgenommen werden. Mobbing, ein negatives Klima zwischen Kollegen, in der Familie oder innerhalb des Unternehmens, belastende Arbeitszeiten und Isolation im Beruf sind Beispiele hierfür.

Die Gründe hinter dem Stress

Blicken wir mit den Augen der Psychologie hinter die Vorhänge der inneren Unruhe und Unausgeglichenheit, die das Leben vieler Menschen prägen, müssen wir erkennen, dass der Stress, den wir verspüren, nicht die Ursache, sondern nur ein Symptom darstellt. Wenn wir gelassener werden wollen, ist es wichtig, zunächst zu verstehen, warum genau wir es momentan eben nicht sind.

Überforderung

Fühlen wir uns überfordert, weil die Situation unsere Fähigkeiten zu übersteigen scheint, sind die natürlichen Folgen in der Regel Anspannung und Stress. Von Gelassenheit fehlt jede Spur.

Überforderung ist in erster Linie ein Anzeichen dafür, dass es Ihnen gerade an Selbstvertrauen fehlt. Sie hegen Zweifel an sich, mit der Situation fertig werden zu können, wobei diese nicht immer berechtigt sind. Ist unser Selbstwertgefühl eh schon mangelhaft, bringen wir häufig unrealistische „Argumente" – besser: Ausreden – vor, die nur unsere Angst ausdrücken. „Ich bin ja eh nicht genügend qualifiziert für diesen Job" oder „Ich frage mich, was mein Chef in mir sieht, denn beim letzten Mal habe ich doch auch einen Fehler gemacht" könnte es dann heißen.

Schlechte Verhaltensweisen als Angewohnheit

Tun wir Dinge wieder und wieder, reagieren wir immer auf dieselbe Art, und kultivieren wir immer die gleichen Gefühle in uns, fangen wir an, uns genau diese Verhaltens- und Denkweisen anzugewöhnen. So können auch Anspannungen, Unruhe und Stress zu einer Gewohnheit werden, die sich zu einem Reaktionsmuster entwickeln.

Das Geheimnis besteht darin, alte Verhaltensweisen aufzubrechen und Gelassenheit als eine neue zu integrieren. Dafür müssen Sie sich zunächst in den

Momenten, in denen Sie typischerweise in Ihre alten Muster verfallen und angespannt werden, Ihrer Reaktion bewusst werden und an dieser Stelle aus dem Teufelskreis aussteigen. Das wird Ihnen mal besser gelingen und dann mal wieder schlechter. Wichtig ist, dass Sie dabei geduldig mit sich sind, denn lockerer zu werden ist nichts, was Ihnen einmal gelingen muss, damit Sie es von nun an können. Es ist ein steter Lernprozess, der Ihnen immer wieder Selbstreflexion und Disziplin abverlangt – doch es lohnt sich.

Übung: Sich seiner guten und schlechten Verhaltensweisen bewusst werden

- Schreiben Sie Ihre Verhaltensweisen auf einen Zettel.
- Markieren Sie diejenigen, die Sie glücklich machen, mit einem grünen Stift und die, die für Unglück sorgen, mit einem roten. So gewinnen Sie einen Überblick über das, was Sie meistens ganz automatisch tun, ohne es zu wissen.
- Nehmen Sie sich vor, nach und nach unerwünschte Verhaltensweisen durch welche zu ersetzen, die Ihr Wohlbefinden fördern. Wie genau Sie das schaffen können, werden Sie ausführlich im vierten Glücksbaustein erfahren.

Unsere persönlichen Grenzen werden überschritten

Wenn wir unsere persönlichen Grenzen missachtet sehen, fühlen wir uns schnell verletzlich und angegriffen. Wenn beispielsweise jemand in Ihre Privatsphäre eindringt, ob gewollt oder ungewollt, werden Sie ein Gefühl von innerer Anspannung spüren. Vielleicht zieht sich in Ihnen etwas zusammen, Sie fühlen sich ungerecht behandelt oder es steigt Wut in Ihnen hoch. Daran erkennen Sie das innere Bedürfnis, Ihre Grenzen aufrechtzuerhalten und zu verteidigen. Das kann jedoch nur geschehen, wenn Sie sich von der Grenzüberschreitung des anderen triggern, also provozieren, lassen. Nehmen Sie es persönlich, werden Sie nicht gelassen reagieren können.

Trigger

Jeder von uns kennt Situationen, Menschen, Themen, Worte oder einfache Gesten, die uns triggern. Dieser Begriff beschreibt das entnervte, verärgerte oder enttäuschte Gefühl beziehungsweise die Überwältigung von negativen Emotionen, die wir empfinden, wenn wir fast schon allergisch auf etwas reagieren. Manchmal triggern uns ungefragte Ratschläge, ein verletzender Kommentar oder ein ganz bestimmtes Thema, manchmal reicht schon ein einfacher Blick aus, um uns patzig und gereizt reagieren zu lassen.

Bei einem emotionalen Trigger aktiviert sich das innere Bewertungssystem des Menschen. Noch inmitten der Situation läuft im Gehirn eine Art Abgleich des gegenwärtigen Moments mit vergangenen Erfahrungen ab. Es überprüft, ob wir diese Situation schon einmal erlebt haben und welche Erfahrungen wir dabei machten. Sollte jedoch das, was jetzt gerade geschieht, mit negativen Gefühlen aus der Vergangenheit in Verbindung stehen, so fühlen wir uns getriggert: Es entsteht eine Störung. Die derzeitige Situation wird also so bewertet und mit einer Vergangenen gleichgesetzt. Bei manchen Menschen löst dieser Trigger Unwohlsein aus, andere wiederum bekommen Herzklopfen, fangen an, zu schwitzen, oder der Bauch zieht sich krampfhaft zusammen.

Die Aquarium-Technik: Eine Übung für mehr Gelassenheit bei emotionalen Triggern
Diese Übung schafft eine innere Distanz während einer Situation, die Sie triggert. Dadurch entwaffnen Sie Ihr gewohntes Reaktionsmuster und geben sich somit die Chance, frei zu entscheiden, wie Sie reagieren möchten.

Haben Sie auch schon einmal vor einem Aquarium mit allerlei Meerestieren gestanden und ohne zu bewerten einfach nur zugesehen, wie die Fische von hier nach da und dort schwimmen? Haben Sie auch ein so beruhigendes Gefühl dabei empfunden?

Diese Übung bittet Sie, genau diese Perspektive einzunehmen, wenn Sie das nächste Mal einen Triggermoment wahrnehmen. Sehen Sie das Geschehnis und Ihre Gefühle wie hinter einer dicken Glasscheibe sitzen. Das stimmt Sie durch die innere Distanz neutraler und Sie können mit ein wenig Übung lernen, sich nicht länger durch Ihre Emotionen steuern zu lassen.

Gesunde Grenzen festzusetzen und nach außen zu kommunizieren ist sehr wichtig, wenn Sie sich selbst schützen möchten. Formulieren Sie diese klar und unmissverständlich, sodass die Wahrscheinlichkeit steigt, dass sie eingehalten und respektiert werden.

Außerdem ist es hilfreich für mehr Gelassenheit, zu reflektieren, was eigentlich hinter Ihren Emotionen, die durch eine Grenzüberschreitung hervorgerufen werden, steckt.

Welches Fremdverhalten triggert Sie besonders stark und warum ist das so?

Selbstverständlich ist es völlig normal und auch verständlich, dass uns intensive Gefühle überkommen, wenn unsere persönlichen Grenzen überschritten werden. Es gehört zu unserem Selbsterhaltungstrieb, gegen solche Verletzungen unserer eigenen Regeln vorzugehen. Doch es ist unsere innere Einstellung gegenüber diesen Situationen, die bestimmt, wie viel Gelassenheit wir zeigen können. Natürlich hat auch die Fähigkeit, entspannt und locker zu bleiben, ihre Grenzen, doch inwiefern wir auf Überschreitungen unserer Grenzen reagieren, ist tatsächlich unsere eigene Entscheidung. Hier ist unser Vermögen gefragt, inwiefern wir mit unseren eigenen Empfindungen und den von anderen Menschen umgehen können.

EQ und wie er sich auf die Fähigkeit der Gelassenheit auswirkt

Die Fähigkeit, eigene und fremde Gefühle wahrzunehmen, zu begreifen und zu beeinflussen, wird durch den emotionalen Intelligenzquotienten (kurz: EQ) ausgedrückt. Menschen, die in der Lage sind, Empfindungen korrekt einzuschätzen und einen Einfluss darauf zu nehmen, besitzen einen hohen EQ, wobei Menschen, denen es schwerfällt, Gefühle zu zeigen, anzunehmen und damit umzugehen, eher einen niedrigeren EQ aufweisen. Persönlichkeiten, die ersterem angehören, weisen dabei folgende Merkmale auf:

- **Steuerung der Emotionen**: Menschen, die einen hohen EQ zeigen, können ihre Gefühlslage und Emotionen gut beeinflussen. Sie haben Kontrolle über das, was sie empfinden, wodurch sie ihren Gefühlen nicht so stark ausgeliefert sind. Es gelingt ihnen besser, sich selbst zu steuern und in Situationen angemessen zu reagieren.
- **Mitgefühl**: Ein hoher EQ zeugt von einem guten Mitgefühl anderen Menschen gegenüber. Diese Menschen sind in der Lage, sich in ihren Gegenüber hineinzuversetzen und seine Meinung sowie Emotionen nachzuvollziehen. Dadurch leiten sie eine angemessene Verhaltensstrategie ab, indem sie zum Beispiel den anderen aufheitern, trösten oder motivieren. Das erfordert jedoch Respekt gegenüber den Mitmenschen.
- **Soziale Kompetenz**: Die Fähigkeit, schnell Kontakt zu anderen Persönlichkeiten aufzubauen, geht mit einem erhöhten EQ einher. In Gesprächen können sie gut zuhören, sich artikulieren und auf den Gegenüber eingehen. Als Gesprächspartner sind sie meist sehr beliebt, weil sie anderen das Gefühl vermitteln, ernst genommen zu werden und sie verstehen zu wollen. Diese Menschen können ihre zwischenmenschlichen Beziehungen auch über längere Zeit hinweg hegen und pflegen, da sie auf ein funktionierendes Beziehungs- und Konfliktmanagement zurückgreifen können.
- **Realistisches Selbstbild**: Menschen mit einem gut ausgeprägten EQ können nicht nur andere gut wahrnehmen, sondern auch sich selbst. Sie können sich richtig einschätzen, erkennen ihre Bedürfnisse, wissen, wie sie fühlen, und wissen um ihre Wünsche und Motive. Sie sind sich ihrer Stärken und Schwächen, Begabungen wie Gefühle, bewusst.

Emotionale Intelligenz geht Hand in Hand mit Gelassenheit. Wenn wir uns selbst und andere Menschen besser einschätzen können, geraten wir seltener aus unserer Haut, weil wir um die Wünsche, Träume und Bedürfnisse anderer Menschen wissen. Schnauzt Sie beispielsweise ein Kollege an und kritisiert Ihre Arbeit, könnte das Sie sehr stressen, weil Sie sich verletzt und angegriffen fühlen – Ihre Gelassenheit wäre dahin.

Beispiel:
„Was bildet der sich bloß ein, mich hier so von der Seite anzumaulen?“,
„Hat der nichts Besseres zu tun, als hier schlechte Stimmung zu verbreiten?“ oder
„Der soll sich mal an seine eigene Nase fassen, seine Arbeit ist schließlich auch nicht besser!“

könnte Ihnen durch den Kopf gehen und Sie so richtig in Rage bringen. Doch mit einem ausgeprägten EQ versuchen Sie, den Kollegen zu verstehen. Was wäre, wenn er vielleicht gerade selbst vom Chef kritisiert wurde und darüber erbost ist? Vielleicht geht es auch gar nicht um die Qualität Ihrer Arbeit, sondern um das Familiendrama, das der Kollege gerade zu Hause erlebt, noch nicht bewältigt hat und jetzt an Ihnen auslässt. Fakt ist, dass es unzählige Gründe dafür gibt, warum Ihr Kollege so mit Ihnen umgegangen ist, doch Sie können nicht wissen, was genau es ist. Verständnis und Empathie für die Mitmenschen und das Vertrauen darin, dass niemand grundsätzlich schlecht ist und Ihnen etwas Böses will, sind Ansichten, die durch soziale Intelligenz entstehen und Gelassenheit fördern. Gleichzeitig fördert mehr Gelassenheit auch die Fähigkeit zur sozialen Intelligenz, denn wenn Sie ruhig bleiben in einer Situation wie der oben beschriebenen, könnten Sie auf die Kritik des Kollegen entspannter reagieren und vielleicht sogar auf Ihren Gegenüber durch ein klärendes, lösungsorientiertes Gespräch eingehen, das nicht nur die Hintergründe der Kritik aufdeckt, sondern vielleicht sogar dem Kollegen mit Empathie weiterhilft.

Steigerung der emotionalen Intelligenz: Tipps für einen höheren EQ

- Lernen Sie sich selbst kennen. Wer sind Sie eigentlich? Ergründen Sie, was Sie als Mensch ausmacht, was Sie geprägt hat, was Sie brauchen, welche Ziele Sie haben, was Ihnen wichtig ist, woran Sie glauben, was Ihre Gedanken, Worte und Taten bestimmen, was Sie gut können und was Ihnen Freude bereitet.
- Verlieren Sie die Angst vor Gefühlen. Ja, eigene Gefühle oder die von anderen Menschen können überwältigend sein, doch sie sind menschlich und natürlich. Sie müssen sie zunächst annehmen können, bevor Sie lernen, wie Sie mit diesen adäquat umgehen.
- Akzeptieren Sie die Persönlichkeit anderer Menschen. Jeder ist einzigartig und höchst individuell. Auch wenn wir uns von unseren Mitmenschen unterscheiden, heißt es nicht, dass es schlecht ist, wenn unsere Meinungen voneinander abweichen. Wir alle haben unsere Gründe, warum wir über bestimmte Dinge auf unsere Weise denken, und das gestehen wir auch anderen Menschen zu.
- Verbessern Sie Ihre Kommunikationsfähigkeit. Sie können diese Fähigkeit trainieren, indem Sie jedes Gespräch nutzen, um darin besser zu werden. Lernen Sie, zuzuhören, auf den anderen einzugehen, ihn verstehen zu wollen, seine Motive zu ergründen, ihn aussprechen zu lassen, Ihre eigenen Ansichten kundzutun, Ihre Gefühle preiszugeben, den anderen nicht anzuklagen, ihn ernst zu nehmen und sich selbst auszudrücken.
- Verbessern Sie Ihr Konfliktmanagement. Konflikte sind Chancen, um Ihr Leben zu optimieren. Nutzen Sie diese also konstruktiv, um das Beste daraus zu ziehen und etwas zu lernen.
- Lernen Sie, mit Kritik umzugehen. Wenn Kritik geäußert wird, geht es einerseits um Sie als Empfänger, aber eben auch um den anderen als Sender. Für die emotionale Intelligenz und damit für die Gelassenheit ist es wichtig, dass Sie lernen, Kritik anzunehmen und offen für Sie zu bleiben, selbst wenn Sie sich dadurch möglicherweise angegriffen oder verletzt fühlen. Machen Sie sich nicht selbst schlecht und lassen Sie sich dadurch nicht verunsichern. Kritik an einer Ihrer Handlungen bedeutet nicht Kritik an Ihnen als Mensch. Fragen Sie sich stattdessen, was Sie daraus ziehen können und wie Sie die Dinge in Zukunft besser machen können. Gleichzeitig sollten Sie lernen, selbst Kritik besser zu äußern, um andere Menschen dadurch nicht zu verletzen oder zu entmutigen.
- Interessieren Sie sich für Ihre Mitmenschen. Lernen Sie andere Persönlichkeiten kennen, dann werden Sie an Verständnis für andere hinzugewinnen. Bleiben Sie offen und aufmerksam, um so viel wie möglich über die menschliche Psyche zu erfahren.

Entspannungsübungen und Stressbewältigungstechniken

Um gelassener zu werden, ist eine wirksame Stressbewältigung vonnöten. Dabei wird darauf abgezielt, Körper wie Geist zu entspannen, damit wir wieder klarer denken und handeln können.

Tief durchatmen

In Momenten des Stresses schüttet der Körper Unmengen an Stresshormonen aus, was uns in Alarmbereitschaft versetzt. Um den Organismus wieder zu entspannen und zu beruhigen, hilft es, einmal tief durchzuatmen. Die Konzentration auf den Atem zu richten, bringt uns dazu, uns auf den Körper zu fokussieren statt auf die Stress verursachenden Umstände. Außerdem bewirkt längeres Ausatmen, dass das parasympathische Nervensystem stimuliert wird, wodurch der Körper automatisch herunterfährt.

Sympathikus und Parasympathikus: Stress versus Entspannung

Der **Sympathikus** und **Parasympathikus** stellen die zwei grundlegenden Bestandteile des vegetativen Nervensystems des Körpers dar. Sie wirken als Gegenspieler zueinander und ergänzen sich somit optimal bei der situationsbedingten Steuerung der inneren Organe, die nicht bewusst beeinflusst werden kann. Das **sympathische Nervensystem** („Fight or Flight" – Kampf oder Flucht) wird dann aktiv, wenn der Körper eine Situation der Anspannung oder Anstrengung erlebt. Er geht in einen Stressmodus über, sobald ein Stressor diesen auslöst. Der Körper wird so auf einen Kampf oder eine Flucht vorbereitet, um zu überleben. Der Energieverbrauch steigt zwar an, jedoch wird der Mensch dadurch schneller reaktionsfähig. Die Atmung wird optimiert, indem die Bronchien geweitet werden. Die Herzschlagfrequenz erhöht sich und die Durchblutung der Skelettmuskulatur wird angeregt. Gleichzeitig werden alle Arbeiten, die mit der Verdauung im Zusammenhang stehen, gehemmt, was sicherstellt, dass genügend Energie für das bedrohende Stresserlebnis bereitgestellt werden kann. Dabei werden Hormone wie Adrenalin ausgeschüttet, die den Körper entweder für den Kampf oder für die Flucht rüsten. Das **parasympathische Nervensystem** („Rest and Digest" – Erholung und Verdauung) hingegen wird nicht umsonst auch als der Regenerations- und Erholungsmodus bezeichnet. Er übernimmt die Steuerung der Organe zu Zeiten der Ruhe, des Stoffwechsels und der Verdauung. Die Herzschlagfrequenz und die Atmung werden beruhigt. Beide Komponenten des Nervensystems sind für die Steuerung des Körpers unerlässlich. Sie ergänzen sich harmonisch – sofern sie ausgeglichen arbeiten. Stress, der durch einen aktivierten Sympathikus entsteht, kann durch die Stimulation des Parasympathikus entgegengewirkt werden. Alle Übungen, die die Atmung senken, die Muskeln lockern und den Menschen entspannen, wirken deshalb so effektiv als Gegenmittel zum Stress.

Deshalb ist auch die folgende Atemtechnik neben dem tiefen Durchatmen zu empfehlen:

- Atmen Sie 2 Sekunden tief ein.
- Halten Sie den Atem für 2 Sekunden.
- Atmen Sie für 4 Sekunden vollständig wieder aus.
- Wiederholen Sie diese Technik einige Male hintereinander.

Die 10-10-10-Notfallregel

Akute Stresssituationen benötigen einfache Techniken, die schnell eine Verbesserung bewirken. Mit der 10-10-10-Notfallregel können Sie in genau diesen Momenten eine Erleichterung vom Stress erzielen. Stellen Sie sich dafür die folgenden 3 Fragen:

- Was würde ich in 10 Tagen über diese Situation denken?
- Was würde ich in 10 Wochen über diese Situation denken?
- Was würde ich in 10 Monaten über diese Situation denken?

Durch diese simplen Fragestellungen lösen Sie sich etwas von der Intensität der Stresssituation, die in diesem Moment Ihr klares Denken und Fühlen beeinträchtigt. Sie werden überrascht sein, was es in Ihnen bewirkt, wenn Sie die Fragen ehrlich beantworten. Meistens haben wir nämlich diese Situation in 10 Tagen, Wochen oder Monaten schon längst vergessen, wodurch uns bewusst wird, dass es keinen Grund gibt, sich jetzt darüber aufzuregen. Das entspannt ungemein und fördert die Gelassenheit.

Stressabbau durch Bewegung

Die Stresshormone werden sehr effektiv durch körperliche Aktivitäten abgebaut, weshalb es uns auch so guttut, sich nach einem anstrengenden Arbeitsalltag so richtig auszupowern. Doch es müssen nicht immer große Mengen an Schweiß fließen, um den Stress zu bewältigen, denn auch ein Spaziergang um den Block oder Fahrradfahren hat denselben Effekt.

Mit Lachen gegen Stress

Wir können nicht gleichzeitig lachen und Stress empfinden. Regen Sie sich nicht über eine Situation oder einen anderen Menschen auf, sondern bringen Sie sich zum Lachen, damit die dadurch ausgeschütteten Endorphine Ihre Stimmung wieder heben.

Ergründung der Ursachen: Die Bedürfnisse hinter dem Stress

Es gibt immer einen Grund, warum wir Stress empfinden. Womöglich könnte dieser in unerfüllten persönlichen Bedürfnissen liegen. Wenn für uns beispielsweise das Gespräch mit dem Chef über die mangelhafte Qualität des letzten Projektes ein Stressor darstellt, verbirgt sich dahinter möglicherweise das Bedürfnis, mehr von Ihrem Vorgesetzten unterstützt, statt kritisiert, zu werden. Orientieren Sie sich bei dieser Übung also einmal an Ihren Bedürfnissen:

- Identifizieren Sie einen aktuellen Stressor in Ihrem Leben und versetzen Sie sich in diese Situation hinein.
- Hören Sie genau in sich hinein und beobachten Sie sämtliche Empfindungen, wenn Sie an diesen Stressor denken.
- Gehen Sie auf Erkundungsreise in Ihrer Gefühlswelt und benennen Sie alles, was Sie an Emotionen feststellen können.
- Ergründen Sie, was Sie sich in dieser stressigen Situation wünschen würden. Was muss geschehen, damit sich Ihre Anspannung lindern würde? Visualisieren Sie die für Sie optimale und perfekte Situation.
- Für den Fall, dass Sie Anschuldigungen gegenüber einem anderen Menschen in dieser Stresssituation hegen, finden Sie das Gegenteil dieser Vorwürfe, um Ihren Bedürfnissen auf die Spur zu kommen.

Beispiel:
„Du bist rücksichtslos" → Bedürfnis nach Rücksichtnahme
„Er ist so kaltherzig zu mir" → Bedürfnis nach Nähe
„Immer musst du mich anlügen" → Bedürfnis nach Ehrlichkeit

- Stellen Sie sich einmal vor, was geschehen würde, wenn sich Ihr Bedürfnis erfüllt. Dadurch erkennen Sie, wie sich Ihre Situation deutlich verbessern und weniger Stress bei Ihnen verursachen würde, wenn Sie sicherstellen, dass Ihre Bedürfnisse erfüllt werden.

Beispiel:
Situation: Mein Chef kritisiert die mangelhafte Qualität meiner Arbeit. → Bedürfnis nach Unterstützung

Erfüllung: Wenn mein Chef mir die Unterstützung für das nächste Projekt zusichert, die ich benötige, kann ich entspannter an die Arbeit gehen. Ich weiß, dass ich ihn um Rat bitten kann, wenn ich diesen brauche, wodurch ich weniger gestresst bin, weil ich nicht mehr das Gefühl habe, dass ich für alles allein verantwortlich bin. Dadurch kann ich eine bessere Arbeit abliefern und sowohl ich selbst als auch mein Chef werden zufriedener sein.

- Stellen Sie sicher, dass Ihre Bedürfnisse befriedigt werden. Manchmal ist dafür ein klärendes Gespräch mit anderen Menschen notwendig. Machen Sie Ihrem Gegenüber deutlich, was genau Sie brauchen, und formulieren Sie dies so exakt wie möglich. Stellen Sie sicher, dass Ihr Gegenüber versteht, was es Ihnen bedeutet und was geschehen würde, wenn Sie das erhalten, was Sie benötigen.

Mit Entspannung dem Stress entgegenwirken

Stress wird durch Anspannung gekennzeichnet, körperlich wie geistig, weshalb es wichtig ist, dass Sie dem entgegenwirken. Entspannung schenkt uns Energie und die Kraft, um mit den Herausforderungen des Lebens klarzukommen. Finden Sie dabei die Tätigkeiten, die Sie besonders gut entspannen. Ein paar Anregungen finden Sie dazu im Kapitel des ersten Glücksbausteins (Grübeln stoppen).

Durch Achtsamkeit zu mehr Gelassenheit

Achtsamkeit ist auch für mehr Gelassenheit eine wunderbare Technik, da sie effektiv gegen Stress wirkt. Wird sie im Alltag angewendet, profitieren viele Menschen von ihrem Effekt gegen die Hektik und die Anforderungen, die tagtäglich auf uns einprasseln. Die Ängste und Sorgen haben keinen großen Einfluss mehr auf die Psyche und den Körper, wenn wir im Hier und Jetzt sind, wodurch wir uns selbst eine kleine Pause vom Stress gönnen. Zumindest für ein paar Momente nehmen wir nichts anderes außer uns selbst wahr. Das schenkt uns Kraft für den restlichen Tag.

Exkurs: Achtsamkeitsbasierte Stressreduktion

„Mindfulness Based Stress Reduction“ (kurz: MBSR, aus dem Englischen: Achtsamkeitsbasierte Stressreduktion) ist ein Programm zur Stressbewältigung, das vom Professor Jon Kabat-Zinn 1979 im amerikanischen Massachusetts entwickelt wurde. Es geht über 8 Wochen lang und beinhaltet etliche Techniken der Achtsamkeit für den Alltag, die dem Stress entgegenwirken sollen. Bei diesem Trainingsprogramm lernt der Anwender durch sogenannte formelle und informelle Achtsamkeitsübungen, wie er sich besser entspannen, seine physischen wie psychischen Stresssymptome lindern kann, Selbstvertrauen und Akzeptanz aufbaut, Kontrolle und Selbstwirksamkeit erfährt, einen besseren Zugang zu seinem Innenleben erhält, sich stärker abgrenzen und so mehr Lebensfreude entwickeln kann.

Die formellen Achtsamkeitsübungen beschreiben dabei Techniken, bei denen der Anwender nur das wahrnehmen soll, was in diesem Moment vorhanden ist. Dafür legt, setzt oder stellt er sich hin und spürt in sich hinein.

Die informellen Übungen umfassen die Achtsamkeit während des Alltags. Hier soll die Achtsamkeit mit der alltäglichen Tätigkeit wie dem Abwaschen, Treppensteigen, Putzen oder Duschen kombiniert werden.

Achtsames Innehalten: Eine kurze Meditation für zwischendurch

Wenn Ihnen der Stress über den Kopf wächst, Sie den Druck des Chefs spüren und viele Dinge am besten gestern schon erledigt sein sollen, ist es höchste Zeit, einmal durchzuatmen. Diese Übung ist extrem praktisch, da Sie sie zu jedem Zeitpunkt am Tag anwenden können, bei minimalem Zeitaufwand und maximalem Effekt.

- Halten Sie einen Moment inne, indem Sie Ihre Tätigkeit für einen Augenblick beiseitelegen und die Augen schließen. Es ist völlig egal, wo Sie sich gerade befinden.
- Spüren Sie in sich hinein. Was können Sie wahrnehmen? Es geht nicht darum, irgendwelche Empfindungen als „gut" oder „schlecht" zu bewerten oder kontrollieren zu wollen, sondern lediglich darum, zu beobachten. Es ist nicht schlimm, wenn Sie Ihre Ängste und Sorgen fühlen, auch diese dürfen da sein und werden nicht verurteilt.
- Achten Sie auf einen ruhigen und gleichmäßigen Atem, der sich immer weiter entspannt.
- Führen Sie dieses achtsame Innehalten so lange durch, bis Sie bemerken, dass Sie sich sichtlich besser fühlen. Da können schon ein paar wenige Minuten ausreichend sein.

Sollten Sie sich inmitten eines vollen Büros oder in einer Menschenmasse befinden und sich nicht wohl dabei fühlen, die Augen zu schließen, gibt es auch noch eine zweite Variante dieser Übung des achtsamen Innehaltens. Dabei werden die Menschen um Sie herum nicht einmal bemerken, dass Sie eine Meditationsübung durchführen. Sie ist also sehr praktisch für jeden Arbeitsalltag.

- Halten Sie einen Moment inne, indem Sie Ihre Tätigkeit für einen Augenblick beiseitelegen. Es ist völlig egal, wo Sie sich gerade befinden.
- Halten Sie die Augen offen und richten Sie Ihre Aufmerksamkeit auf die Dinge um Sie herum. Stellen Sie sich vor, Sie wären ein Zuschauer des Spektakels um Sie herum, wozu Sie selbst jedoch nicht gehören. Fokussieren Sie sich auf all Ihre Sinne: Was sehen, hören, riechen, schmecken und spüren Sie? Auch hier soll keine Bewertung erfolgen oder Kontrolle ausgeübt werden – beobachten Sie einfach das, was ist.
- Behalten Sie einen ruhigen und gleichmäßigen Atem bei, der sich immer weiter entspannt.

- Führen Sie dieses achtsame Innehalten so lange durch, bis Sie bemerken, dass Sie sich sichtlich besser fühlen. Da können schon ein paar wenige Minuten ausreichend sein.

Achtsames Gehen: Eine Meditation in Bewegung

Wenn Sie im Alltag viel von A nach B gehen müssen, nutzen Sie diese Zeit doch einfach für eine kurze Achtsamkeitsübung. Diese richtet sich vollständig auf die Tätigkeit des Gehens.

- Konzentrieren Sie sich auf Ihre Füße, Beine und Hüfte. Nehmen Sie jeden einzelnen Schritt wahr. Wie fühlt es sich an, wenn Ihr Fuß auf dem Boden auftrifft, sich das Gewicht darauf verlagert und der andere Fuß abhebt und einen Schritt nach vorne gesetzt wird? Zu Anfang kann es helfen, das Gehen etwas zu verlangsamen, damit Sie besser spüren können.
- Richten Sie Ihre Atmung auf die Schritte aus. Kombinieren Sie hier Bewegung mit Atmung, indem Sie zum Beispiel je nach Schrittgeschwindigkeit beim Einatmen zwei Schritte gehen und beim Ausatmen erneut zwei Schritte gehen. So entsteht ein natürlicher Fluss und automatisch eine Meditation in Bewegung.

Achtsames Zuhören

Um die emotionale Intelligenz zu verbessern, ist es hilfreich, besonders achtsam bei Gesprächen mit anderen Menschen zu sein. Echtes Zuhören ist eine Qualität, die tatsächlich viele Menschen nicht beherrschen, weil sie in erster Linie darauf ausgerichtet sind, selbst zu Wort zu kommen. Dabei denken sie bereits an ihre Worte, während der andere noch spricht – und hören ihm somit gar nicht zu.

- Bei Ihrem nächsten Gespräch erinnern Sie sich daran, achtsam zuzuhören, wenn Ihr Gegenüber spricht. Bleiben Sie mit voller Aufmerksamkeit bei ihm.
- Richten Sie Ihre Sinne auf Ihren Gesprächspartner, während er spricht. Was hören Sie ihn sagen? Welche Körpersprache können Sie bei ihm bemerken? Welches Gefühl haben Sie, während Sie seinen Worten lauschen?
- Sollten Sie einmal etwas nicht verstanden haben, können Sie höflich nachfragen, sobald eine kleine natürliche Gesprächspause im Redefluss entstanden ist. Sie möchten Ihr Gegenüber nicht unterbrechen oder die Nachfrage zu sehr in die Länge ziehen, denn in erster Linie geht es darum, dass Ihr Gesprächspartner zu Wort kommen kann. Das zeugt von echtem Interesse und dem Wunsch, verstehen zu wollen. Wenn Sie möchten, können Sie am Ende, wenn Ihr Gegenüber fertig ist, einmal ganz kurz mit Ihren eigenen Worten das Gesagte paraphrasieren, um sicherzustellen, dass Sie auch alles richtig verstanden haben, vor allem aber auch, um zu signalisieren, dass Sie wirklich zugehört haben.

Baustein 3: Positives Denken

Die Macht des positiven Denkens

Sollten Sie auch zu den Menschen gehören, die gleich mit den Augen rollen, sobald der Begriff „positives Denken" fällt, dann lassen Sie sich vom dritten Glücksbaustein überraschen. Es herrschen viele falsche Vorstellungen von diesem Thema, die jedoch das Potenzial dahinter verkennen. Positives Denken ist nämlich nicht nur das einfache Ausblenden von allem, was wir nicht sehen wollen, und auch nicht das Aufsetzen einer rosaroten Brille, die die Realität so verdreht, dass sie uns gefällt. Ganz im Gegenteil: Mit positivem Denken ist sogar ein gutes Stückchen Arbeit verbunden, da es sich mit Bewusstsein, Selbstreflexion, Achtsamkeit und der Wahrnehmung der eigenen inneren Welt sowie der von anderen beschäftigt.

Die meisten Menschen neigen dazu, sich stets auf das Negative auszurichten. Der typische Spruch „Das Glas ist halb leer" beschreibt treffend, was in den Köpfen dieser Persönlichkeiten vor sich geht. Sie machen sich über alles Gedanken und suchen in allem das Problem. Sie befinden sich mental in der Vergangenheit oder Zukunft und können somit den jetzigen Moment überhaupt nicht genießen. Gleichzeitig wird alles Gute ignoriert oder zumindest geringer bewertet. Für diese Menschen ist es sogar eine Herausforderung, Komplimente und Erfolge anzunehmen, weil sie sich eigentlich wertlos fühlen und nicht verstehen können, warum sie diese Geschenke des Lebens überhaupt verdient haben. Ihr geringes Bild von sich selbst und dem Leben ist so ausgeprägt, dass sie sich nichts zutrauen und nur selten etwas riskieren. Manche neigen sogar zu Paranoia, weil sie hinter jedem verstohlenen Blick und jedem Lachen einen persönlichen Angriff, der gegen sie gerichtet ist, vermuten. Dadurch können sie leider nicht die Schönheit und Freude in anderen Menschen, sich selbst und dem Leben erkennen. Die Sorgen haben überhandgenommen, dabei zeigt eine Studie aus 2020 der Forscher Lucas LaFreniere und Michelle Newman, dass tatsächlich 91,4 % der Sorgen, die wir uns täglich machen, völlig unnötig sind, da diese meist niemals so eintreten.

Natürlich gibt es auch viele Menschen, die positiver über sich und die Welt denken. Diese nehmen tendenziell eher die schönen und gewünschten Aspekte wahr, weil das Negative nicht so richtig in ihr Wahrnehmungsmuster passt. Sie sind allgemein mutiger, weil sie an sich selbst, ihr Potenzial und ihre Erfolge glauben.

Die Effekte von positivem Denken

Positives Denken lohnt sich wirklich, denn es beeinflusst nicht nur das eigene Leben maßgeblich, sondern bringt auch Vorteile für die körperliche und geistige Gesundheit.

Sich auf das Positive zu konzentrieren, macht einfach glücklich. Während uns die Ausrichtung auf das Negative, auf unsere Schwächen, lähmt und passiv macht, treibt uns positives Denken an. In unserem Inneren entsteht ein tiefer Wunsch nach dem Formen unseres Schicksals, weil wir genau wissen, dass wir handlungsfähig und der Schöpfer unseres eigenen Daseins sind. Selbst, wenn wir einmal fallen, stehen wir einfach wieder auf und machen weiter. Wir zweifeln weder an unserer Mission noch trübt ein auftretendes Problem unsere Motivation. Somit bildet positives Denken eine Voraussetzung für beruflichen sowie privaten Erfolg.

Wir sind der Herr unserer Gedanken – das weiß jemand, der positiv denkt. Er gibt sich nicht mit Pessimismus zufrieden, weil er genau weiß, dass Unglück im Kopf entsteht und eine Entscheidung ist. Dieses Wissen stärkt das Selbstbewusstsein ungemein und wertet den Selbstwert auf. Gleichzeitig öffnet uns diese Denkweise für Neues, weil wir keine Angst vor Herausforderungen haben, sondern sogar das Wachstum suchen, das hinter der Horizonterweiterung steckt.

Positives Denken fördert außerdem unsere Gesundheit, denn wer sich sicher ist, nach einer Erkrankung wieder gesund zu werden, dessen Heilung wird unweigerlich reibungsloser verlaufen. So steigt die Chance, dass sogar schwerere Krankheiten besiegt werden können. Optimisten weisen in der Regel einen niedrigeren Blutdruck auf und zeigen zudem eine geringere Anfälligkeit gegenüber Herz-Kreislauf-Erkrankungen und Depressionen, wie die aktuelle Studienlage beweist. Optimisten sind also nicht nur gesünder, sondern leben tatsächlich auch länger. Kein Wunder, denn das Leben hat so viel Wunderbares zu bieten!

Positives Denken kann erlernt werden

Möchten Sie auch die Freuden des positiven Denkens zu spüren bekommen? Dann können Sie sich entspannen, denn selbst ein geborener Schwarzmaler kann lernen, sich auf das Schöne und Gute auszurichten. Das Geheimnis besteht darin, sich immer und immer wieder positive Gedanken zu machen. Mit jeder Wiederholung werden diese sich immer natürlicher anfühlen und sich als Gewohnheit in die mentale Denkstruktur einnisten.

Wie selbst die Sportpsychologie die Macht des positiven Denkens für sich nutzt, zeigen bereits etliche Sportler, die sich auf einen bevorstehenden Wettbewerb vorbereiten. Dabei simulieren sie die Tätigkeit, die gefragt ist, als ob sie bereits unter den erschwerten Bedingungen stattfände. Dadurch können sie den Wettkampf zumindest im Kopf trainieren und den Körper auf den Ernstfall vorbereiten. Es wird also ein künstlicher Druck erzielt, der den Sportlern Auskünfte zu ihren Leistungen unter diesen Bedingungen gibt. Dabei hilft ihnen diese Art des Trainings, positiven Stress aufzubauen, der letztendlich die Leistung im Wettkampf erhöhen soll. Außerdem ist so eine realistische Einschätzung der eigenen Fähigkeiten möglich.

Sie müssen jedoch kein Leistungssportler sein, um Ihre Zuversicht zu steigern. Sie können mit der gleichen Technik zum Beispiel ein Vorstellungsgespräch proben, einen Vortrag einüben oder ein wichtiges Kundenmeeting simulieren. Dies wird Ihnen Ihre Stärken und Schwächen offenbaren, die sich unter der künstlich erzeugten Stresssituation zeigen. Mit dem Wissen darum, was schon gut läuft und was noch verbessert werden kann, können Sie Anpassungen vornehmen.

Tipps für mehr Optimismus

- **Glauben Sie an sich selbst.** Obwohl es wichtig ist, dass Sie sich Ihrer Schwächen bewusst sind, ist es noch viel wichtiger, dass Sie wissen, was Sie so richtig gut können. Richten Sie Ihren Fokus auf genau das, was Sie im Leben erreichen wollen, und vertrauen Sie darauf, dass Sie es erreichen werden. Seien Sie stolz auf sich und Ihre Begabungen. Sie können schließlich nicht Negatives denken und Positives erwarten.
- **Freuen Sie sich über die kleinen Dinge des Lebens.** Ein stressiger Alltag mit vielen Aufgaben hält uns meist davon ab, innezuhalten und die kleinen Dinge, die gut laufen, wertzuschätzen. Doch dabei steckt hier viel Kraft drinnen, denn es gibt immer etwas, über das Sie sich freuen können, egal, wie schlecht es in Ihrem Leben gerade zugeht. Die Sonne strahlt, ein kleines Blümchen steht am Wegesrand, ein Kind lächelt – alles Gründe, um an das Schöne zu glauben.
- **Konzentrieren Sie sich auf jene Dinge, die Sie verändern können.** Manche Dinge müssen einfach so akzeptiert werden, wie sie sind. Wenn wir versuchen, diese umzugestalten, beißen wir uns daran nur die Zähne aus. Richten Sie Ihren Fokus also lieber auf das, was Sie tatsächlich verändern können.
- **Umgeben Sie sich von optimistischen Menschen.** Unser Umfeld kann entweder unsere Laune hochreißen oder in den Keller fallen lassen. Wenn Sie nur mit Miesepetern unterwegs sind, deren Talent im Schwarzmalen besteht, wird das früher oder später auf Sie abfärben. Versuchen Sie es deshalb einmal mit Menschen, die Ihnen ein hervorragendes Vorbild in Sachen Optimismus sind.
- **Schalten Sie die Nachrichten aus.** Das Fernsehen, Radio, die sozialen Netzwerke und anderes präsentieren uns in der Regel negative Dramen und Katastrophen, die uns schnell herunterziehen können, weil sie den Anschein geben, dass die Welt ein schrecklicher Ort sein muss. Leider schaffen es positive Dinge meist nicht in die Nachrichten, weil diese nicht so spannend sind.

- **Gewöhnen Sie sich daran, von Ihren positiven Erlebnissen zu erzählen.** Wir neigen dazu, anderen immer nur das mitzuteilen, was gerade schlecht läuft. Der Chef hat Sie mal wieder angeschnauzt, der Kassierer im Supermarkt braucht immer ewig und die Tochter hat mal wieder eine anstrengende Phase – diese Dinge werden sich nicht ändern oder Ihnen weniger Unmut bereiten, wenn Sie sie wieder und wieder in Gesprächen aufwärmen. Sprechen Sie stattdessen mal von Dingen, die die Laune anheben. Werden Sie selbst zu einem Optimisten, mit dem Sie sich umgeben wollen.
- **Lächeln Sie.** Heben Sie Ihre Mundwinkel und lachen Sie so oft Sie können. Es gibt immer einen Grund für Humor und manchmal braucht es nicht einmal einen. Mit dem Lächeln heben Sie nicht nur Ihre eigene Stimmung an, sondern stecken auch andere damit an. Allein die Muskelaktivität dieses Vorgangs signalisiert dem Körper, dass Sie glücklich sind, weshalb er Glückshormone ausschüttet und den Stoffwechsel ankurbelt.
- **Verwenden Sie eine positive Sprache.** Achten Sie einmal darauf, was Sie so den Tag über von sich geben und *wie* Sie es tun. Wie oft benutzen Sie negative Wörter und ungünstige Formulierungen? Sagen Sie doch einfach das, was Sie möchten, statt das, was Sie vermeiden wollen. Mehr zur Kommunikation erfahren Sie im Bonusteil.
- **Seien Sie nicht zu streng mit sich.** Wenn Ihnen mal ein Fehler unterläuft, ist das kein Weltuntergang. Ärgern Sie sich nicht über Dinge, die Ihnen an sich nicht gefallen, sondern bringen Sie sich Geduld und Selbstmitgefühl entgegen. Optimistisch zu sein bedeutet nicht, keinerlei Zweifel mehr zu haben oder bereitwillig unkalkulierbare Risiken einzugehen. Geben Sie sich also die Zeit, um zu lernen, optimistischer zu werden.

Psychologische Hintergründe des positiven Denkens

Innerhalb der Positiven Psychologie konzentrieren wir uns auf unsere Stärken und angenehmen Gefühle, was uns automatisch zu einem positiveren Mindset, unserer Denkweise, verhilft. Was wir glauben, hat einen gewaltigen Einfluss auf unser gesamtes Leben, denn unsere Gedanken prägen unsere Worte, Taten und damit unser Selbstbild, unsere zwischenmenschlichen Beziehungen und unsere privaten sowie beruflichen Erfolge. Dieses Wissen um eine positive Denkstruktur können wir uns zunutze machen, indem wir optimistisch bleiben, Erlebnisse ergründen und an unsere eigene Entwicklungsfähigkeit glauben.

Es ist völlig normal und auch realistisch, nicht immer nur positiv gestimmt zu sein. Evolutionär bedingt war es zu den Zeiten des Jagens und Sammelns besonders wichtig, sich primär auf Negatives zu fokussieren, um potenzielle Gefahren vorauszusehen. Psychologen bezeichnen dies als den sogenannten „negativity bias" (aus dem Englischen: Negativitätsbias).

Der Negativitätsbias
Das sozialpsychische Phänomen, das beschreibt, dass negative Gedanken, Emotionen und Ereignisse sich selbst bei vergleichbarer Intensität stärker auf die Psyche auswirken als neutrale oder positive, wird Negativitätsbias genannt. Es ist also eine innere Einstellung, sich in der Regel eher den negativen Situationen bewusst zu werden und diese wahrzunehmen. Dies ist eine natürliche Neigung des Menschen.

Negative Erfahrungen, wie zum Beispiel die Kritik des Chefs, haben größere Effekte auf die menschliche Psyche und damit auf Kognition und das Verhalten. Positive Erfahrungen hingegen, wie zum Beispiel ein vergleichsweise ebenso intensives Lob durch den Chef, bewirken weniger in uns. Dieses Phänomen beschreibt eine Verzerrung hin zum Negativen.

10 positive Emotionen und ihre Auswirkungen

Die Verzerrung hin zum Negativen, die durch den uns innewohnenden Negativitätsbias entsteht, gilt es, auszugleichen, um so das vorhandene Ungleichgewicht zu beheben. Durch das positive Denken streben wir an, eine Balance zwischen den unangenehmen und schönen Gefühlen herzustellen und aufrechtzuerhalten. Dabei schenkt die amerikanische Psychologin und Professorin Barbara Fredrickson 10 Emotionen besondere Aufmerksamkeit. Sie ist die führende Wissenschaftlerin auf diesem Gebiet. Die folgende Liste ihrer positiven Gefühle zeigt auf, durch welchen Kontext diese begünstigt werden und welche Auswirkungen sie auf das menschliche Verhalten haben.

1. **Freude**: Diese Emotion entsteht in einer vertrauten Umgebung, die als sicher eingestuft wird, sowie durch erreichten Fortschritt. Freude löst eine Tendenz zum spielerischen Verhalten aus. Das Ergebnis dieses Gefühls ist der Erwerb von Fähigkeiten.

Beispiel:
Spielen Sie eine Zeit lang mit Kindern und erfreuen Sie sich an ihrem unbekümmerten Verhalten.

2. **Dankbarkeit**: Sie zeigt sich dann, wenn uns etwas gegeben wurde, ob materiell oder immateriell. Die mit ihr verbundene Verhaltenstendenz zeigt sich im Zurückgeben-Wollen, im Sich-erkenntlich-Zeigen. Dies führt wiederum zum Aufbau einer sozialen Bindung und zur Entwicklung der Liebesfähigkeit.

Beispiel:
Denken Sie an einen Menschen, den Sie in Ihrem Leben über alle Maße wertschätzen und dem Sie viel zu verdanken haben. Rufen Sie sich die Erinnerungen ins Gedächtnis, in denen dieser Mensch Ihnen geholfen hat oder für Sie da war.

3. **Heiterkeit und Gelassenheit**: Diese Emotionen entstehen im Kontext einer sicheren Umgebung und bei einer geringen Anstrengung. Fühlen wir diese, möchten wir automatisch genießen. Das Ergebnis ist die Erweiterung unseres inneren Bildes, das wir von uns selbst und von der Welt haben.

Beispiel:
Unternehmen Sie etwas mit Humor. Gehen Sie zu einem Comedy-Abend oder treffen Sie sich mit Freunden, mit denen Sie schon immer viel gelacht haben.

4. **Interesse**: Interesse wird nur in einer sicheren Umgebung und durch Neuheit möglich. Sie weckt in uns das Verlangen nach Erforschung mit dem Hintergrund des Erwerbs von Wissen.

Beispiel:
Eignen Sie sich Wissen zu einem neuen Thema an, das Sie schon lange interessiert, aber für das Sie bisher noch keine Zeit gefunden haben.

5. **Hoffnung**: Diese Emotion wird bedingt durch schwierige und herausfordernde Umstände. Sie erweckt im Menschen den Wunsch nach einer Veränderung zum Besseren, wodurch das Ergebnis des Gefühls die Aktivität ist.

Beispiel:
Erinnern Sie sich an gute Zeiten und werden Sie sich bewusst, dass auch die Zukunft für Sie, Ihre Liebsten und die Welt Gutes bereithält.

6. **Stolz**: Stolz steht eng mit der persönlichen Leistung im Zusammenhang. Die Verhaltenstendenz besteht im Anstreben von Großem, was wiederum einen Anstieg der Leistung zur Folge hat.

Beispiel:
Erinnern Sie sich an eine Fähigkeit, in der Sie besonders hervorragend sind, oder eine Situation, in der Sie über sich hinaus gewachsen sind und etwas Beeindruckendes vollbracht haben.

7. **Inspiration**: Diese Emotion entsteht durch die Wahrnehmung von Größe beziehungsweise menschlicher Exzellenz. Dies verleitet uns dazu, dem nachzueifern, wodurch wir unsere Moral sowie unsere Fähigkeiten erweitern.

Beispiel:
Lassen Sie sich von anderen Persönlichkeiten mit Begabungen auf Ihrem Interessengebiet inspirieren. Das können Berühmtheiten sein oder auch Menschen aus dem eigenen Freundes- und Bekanntenkreis.

8. **Vergnügen**: Vergnügen steht im Kontext mit einer kurzzeitig auftretenden Widersprüchlichkeit. Es führt zum Lachen mit unseren Mitmenschen und zeigt im Ergebnis den Aufbau von Freundschaften.

Beispiel:
Planen Sie eine herrliche intime Nacht in Zweisamkeit mit Ihrem Partner, bei der Sie Ihre sexuellen Bedürfnisse ausleben können.

9. **Ehrfurcht**: Sie zeigt sich dann, wenn wir Größe wahrnehmen. Diese Emotion löst eine Verhaltenstendenz aus, bei der sich der Mensch auf das Neue einstellt. Die Folge ist das Gefühl, sich als einen Teil des großen Ganzen zu betrachten.

Beispiel:
Denken Sie an die Entstehung eines neuen Menschen und werden Sie sich bewusst, was es für ein Wunder ist, wie ein Kind auf die Welt kommt. Die Natur ist wahrlich ein Meisterwerk.

10. **Liebe**: Liebe kann in einer sicheren Umgebung bei gleichzeitig vorhandener zwischenmenschlicher Verbindung entstehen. Sie löst in uns Genuss und ein spielerisches Verhalten mit dem Ergebnis von Vertrauen, Gemeinschaft und sozialer Bindung aus.

Beispiel:
Schauen Sie einem geliebten Menschen, zum Beispiel dem eigenen Kind oder dem Partner, tief in die Augen und sprechen Sie aus, was Sie für ihn empfinden.

Möchten Sie positiver denken, sollten Sie diese 10 Emotionen in sich kultivieren. Sie können sie selbst erzeugen, wie in den jeweiligen Beispielen gezeigt wurde, wobei Barbara Fredrickson betont, dass es weniger auf die Intensität und mehr auf die Regelmäßigkeit und die Wiederholung ankomme. So können neue Netzwerke im Gehirn entstehen, wodurch sich nicht nur die physische Struktur dessen ändern, sondern auch die des Denkens. Übrigens beweist die Studienlage deutlich den positiven Einfluss von angenehmen Emotionen auf die Gesundheit und somit letztendlich auf die Lebensdauer des Menschen.

„Broaden and Build“: Die Aufwärtsspirale positiver Emotionen

Was ebenfalls durch die empirische Wissenschaft belegt wurde, ist der Fakt, dass positive Gefühle unsere Wahrnehmung erweitern. Sie vergrößern sozusagen unser inneres Inventar an Gedanken und Möglichkeiten, wodurch wir auf lange Sicht mentale, physische und soziale Fähigkeiten aufbauen. Das umfasst zudem

- ein starkes Immunsystem,
- eine verkürzte Krankheitsdauer,
- Feingefühl in sozialen Angelegenheiten,
- eine verbesserte Qualität unserer zwischenmenschlichen Beziehungen,
- mehr Optimismus,
- die Fähigkeit zum flexibleren Verhalten,
- erhöhte Selbstwirksamkeit sowie
- eine ausgeprägte Resilienz.

Letzteres bildet einen eigenen Glücksbaustein und wird deshalb in einem späteren Kapitel genauer betrachtet. Der Aufbau der genannten inneren Ressourcen führt schließlich zu einer Transformation des Menschen: Wir wachsen einerseits in unserer Persönlichkeit und schaffen somit anderseits weitere positive Gefühle, die wiederum unsere Wahrnehmung erweitern. So ist eine uns dienliche Aufwärtsspirale entstanden, die Barbara Fredrickson als die Theorie des „Broaden and Build" (aus dem Englischen: Erweitern und Aufbauen) zusammenfasst. Positive Emotionen verändern also die Verarbeitungsweise von Informationen in unserem Gehirn.

Übungen zur Förderung des positiven Denkens

Das Dankbarkeitstagebuch

Legen Sie sich ein Tagebuch an, das eigens für Ihre tägliche Dankbarkeitspraxis reserviert wird. Nehmen Sie sich vor, ab sofort jeden Tag Dinge zu notieren, für die Sie dankbar sind. Es empfiehlt sich, dies vor dem Schlafengehen zu tun, um die vergangenen Stunden zu reflektieren und zu dokumentieren, was gut gelaufen ist. Dabei müssen nicht unbedingt großartige Erfolge niedergeschrieben werden, denn auch Kleinigkeiten, für die Sie dankbar sind, finden hier Platz. So könnten Sie sich zum Beispiel jeden Abend fünf Dinge heraussuchen, die Ihnen positiv in Erinnerung geblieben sind und für die Sie dankbar sind.

Eine Erweiterung des Dankbarkeitstagebuchs stellt das Notieren jener Charakterstärken dar, die Ihnen dabei unterstützend halfen, Positives zu erleben.

Durch das Verschriftlichen von Dingen, die uns mit dem Gefühl der Dankbarkeit segnen, richten wir uns automatisch auf das Positive in unserem Alltag aus. Untersuchungen haben gezeigt, dass Menschen, die diese Praxis regelmäßig verfolgen, allgemein optimistischer in die Zukunft schauen, was sich enorm auf deren Wohlbefinden auswirkte. Außerdem machen wir uns hier das Resonanzgesetz zunutze, denn wenn wir Dankbarkeit praktizieren, heben wir unsere Frequenz an und ziehen mit dieser Schwingung noch mehr Dinge in unser Leben, für die wir dankbar sein können.

Der positive Tagesausblick

- Direkt nach dem Aufwachen bleiben Sie noch für einen Moment im Bett liegen und halten die Augen geschlossen.
- Für eine kurze Morgenmeditation visualisieren Sie Ihren perfekten Tagesablauf. Wie genau stellen Sie sich die nächsten Stunden vor, wenn alles optimal verlaufen würde?

Nehmen Sie gleich nach dem Aufstehen einen Zettel hervor und schreiben Sie drei schöne Dinge und angenehme Momente auf, die Sie heute erleben möchten. Notieren Sie außerdem kurz, was Sie konkret tun können, um dies zu erreichen.

Die beste Version meines Selbst

Diese Übung richtet sich auf Ihr Wunsch-Ich. Sie verhilft uns zu mehr Klarheit im Hinblick auf unsere Ziele und das, was wir in unserem Leben erreichen möchten, während gleichzeitig der Optimismus und das positive Denken gestärkt werden. Sie benötigen für die Übung einen Stift und einen Zettel.

In den nun folgenden 20 Minuten werden Sie in einem Stück schreiben, ohne den Stift abzusetzen. Diese Technik führt dazu, dass Sie in einen anderen Achtsamkeitszustand gelangen. Sie brauchen dabei weder auf Rechtschreibung noch auf Grammatik zu achten. Notieren Sie einfach alles, was Ihnen in den Sinn kommt.

- Überlegen Sie sich einen Zeitraum in der Zukunft, zum Beispiel 3, 5 oder 10 Jahre. Gehen Sie davon aus, dass Ihr Leben in diesem Zeitraum absolut perfekt und optimal gelaufen ist. Sie haben Ihre Stärken eingesetzt, Ihre Ziele erreicht, Ihr Potential entfacht und Ihre Träume erfüllt – Sie sind zu der besten Version Ihres Selbst geworden.
- Stellen Sie sich einen Wecker in 20 Minuten und beginnen Sie mit der Übung:

○ Versetzen Sie sich in dieses bestmögliche Selbst in 3, 5 oder 10 Jahren. Schreiben Sie aus der Perspektive, als wenn Sie sich bereits in der Zukunft befinden würden. Wie sieht Ihr Alltag aus? Wer ist dort bei Ihnen? Wer sind Sie? Wie ist Ihr Leben? Lassen Sie alle Ideen zu, die in Ihnen entstehen wollen, und setzen Sie sich hier keine Grenzen.

○ Nach 20 Minuten legen Sie die beschriebenen Zettel zur Seite und spüren nach, was das Schreiben mit Ihnen gemacht hat.

○ Lesen Sie den Text erst am nächsten Tag, sodass es nachwirken kann.

Sie können diese Übung auch in Teile teilen: Am ersten Tag schreiben Sie über die berufliche Situation Ihres bestmöglichen Selbst in 3, 5 oder 10 Jahren. Der folgende Tag thematisiert dann zum Beispiel die Familie. So können Sie mit verschiedenen Lebensbereichen vorgehen, unter anderem Ihren Beziehungen, Ihren Interessen, Hobbys und Ähnlichem.

Die Kunst des Umdeutens

Bei dieser Übung werden negative Ereignisse und Glaubenssätze umgedeutet, sodass Sie nach und nach schlechte Denkmuster durch positive ersetzen.

- Rufen Sie sich negative Glaubenssätze und innere Überzeugungen in den Kopf.

Beispiel:
„Ich bin dumm"
„Ich bin tollpatschig"
„Ich bin nicht liebenswürdig"

- Ergründen Sie nun die konkreten Erlebnisse, die mit diesen Glaubenssätzen in Verbindung stehen.

Beispiel:
„Ich bin dumm": Matheunterricht letzte Woche
„Ich bin tollpatschig": Gemeinsames Kochen mit Freunden vor zwei Tagen
„Ich bin nicht liebenswürdig": Letzte Liebesbeziehung

- Formulieren Sie nun Ihre Glaubenssätze so um, dass diese objektiv beschreiben, was tatsächlich in der Situation geschehen ist, in der Sie sich die negative Überzeugung selbst auferlegt haben.

Beispiel:
„Ich bin dumm" → „Im Matheunterricht letzte Woche konnte ich die eine Rechenaufgabe an der Tafel nicht lösen, weil ich schlecht vorbereitet war."
„Ich bin tollpatschig" → „Beim gemeinsamen Kochen mit Freunden ist mir ein Teller heruntergefallen."
„Ich bin nicht liebenswürdig" → „In meiner letzten Beziehung habe ich mehr Gefühle für meinen Partner empfunden als er für mich."

- Was macht das Umdeuten mit Ihnen? Wie fühlen Sie sich, nachdem Sie die Realität hinter Ihren negativen Glaubenssätzen erkannt haben? Machen Sie sich bewusst, dass Sie selbst entscheiden, wie Sie die Dinge interpretieren. Auf der einen Seite können Sie alles als Grund sehen, warum Sie ein schrecklicher Mensch sein müssen, oder Sie treffen eine andere Wahl und beschließen, Gründe zu finden, warum Sie ein guter Mensch sind.

Schatzsuche: Die Entdeckung des Glücks

- Nehmen Sie sich die Liste der 10 positiven Emotionen aus dem letzten Kapitel vor und lesen Sie diese noch einmal genau durch.
- Horchen Sie genau in sich hinein: Was empfinden Sie, während Sie über Liebe, Hoffnung oder Freude lesen? Wann haben Sie diese Gefühle schon einmal in Ihrem Leben gespürt? In welchen Situationen waren sie besonders intensiv und klar?
- Begeben Sie sich nun auf Schatzsuche in Ihrem Haus, Hof oder in Ihrer Umgebung. Suchen Sie Objekte zusammen, die Sie an diese positiven Gefühle und Erlebnisse erinnern. Dabei können es die unterschiedlichsten Gegenstände sein, wichtig ist nur, dass diese Sie unmittelbar an das wunderbare Gefühl erinnern.
- Platzieren Sie diese Dinge an unterschiedlichen Orten in Ihrem Lebensbereich, zum Beispiel im Bad, in der Küche oder auf dem Nachttisch. Versuchen Sie, sich jedes Mal wieder in die Emotion zu versetzen, an die der Gegenstand Sie erinnert. So erleben Sie positive Gefühle den ganzen Tag über in kleinen, aber effektiven Dosierungen, wenn Sie sich zum Beispiel die Zähne putzen, etwas Kochen oder im Bett liegen.

Die Kunst der Selbstaffirmation

Wir können uns unsere Zuversicht selbst bestätigen, indem wir Selbstaffirmationen verwenden. Dies sind positiv formulierte Sätze, die das eigene Selbstvertrauen stärken sollen und dabei helfen, die gesteckten Ziele zu erreichen. Diese Sätze wirken als Bekräftigung der Persönlichkeit und sind deshalb ein wichtiger Bestandteil des positiven Denkens und damit der Positiven Psychologie.

Meistens sind wir es selbst, die dem eigenen Glück und Erfolg im Weg stehen. Extrem hohe Erwartungen an unsere Leistungen blockieren uns den Weg zum Ziel und mit Zweifeln, Ängsten und Sorgen legen wir uns selbst Stolpersteine vor die Füße. Dabei müssen die negativen Gedanken und Meinungen, die wir über uns vertreten, nicht einmal der Wahrheit entsprechen. Häufig sind diese in der Kindheit entstanden und haben sich als unangenehme Glaubenssätze in unseren Gedanken eingenistet. Es wird Zeit, dass Sie diese alten Krusten wieder auflösen und den Weg frei machen zu Ihrem persönlichen Wohlbefinden. Lassen Sie sich dabei durch Selbstaffirmationen unterstützen.

Mit dem Gebrauch von Affirmationen trainieren Sie Ihr Gehirn, indem Sie es umstrukturieren und positive Gedanken Einzug halten lassen. Werden diese über einen längeren Zeitraum hinweg wiederholt, bilden sich nach und nach neue neuronale Verbindungen, also die Verkettungen zwischen den Nerven des Gehirns, die unser Denkmuster letztendlich umprogrammieren. Dabei müssen Sie nicht einmal Unmengen an Zeit in dieses Gedankentraining investieren, denn es ist die Regelmäßigkeit der Wiederholungen einfacher positiver Sätze, die genau diesen gewünschten Effekt erzielt.

Die Entwicklung positiver Selbstaffirmationen

Halten Sie folgende Regeln bei der Entwicklung Ihrer eigenen positiven Affirmationen ein, können Sie nichts falsch machen, denn die Formulierung entscheidet über Erfolg oder Misserfolg.

- Formulieren Sie den Satz stets positiv, denn ansonsten laufen Sie Gefahr, Ihre vorhandenen negativen Glaubenssätze weiter zu bestärken. Das würde genau das Gegenteil von dem bewirken, was Sie mit der Selbstaffirmation erreichen möchten.

Beispiel:
Falsch: „Ich bin ein dummer Mensch."
Richtig: „Ich bin ein cleverer Mensch."

- Die Affirmation sollte sich lediglich auf Sie selbst beziehen, nicht auf einen anderen Menschen.

Beispiel:
Falsch: „Mein Chef wird netter zu mir sein."
Richtig: „Ich komme gut mit meinem Chef zurecht, egal, was ist."

- Formulieren Sie die Affirmation kurz und knapp. Wenige Worte sind besser als zu viele. Streichen Sie alles Überflüssige heraus.

Beispiel:
Falsch: „Ich kann ein guter Mensch sein, wenn meine Freunde nett zu mir sind und mein Chef mich nicht wieder einmal auf der Arbeit angebrüllt hat."
Richtig: „Ich bin ein guter Mensch."

- Lassen Sie Negierungen beiseite. Wörter wie „nicht" oder „kein" sind tabu, denn das Unterbewusstsein kennt diese Wörter nicht, was eine gegenteilige Wirkung bezwecken würde.

Beispiel:
Falsch: „Ich bin nicht mehr krank."
Richtig: „Ich bin gesund."

• Schreiben Sie keine Sätze, die wiedergeben, was Sie sein wollen oder nicht, sondern Sätze, die so formuliert sind, dass Sie etwas bereits sind. Beginnen Sie die Affirmation mit den beiden kraftvollsten Wörtern „Ich bin" und fügen Sie anschließend ein, worauf Sie sich beziehen möchten.

Beispiel:
Falsch: „Ich will fitter und schlanker werden."
Richtig: „Ich bin mit jeder Übung fitter und schlanker."

• Formulieren Sie die Affirmation ausschließlich aus Ihrer Perspektive, nicht aus der eines anderen Menschen.

Beispiel:
Falsch: „Peter liebt mich."
Richtig: „Ich lebe mit Peter in einer erfüllten Beziehung voller Liebe."

• Wählen Sie eine Affirmation, an die Sie tatsächlich **glauben** können.

Beispiel:
Falsch: „Ich bin der schönste Mensch auf dem gesamten Planeten."
Richtig: „Ich erkenne meine eigene Schönheit mehr und mehr. Ich bin einzigartig."

• Lassen Sie die Affirmation sich auf die **Gegenwart** beziehen, nicht auf die Zukunft, und zwar so, als wäre das Gewünschte bereits Realität. Wörter wie „werden" oder „sollen" werden gestrichen.

Beispiel:
Falsch: „Ich werde die Präsentation mit Leichtigkeit halten."
Richtig: „Ich halte die Präsentation mit Leichtigkeit."

Die folgende Liste präsentiert Ihnen einige praktische Vorlagen für mögliche Affirmationen, an denen Sie sich orientieren können:

- Ich bin ...
- Ich darf ...
- Ich vertraue darauf, dass ...
- Ich kann mir erlauben ...
- Ich genieße es ...
- ... jeden Tag mehr und mehr ...
- Ich bemerke, dass ...

Die Anwendung der positiven Affirmationen

Haben Sie einige Selbstaffirmationen für sich formuliert, gilt es, diese nun regelmäßig und so häufig wie möglich zu gebrauchen, damit Sie einen Wandel in Ihrer Denkstruktur bewirken können. Das kann unter Umständen zwischen 30 und 90 Tage dauern, also nehmen Sie sich vor, diese Praxis so lange durchzuziehen, wie es braucht, um eine Veränderung herbeizuführen.

Sie können die Sätze immer wieder zu sich selbst in Gedanken sagen, Sie sprechen sie laut aus oder aber Sie singen diese – am besten immer dann, wenn Sie daran denken. Das kann gleich das Erste sein, was Sie morgens noch im Bett nach dem Augenöffnen tun, und das Letzte, was Sie vor dem Einschlafen machen. Auch während des Tages, beim Zusammenlegen der Wäsche, beim Autofahren, während des Wartens an der Kasse im Supermarkt oder sonst wann – die Selbstaffirmationen können überall hineingeschoben werden. Sollten Sie dazu neigen, diese zu vergessen, schreiben Sie sie einfach auf Klebezettel auf und verteilen Sie sie überall innerhalb Ihres Wohnbereiches, im Auto oder im Portemonnaie. Auch das regelmäßige Aufschreiben der Affirmationen ist sehr effektiv. Integrieren Sie dies in Ihre Tagebuch-Praxis. Für besonders harte und schon im Selbstbewusstsein fortgeschrittene Anwender empfiehlt sich die Spiegelübung, bei der Sie die Selbstaffirmation laut aussprechen, während Sie sich im Spiegel in die Augen sehen. Das mag am Anfang noch komisch sein, vielleicht aber fühlen Sie sich dadurch emotional bewegt und zu Tränen gerührt. Je schwerer es Ihnen fällt, die Selbstaffirmationen zu denken oder auszusprechen, desto dringender benötigen Sie diese Form der Selbstliebe.

Selbstaffirmationen für positives Denken und mehr Glück im Leben

- Ich glaube an mich.
- Ich vertraue meinen Fähigkeiten.
- Ich besitze bereits alles, um erfolgreich zu sein.
- Ich bin genug.
- Ich bin vollkommen gesund.
- Ich bin es wert, geliebt zu werden.
- Ich bin finanziell sicher.
- Ich bin ein Magnet für Glück.
- Ich empfange Liebe im Überfluss.
- Ich verfüge über alles, was ich benötige, um meine Träume zu erfüllen.
- Ich bin der Schöpfer meines Lebens.
- Ich habe meinen Erfolg in der Hand.
- Ich blicke der Zukunft optimistisch entgegen.
- Ich führe gesunde und erfüllende Beziehungen.
- Ich öffne mich für das Schöne und Gute in meinem Leben.
- Ich entdecke alles Positive.
- Ich kann das.
- Ich genieße das Leben.
- Ich bin dankbar.
- Ich bin gelassen.
- Ich bin selbstbewusst.
- Ich meistere die Herausforderungen meines Lebens mit Bravour.
- Ich entdecke die Chancen und Möglichkeiten hinter jedem Erlebnis.
- Ich wachse an jeder Herausforderung.
- Ich bin stark.
- Ich werde unterstützt.
- Ich bin glücklich.
- Ich bin zufrieden.
- Ich bin erfüllt.

Baustein 4: Gewohnheiten ändern

WARUM GEWOHNHEITEN UNSER LEBEN PRÄGEN

Als Gewohnheiten werden automatisch ablaufende Programme im Körper bezeichnet, die uns im Alltag weiterhelfen. Sie formen unsere persönlichen Routinen und steuern somit einerseits unser Verhalten uns selbst und anderen gegenüber, aber andererseits eben auch unser Denken und Fühlen.

Der Professor für Psychologie an einer britischen Universität Bas Verplanken begrüßte seine neuen Studenten in der ersten Vorlesung des Semesters mit einem Foto, das er vom Hörsaal machte, nachdem sich alle gesetzt hatten. Bei der zweiten Vorlesung zeigte er seinen Studenten genau dieses Foto und sorgte damit für Verwunderung und einige Lacher, denn die Studenten hatten sich unbewusst auf dieselben Plätze gesetzt wie in der ersten Vorlesung eine Woche zuvor. Das beschreibt die Macht der Gewohnheiten. In jeder neuen Situation, die wir erleben, eignen wir uns Routinen an und jeden einzelnen Tag und in jeder Phase des Lebens werden es mehr und mehr. Nicht alle sind uns bekannt, doch einige scheinen offensichtlich, wie zum Beispiel, was wir zum Frühstück essen, welche Wege wir zur Arbeit nehmen oder was wir als Erstes tun, wenn wir vom Einkaufen nach Hause kommen.

Gewohnheiten führen uns durch den Tag und nehmen uns zwischen 30 % bis 50 % der tausenden von Entscheidungen ab. Ja, Sie haben richtig gehört: Es sind tatsächlich Tausende von Dingen, über die wir jeden Tag abstimmen müssen, doch die meisten davon geschehen unbewusst, weshalb wir sie gar nicht mitbekommen. Ein Alltag könnte gar nicht existieren, gäbe es das repetitive Verhalten der Gewohnheiten nicht. Kognitiv relativ passive Wiederholungstätigkeiten, die sich immer wieder am selben Ort abspielen, sparen Energie und verhindern, dass wir uns durch die Vielzahl der täglich anfallenden Aufgaben überfordert fühlen. Wir funktionieren in diesem Modus, als wenn wir auf Autopilot eingestellt wären. Dadurch werden Gehirnkapazität und Energie für wesentliche Entscheidungen frei, die nicht durch Routinen beantwortet werden können. Unsere aktiven Ressourcen werden geschont und können für die wirklich wichtigen Aufgaben verwendet werden.

Schlechte Gewohnheiten

Obwohl Gewohnheiten einen eher schlechten Ruf besitzen, sind sie ein bedeutender Teil des menschlichen Verhaltens, ohne den wir so nicht existieren könnten. Wir benötigen diese festen Strukturen, die uns Routinen geben, um uns innerlich geborgen und sicher zu fühlen. Dennoch gibt es auch schlechte Gewohnheiten, die negative Effekte auf unseren Körper und Geist haben.

Das Gehirn bewertet jedoch nicht, ob die Gewohnheit eine gute oder eine schlechte ist. Die ausgelösten Mechanismen sind letztendlich dieselben: Auf einen Auslöser folgt eine Handlung mit abschließender Belohnung, die uns dazu motiviert, die Routine auf die gleiche Art wieder und wieder auszuführen, sobald der Auslöser auftritt. Gewohnheiten werden ohne bewusste Kontrolle von uns ausgeführt. Das ist einerseits gut, um Ressourcen und Energie zu sparen, andererseits ist dies genau der Grund, warum es uns häufig so schwerfällt, Gewohnheiten zu ändern. Die meisten Verhaltensweisen sind eng mit unserem Alltag verwoben und lassen sich nur sehr schwer wieder herauslösen. Wie genau Ihnen das trotzdem gelingen kann und welche Dinge es dabei zu beachten gibt, erfahren Sie im nun folgenden Kapitel.

Psychologische Ansatzpunkte zur Veränderung von Gewohnheiten

Die Entstehung von Gewohnheiten: Das passiert im Gehirn

Psychologen haben erkannt, dass der Mensch Gewohnheitsschleifen durchläuft, die aus Reiz, Verhalten und Belohnung bestehen. Routinen sind die Antwort auf bestimmte Auslöser, die als Reize der Umwelt entstehen. Das könnte zum Beispiel eine konkrete Uhrzeit sein, auftretender Hunger oder ein bestimmtes Gefühl. Diese lösen dann im Gehirn ein bereits entwickeltes Muster aus, das anschließend ein Verhalten verursacht, zum Beispiel etwas zu essen oder eine Zigarette zu rauchen, und dafür sorgt, dass eine Belohnung erwartet wird, wie ein angenehmes Sättigungsgefühl oder sich ausbreitende Entspannung. Dabei ist die Belohnung der Anreiz, warum wir gewisse Dinge immer wieder auf dieselbe Art und Weise tun. Die im Großhirn platzierten sogenannten Basalganglien werden bei gewohnheitsmäßigem Verhalten aktiviert. Sie steuern jene Prozesse des Körpers, die automatisch ablaufen, darunter die Koordination von Bewegungen und affektgesteuerte Handlungen. Werden konkrete Verhaltensmuster immer wieder ausgeführt, bilden sich neue neuronale Verknüpfungen im Gehirn.

Verhaltensmuster ändern

Wenn wir uns eine neue Routine angewöhnen möchten, müssen wir unserem Gehirn die Zeit geben, neue neuronale Verknüpfungen zu bilden. Da diese vorher noch nicht bestanden, müssen wir uns also selbst die neue Gewohnheit beibringen, bis das Gehirn verstanden hat, wie das neue Verhaltensmuster lautet. Wollen wir uns hingegen eine Gewohnheit abgewöhnen, ist das Verlernen dieser notwendig. Der erste Schritt ist das Ergründen der Belohnung, denn hier liegt der Grund, warum wir uns überhaupt auf die eine oder andere Art verhalten. Dinge, die sich gut anfühlen und die uns guttun, aktivieren das Belohnungssystem in unserem Gehirn. Diese Verhaltensmuster eignen wir uns mit Leichtigkeit an, weil wir jedes Mal mit schönen Gefühlen bestätigt werden.

Deshalb sind das abendliche Snacken vor dem Fernseher, das stundenlange Scrollen auf den Social-Media-Seiten und das altbekannte Feierabendbierchen auch so reizvoll für uns und nur schwer abzulegen. Würden wir diese Gewohnheiten ablegen, blieben auch die damit einhergehenden Belohnungen aus, und genau das macht es uns so schwer. Aus diesem Grund ist es ratsam, statt Gewohnheiten zu unterlassen und ein Loch entstehen zu lassen, die Handlung durch eine andere zu ersetzen. Damit wird der Frustration, die ansonsten entsteht, vorgebeugt. Wie genau Sie vorgehen müssen, damit Ihnen die Verhaltensänderung gelingt, erfahren Sie nach dem Abschnitt über die großartige Wirkung der sogenannten „Micro Habits".

Micro Habits: Mini-Gewohnheit, großer Effekt

Von jetzt auf gleich das gesamte Leben verändern zu wollen, ist zwar ein bewundernswertes Ziel, doch ziemlich unrealistisch. Auf dem Weg zu einem von Glück und Zufriedenheit erfüllten Leben müssen wir uns Schritt für Schritt vorarbeiten und dazulernen. Manchmal ist es leichter und nachhaltiger, kleinere Schritte zu machen.

Micro Habits (aus dem Englischen: Mini-Gewohnheiten) sind genau diese kleinen Schritte, die uns zwar etwas langsamer, aber dafür stetig und zuversichtlich an unsere Ziele bringen. Ihre Integration erfordert weniger Aufwand und Energie, als gleich besonders hartnäckige Verhaltensweisen verändern zu wollen. Sie können somit leicht beibehalten werden und die Wahrscheinlichkeit sinkt, dass Sie scheitern werden. Auch wenn Micro Habits den Glauben erwecken könnten, unbedeutend zu sein, wohnt ihnen ein großer Effekt inne. Einerseits erleichtern sie den Einstieg in eine neue Veränderung und ermöglichen den berüchtigten ersten Schritt zum Wandel. Wenn wir eine besonders hartnäckige und schädliche Gewohnheit ablegen wollen, sind wir am Anfang meist noch sehr motiviert, doch in der Regel fallen wir schnell wieder in unsere alten Muster zurück, weil wir zu schnell zu viel wollten. Denken Sie nur mal an die berühmten Neujahrsvorsätze, die vielleicht maximal zwei, vielleicht sogar drei Monate halten. Zur Erfüllung der neuen Mini-Gewohnheit benötigen Sie weniger Disziplin, wobei diese Sie dennoch Ihren größeren Zielen näherbringt, da sie auf den langfristigen Erfolg ausgerichtet ist. Micro Habits senken die Schwelle der Umsetzung, weil die Eintrittshürde klein ist und schneller Fortschritt möglich ist. Auch Verhaltensforschern ist dieser Effekt bereits aufgefallen, denn je einfacher eine Handlung auszuführen ist, desto eher neigt der Mensch dazu, diese auch zu wiederholen und damit langfristig weiterzumachen.Micro Habits können Sie in so gut wie jedem Lebensbereich entwickeln. Ob es die körperliche Bewegung ist, die Ernährung, die Produktivität im Beruf oder ein Persönlichkeitsthema – die kleinen Gewohnheiten schaffen mit der Zeit große Veränderungen zum Positiven. Hier ein paar Inspirationen für Micro Habits:

Bereich	Beispiele für Micro Habits
Sport	• Treppensteigen statt Fahrstuhlfahren • 10 Kniebeugen vor jedem Toilettengang machen • Im Büro jede Stunde eine Minute lang den Körper dehnen • Beim Telefonieren stehen oder herumgehen statt sitzen
Ernährung	• Jeden Donnerstag keinen Nachtisch essen • Ein Glas warmes Wasser direkt nach dem Aufstehen trinken • Den Kaffee nur noch mit einem statt 2 Löffeln Zucker trinken
Beruf	• Alle zwei Stunden eine Atemübung machen • Vor dem Feierabend eine Minute lang den Schreibtisch ordnen, um den nächsten Tag stressfreier beginnen zu können
Allgemein	• Anderen Menschen zulächeln • Vor dem Mittagessen eine Minute lang achtsam die Umgebung beobachten • Eine Stunde täglich kein Smartphone nutzen • Nur noch an einem bestimmten Ort rauchen statt überall • Abends im Bett eine Entspannungsübung ausführen

Tipps für die praktische Umsetzung von Micro Habits

- **Formulieren Sie kleine Schritte auf dem Weg zu Ihrem übergeordneten Ziel.** Brechen Sie Ihre große Herausforderung in „mundgerechte" Stücke, sodass die Umsetzung realistisch wird. Überlegen Sie, was Ihnen besonders leichtfallen würde.
- **Definieren Sie einen Auslöser.** Nehmen Sie sich vor, immer dann, wenn der Auslöserreiz auftritt, die neue Mini-Gewohnheit umzusetzen. Am Anfang wird das noch Ihr aktives Zutun erfordern, mit der Zeit wird dies jedoch immer automatischer geschehen.
- **Bleiben Sie selbstdiszipliniert.** Mirco Habits müssen, wie jede andere neue Gewohnheit auch, kontinuierlich immer wieder wiederholt werden, damit Sie sich im Alltag von selbst integrieren. Sie funktionieren nicht, wenn Sie nur sporadisch vorgehen.
- **Führen Sie eine Belohnung ein.** Dies sorgt für positive Empfindungen, die die Umsetzung der Mini-Gewohnheit bestärken.

Schritt-für-Schritt-Anleitung zur Gewohnheitsänderung

Gewohnheiten zu ändern erfordert eine ganze Menge Selbstreflexion, die sich aber lohnt. Werden Sie sich zunächst darüber klar, warum Sie gewisse Dinge immer wieder tun und was diese in Ihnen auslösen. Erst dann können Sie Ihre Erkenntnisse nutzen, um die alte Routine durch eine bessere zu ersetzen.

Nehmen Sie sich hierfür am besten ein Blatt Papier und einen Stift zur Hand, um die Schritte zu verschriftlichen. Das hilft ungemein bei der Erkenntnisgewinnung.

Schritt 1: Identifizieren Sie den Auslöserreiz

Erinnern Sie sich an die letzten Male, als Sie die Gewohnheit, die Sie sich abgewöhnen möchten, ausgeführt haben. Wie waren die Umstände? Wer hat was gesagt? Was haben Sie in dem Moment gefühlt? Worauf haben Sie reagiert?

Beispiel
Gewohnheit: Beim abendlichen Fernsehen esse ich gerne Chips nebenbei. Der Drang danach scheint unüberwindbar zu sein. Ich mache das schon seit Jahren.

Wenn ich zurückdenke, bemerke ich, dass ich abends in der Regel sehr gestresst von der Arbeit nach Hause komme. Der Chef und die Kollegen strapazieren mich sehr, sodass ich mich richtig freue, von ihnen wegzukommen. Mir wird bewusst, dass mir meine abendliche Routine heilig ist, weil ich das brauche, um runterzukommen und mich zu beruhigen. Wenn ich vor dem Fernseher sitze und nebenbei esse, kann ich richtig abschalten. Keine nervigen Gedanken mehr. Keine schlechten Gefühle. Alle meine Sinne scheinen durch diese alte Gewohnheit betäubt zu werden: Meine Aufmerksamkeit wird über das Sehen und Hören auf den Fernseher und der Geschmackssinn auf die Chips gerichtet.
Auslöserreiz: Nach der Arbeit nach Hause kommen und Stress.

Schritt 2: Ergründen Sie die Belohnung

Nun geht es an den Grund, warum sich Ihre Gewohnheit überhaupt als Verhaltensmuster verfestigen konnte. In welcher Form fühlen Sie sich durch die Routine belohnt? Um diese Frage zu klären, hilft es, sich das Gefühl in Erinnerung zu rufen, das Sie empfinden, nachdem die Gewohnheit ausgeführt wurde. Arbeiten Sie außerdem heraus, durch welche Strategie Sie konkret diese Belohnung erreichen.

Beispiel
Vor dem laufenden Fernseher Chips zu essen, fühlt sich an, als könnte ich mein Gehirn abschalten. Endlich hören diese negativen Gedanken auf, die mich immer so sehr belasten und mir die Laune vermiesen. Endlich muss ich mich nicht mehr so elend fühlen, wenn ich an meinen Job denke.
Belohnung: Ablenkung
Erfüllungsstrategie: Unterdrückung von Gedanken und Gefühlen.

Schritt 3: Definieren Sie die Motivation

Nachdem Sie diese bedeutsamen Informationen zu Ihrer alten Gewohnheit gesammelt haben, widmen Sie sich nun Ihrem Wunsch nach Veränderung.

- Warum möchten Sie Ihre Routine ändern?
- Was bewegt Sie dazu, eine Selbstoptimierung vorzunehmen?
- Was stört Sie an Ihrer derzeitigen Situation?
- Welche Motivation steckt hinter Ihrem Wunsch nach einem Wandel?

Beispiel: Ich fühle mich jedes Mal nach dem Chipsessen schrecklich aufgebläht. Außerdem weiß ich, dass ich mich dadurch jeden Abend überesse. Ich habe in den letzten Jahren einiges an Gewicht zugelegt, das mich neben der beruflichen Situation nur noch mehr belastet. Ich bin mir sicher, dass es mit meiner Gewohnheit in Zusammenhang steht. Zudem verhindert das späte Essen, dass ich gut einschlafen kann und einen erholsamen Schlaf habe.

Ich bemerke auch, dass ich keine anderen abendlichen Aktivitäten zulassen kann. Ein spontanes Dinner mit meinem Partner oder eine Party mit Freunden war in den letzten Monaten gar nicht möglich, weil ich die Ablenkung durch meine Gewohnheit so sehr brauchte. Ich konnte nicht riskieren, dass ich nach der Arbeit wieder in einen Gedankenstrudel gerate. Leider hat mich das sehr einsam gemacht.

Motivation: eine bessere Verdauung, weniger und gesünder essen, abnehmen, besser einschlafen, erholsam schlafen, mehr soziale Interaktionen

Schritt 4: Entwickeln Sie eine alternative Gewohnheit

Meistens können wir die Auslöserreize nicht umgehen. Wir können uns schließlich nicht darauf verlassen, nie wieder im Stress zu sein oder einen Streit zu haben, was eine Gewohnheit auslösen könnte. Deshalb überlegen Sie, durch welche Handlungsalternative Sie Ihre alte Routine ersetzen könnten. Richten Sie diese auf Ihre Motivation vom vorherigen Schritt aus. Was können Sie tun, das einerseits an die Stelle der ungewollten Gewohnheit tritt, eine ähnliche Belohnung hervorruft und andererseits Ihre persönliche Motivation berücksichtigt? Gelingt Ihnen dies, werden Sie genau dadurch die Belohnung erfahren, die Sie benötigen, damit Sie Ihre neue Routine auch beim nächsten Mal wieder ausführen wollen.

Beispiel

Neue Gewohnheit: Sport treiben, gesund essen, Bücher lesen, am Wochenende Zeit für Freunde und den Partner nehmen

Durch diese neue Gewohnheit werde ich einerseits meine überschüssige Energie, die Wut und Frustration durch den Sport ausschwitzen können, die mich sonst abends immer so rastlos und unruhig macht. Damit baue ich Stress ab und lenke mich gleichzeitig von meinen Gedanken ab. Das Buch erfüllt den gleichen Zweck: Ich lenke mich ab, aber ohne zu essen, weil ich schon vom Abendbrot satt bin. Gleichzeitig bilde ich mich weiter und lese über Themen, die mich dazu motivieren, an meiner Gesundheit und meinem Gewicht zu arbeiten. Durch das frühe Abendessen werde ich auch besser einschlafen können. Am Wochenende ist der Stress von der Arbeit schon fast vergessen, weshalb ich die Belohnung durch die alte Gewohnheit nicht so dringend brauche und mir deshalb Zeit für meine sozialen Kontakte nehmen kann.

Schritt 5: Verändern Sie den Kontext, durch den die alte Gewohnheit hervorgerufen wird

Verändern Sie die Bedingungen in Ihrem Leben so, dass die Gewohnheit obsolet wird. Wenn Sie Ihre Umgebung stattdessen an Ihre neue Gewohnheit anpassen, wird es Ihnen leichter fallen, einerseits nicht mehr in Ihr altes Muster zu verfallen und andererseits das neue zu integrieren. Dieser Schritt ist leider nicht immer möglich, weil wir nicht immer unsere Lebensumstände optimieren können.

Beispiel
Meine Gewohnheit wäre nicht mehr notwendig, wenn ich meine berufliche Situation ändern würde. Leider ist mein Geld momentan sehr knapp und ich kann es mir schlichtweg nicht leisten, zu kündigen. Deshalb muss ich einen anderen Weg finden.

Was ich aber tun kann, ist, das Fernsehen und das Chipsessen weniger attraktiv zu gestalten. Wenn ich nach Hause komme, lachen mich mein großer bequemer Sessel und die unzähligen Chipstüten nur so an und selbst die Fernbedienung liegt schon bereit. Ich kann einfach nicht verhindern, mich davon in den Bann ziehen zu lassen. Aber ich kann es mir selbst unbequemer machen: Ich werde den Sessel auf den Dachboden stellen und durch einen starren Küchenstuhl ersetzen. Die Chips fliegen ganz und gar raus, sie werden nicht erneut gekauft, und die Fernbedienung allein stellt keine Bedrohung mehr dar. Ich habe sicher keine Lust, auf einem unbequemen Stuhl und ohne meine geliebten Chips fernzusehen.

Beseitigung von Faktoren, die die alte Gewohnheit begünstigen: Sessel entfernen, Chips wegschmeißen

Schritt 6: Passen Sie Ihre Umgebung an die neue Gewohnheit an

Im letzten Schritt wurden jene Faktoren beseitigt, die die alte Gewohnheit begünstigen. Jetzt wollen wir uns darum kümmern, wie die neue Verhaltensweise durch die Anpassung äußerer Umstände erleichtert werden kann. Was können Sie konkret tun, damit Ihnen die neue Routine leichtfällt? Es hilft, Dinge, die Sie zur Umsetzung der Handlungen benötigen, schon am richtigen Ort bereitzulegen und Hindernisse zu beseitigen.

Beispiel
Anpassung der Umgebung an die neue Gewohnheit: einen Wecker pünktlich auf 17 Uhr zur Erinnerung an die Sporteinheit stellen, Yogamatte und Springseil im Wohnzimmer bereitlegen, immer gesunde Lebensmittel zu Hause haben, genügend interessante Bücher neben das Sofa platzieren, feste Termine mit Freunden ausmachen, den Eintritt für die sozialen Aktivitäten am Wochenende im Vorfeld bezahlen

Schritt 7: Planen Sie Ihre neue Gewohnheit

Je konkreter Sie Ihre neue Routine planen, desto eher wird sie Ihnen gelingen. Was genau werden Sie zu welchem Zeitpunkt an welchem Ort tun? Achten Sie darauf, künftig immer dieselben Orte und Zeitpunkte einzuhalten, damit Ihr Gehirn diese mit der neuen Gewohnheit verknüpfen kann. So wird die gewünschte Verhaltensweise bald automatisch und ohne zu überlegen ablaufen.

Beispiel
Plan: Wenn ich nach Hause komme, werde ich erst einmal eine Runde Sport treiben. Danach bereite ich mir ein gesundes Abendbrot zu und genieße es in Ruhe. Anschließend nehme ich mir ein richtig gutes Buch vor, das mich begeistert und in seinen Bann zieht. Am Wochenende plane ich Zeit für Freunde ein.
17:00 Uhr – 17:30 Uhr: Sport im Wohnzimmer
17:30 Uhr – 18:30 Uhr: Kochen in der Küche
18:30 Uhr – 19:00 Uhr: Abendbrot essen im Esszimmer
19:30 Uhr: Buch lesen auf dem Sofa im Wohnzimmer

Schritt 8: Üben Sie sich in Selbstdisziplin

Nun haben Sie alle Bedingungen für eine erfolgreiche Verhaltensänderung geschaffen – jetzt sollten Sie nur noch sicherstellen, dass Sie diese auch langfristig beibehalten. Selbstdisziplin ist notwendig, um alte ungewollte Gewohnheiten überwinden zu können.

In einer Studie der britischen Psychologin Philippa Lally aus dem Jahr 2009 konnte aufgezeigt werden, dass das Etablieren einer neuen Gewohnheit etwa 66 Tage in Anspruch nimmt. Diesen Zeitraum benötigt das menschliche Gehirn, um sich zu verändern und neue neuronale Verbindungen zu schaffen. So lange müssen Sie also mindestens durchhalten, danach wird es leichter – versprochen!

Beispiel
Ich nehme mir ein festes Ziel vor: Ein halbes Jahr lang – das erscheint mir realistisch und demotiviert mich nicht – werde ich meine neue Gewohnheit beibehalten, bevor ich die Situation neu bewerte. Ich habe mich mit einer Freundin verbündet, die ebenso mehr Sport treiben möchte. Wir berichten uns gegenseitig von unseren Erfolgen und sorgen somit dafür, dass beide selbstdiszipliniert am Ball bleiben.

Die Rolle der Selbstkontrolle und Motivation

Mit Selbstkontrolle zur neuen Gewohnheit

Selbstkontrolle beschreibt die Fähigkeit, das eigene Verhalten zu kontrollieren. Wer diese besitzt, ist in der Lage dazu, seine Handlungsweisen zu beeinflussen und so zu gestalten, dass diese den persönlichen Zielen und auf lange Sicht dem eigenen Glück dienen. Wenn Sie zum Beispiel ein köstliches Stück Torte angeboten bekommen, sich aber vorgenommen haben, abzunehmen, werden Sie es dankend ablehnen, weil Sie Ihr langfristiges Ziel verfolgen. Einigen Menschen fällt dies leichter, andere wiederum haben damit große Probleme.

Da diese Eigenschaft besonders in Bezug auf die Änderung von Gewohnheiten sehr hilfreich ist, weil besonders am Anfang jede Änderung noch sehr schwerfällt, bekommen Sie nun einige Tipps mit an die Hand, wie Sie Ihre Selbstkontrolle verbessern können.

Tipps zur Steigerung der Selbstkontrolle

- **Nehmen Sie Abstand von Dingen, die Sie in Versuchung bringen könnten.** Wenn Sie sich beispielsweise gesünder ernähren möchten, beseitigen Sie jegliche Süßigkeiten und anderes Junk-Food aus Ihrem Haushalt.
- **Schaffen Sie Verbindlichkeit.** Verkünden Sie anderen Menschen Ihre neue Gewohnheit, damit Sie sich dadurch verpflichtet fühlen, diese beizubehalten. So können Sie sich nicht so einfach rausreden, wenn Ihr Vorhaben doch einmal eingebrochen ist.
- **Reden Sie sich die Dinge so ein, wie es Ihnen weiterhilft.** Dieser Tipp sollte natürlich nicht auf alles im Leben angewendet werden, schließlich wollen wir noch realistisch bleiben. Aber Sie können ihn nutzen, um sich zum Beispiel Ihre alte Gewohnheit bewusst schlechtzureden und die neue besonders schön hervorzuheben.

Beispiel:
„Rauchen macht mich krank und zerstört meine Lunge, aber zum Glück habe ich damit aufgehört und gehe jetzt regelmäßig zum Sport, damit ich meine Lungenkapazität wieder verbessere."

- **Übung macht den Meister.** Selbstkontrolle ist wie ein Muskel, der trainiert werden kann. Nutzen Sie jede noch so kleine Kleinigkeit, um immer wieder Selbstkontrolle zu beweisen, wie beispielsweise beim Essen, wenn Sie den Nachtisch weglassen, oder bei der Arbeit, wenn Sie sich vornehmen, 10 Minuten länger konzentriert zu bleiben. Damit wird diese Eigenschaft allein zu einer neuen Gewohnheit.

Die Bedeutung der Motivation

Die Motivation ist entscheidend bei der Integration einer neuen Gewohnheit: Erfolg oder Misserfolg liegt in ihrer Hand. Deshalb ist es unerlässlich, dass Sie sich bewusst werden, was Sie eigentlich antreibt. Dieser Schritt ist sehr wichtig, denn Sie werden sich auf dem Weg zu einer Verhaltensänderung immer wieder in Erinnerung rufen müssen, *warum* Sie das tun wollen. Es wird nicht immer leicht werden, denn Gewohnheiten können sehr stark sein, doch Ihre Motivation wird Sie wieder zurück auf den richtigen Weg bringen, insofern sie die richtige ist.

Die Formen der Motivation: Intrinsisch versus extrinsisch

Grundsätzlich können wir zwischen zwei Arten von Motivation unterscheiden:

- intrinsische Motivation und
- extrinsische Motivation.

Einen **extrinsischen** Antrieb zu haben bedeutet, durch äußere Reize oder Bedingungen zum Handeln motiviert zu werden. Wenn beispielsweise Ihr Chef meint, dass Sie ein unliebsames Projekt überarbeiten sollen, würden Sie dies tun, weil Sie ansonsten eine Bestrafung in Form von Kritik, einer Lohnkürzung oder der Kündigung befürchten beziehungsweise sich davon eine Belohnung in Form von einer Gehaltserhöhung erhoffen.

Die **intrinsische** Motivation hingegen beschreibt das Gegenteil davon, denn hier kommt der Wunsch zur Handlung aus Ihrem eigenen Inneren. Wenn Sie sich aus eigenem Interesse mit eigenem Willen für eine bestimmte Handlung entscheiden, werden Sie es für sich tun und nicht, um eine Belohnung zu bekommen oder einer Bestrafung aus dem Weg zu gehen.

Wie lässt sich dieses Wissen auf die angestrebte Verhaltensänderung anwenden? Stellen Sie sicher, dass Ihre Motivation intrinsischer Natur ist. Wenn Sie eine neue Gewohnheit aus eigenem Interesse auswählen, wird Ihnen diese langfristig gesehen nicht nur mehr Freude bereiten, sondern sie wird Ihnen deutlich leichter in der Umsetzung fallen und Sie werden selbstdisziplinierter am Ball bleiben. Sie machen sich das Leben also leichter, wenn Ihre Motivation stimmt.

Tipps zur Steigerung der Motivation

- **Formulieren Sie klare Ziele.** Wenn Sie genau vor Augen haben, was Sie in Zukunft erreichen möchten, wissen Sie genau, was zu tun ist, um dies zu verwirklichen.
- **Verbinden Sie sich mit Gleichgesinnten.** Nutzen Sie Ihr soziales Umfeld, um sich motivieren zu lassen, wenn Ihnen einmal der innere Antrieb abhandengekommen ist. Freunde, die einen zum Weitermachen bringen, wenn es einmal schwer wird, sind Gold wert. Und sollte es einmal andersherum sein, können Sie Ihren Freunden denselben Dienst erweisen.
- **Feiern Sie Ihre Erfolge.** Freuen Sie sich darüber, dass Sie Ihrem Ziel wieder ein Schritt nähergekommen sind, und teilen Sie dieses Glück mit Gleichgesinnten. So macht die neue Gewohnheit richtig Spaß.
- **Belohnen Sie sich.** Gönnen Sie sich auch mal etwas, wenn es gut läuft, indem Sie sich zum Beispiel ein neues hilfreiches Sportgerät kaufen, wenn Sie Ihre Fitness verbessern, oder indem Sie ein gesundes Restaurant besuchen, wenn Sie vermehrt auf eine gesunde Ernährung achten. Nutzen Sie die körpereigene Ausrichtung auf Belohnungen, um sich selbst zu motivieren, weiterzumachen. Achten Sie aber darauf, dass die Belohnung nicht Ihre neue Gewohnheit gefährdet oder alte Verhaltensweisen auslöst.
- **Erkennen Sie den Sinn hinter Ihrer Handlung.** Was ist das „Big Picture" hinter dem, was Sie tun? Welche Vision verfolgen Sie? Was ist Ihr persönliches „Warum": Warum tun Sie das, was Sie tun? Durch diese Überlegungen bekommen Ihre Gewohnheiten eine ganz neue Bedeutung.

Baustein 5: Ängste besiegen

EIN VERSTÄNDNIS FÜR ÄNGSTE ENTWICKELN

Die Natur der Angst und der Unterschied zwischen rational und irrational

Jeder kennt sie, doch niemand möchte sie zeigen. Sie kann begründet oder unbegründet sein, doch immer geht sie mit negativen Gefühlen einher: die Angst.

Der lebendige Organismus ist so programmiert, dass er auf einen Reiz, den er als potenziell bedrohlich einschätzt, mit körperlichen und geistigen Mustern reagiert. Dabei sind Ängste völlig normal und gehören zu den Grundgefühlen des Menschen. Sie sind sogar überlebenswichtig, denn sie schützen uns, indem Sie uns vor Bedrohungen warnen. Wer sich fürchtet, handelt in kritischen Momenten mit besonderer Vorsicht und Aufmerksamkeit oder aber derjenige begibt sich erst gar nicht in die Gefahrensituation. Wenn wir zum Beispiel Angst vor einem Löwen haben, ist das durchaus berechtigt, denn diese ermöglicht uns, in einer Gefahrensituation besonders schnell zu reagieren. Sie aktiviert das sympathische Nervensystem und bereitet somit den Körper auf den Kampf oder die Flucht vor. Ängste sind also eine geniale Überlebensstrategie, die genetisch im Menschen verankert ist.

Das eben beschriebene Beispiel zeigt eine Angst, die **rational** ist. Sie ist gesund und berechtigt, weil sie wie ein Alarmsystem funktioniert. Zeigt sich eine Gefahr, reagieren Sie sofort. Die Angst vor körperlichem Schmerz ist eine Urangst des Menschen und hindert uns daran, vom Dach eines Hochhauses zu springen oder in eine Flamme zu fassen. Wenn Sie zum Beispiel mit dem Auto über eine mit Schnee bedeckte Straße fahren, meldet sich Ihr inneres Alarmsystem. Es könnte glatt sein, Vorsicht ist hier also gefragt. Genauso verhält es sich, wenn uns ein Einbrecher mit einem Messer bedroht, das Haus in Flammen aufgeht oder ein Fahrzeug auf uns zurast. Eine rationale Angst hat also die Funktion, unser Überleben zu sichern.

Neben den rationalen Ängsten gibt es noch die sogenannten **irrationalen** Ängste, die auf vergangenen negativen Erfahrungen beruhen und demnach nur im Kopf existieren, ohne dass eine reale Gefahr besteht. Die Furcht vor der Zukunft, Menschenmassen oder davor, Fehler zu machen, sind Empfindungen, die uns einschränken, belasten und uns davon abhalten, unser Leben in vollen Zügen zu genießen. Alte Wunden, Verluste, Vertrauensbrüche oder Ähnliches bleiben in unserer Erinnerung als sehr schmerzhaft gespeichert. Demnach möchte uns der Körper vor erneutem Schmerz bewahren, indem er Ängste vor genau diesen Dingen entwickelt.

Beispiel:
Stellen Sie sich vor, Sie stehen vor einer wichtigen Prüfung, die Ihren weiteren Werdegang beeinflusst. Möglicherweise haben Sie in der Vergangenheit Erlebnisse gehabt, in denen Sie nicht den Anforderungen anderer gerecht werden konnten, wofür Sie vielleicht sogar bestraft wurden. Dadurch haben Sie eine Angst vor Prüfungen entwickelt, die Sie nun deutlich zu spüren bekommen. Dies ist ein Beispiel für eine irrationale Angst. Wenn wir im Verlauf dieses Kapitels von Furcht sprechen, die es zu besiegen gilt, wird immer von der irrationalen Form ausgegangen.

Es existieren unterschiedliche Faktoren, die Ängste auslösen können. Diese können aus der

- verhaltenstherapeutischen,
- psychoanalytischen oder
- neurobiologischen Perspektive

erklärt werden.

Verhaltenstherapeutisch

Im verhaltenstherapeutischen Ansatz werden Ängste als erlernte Muster betrachtet. Wenn zum Beispiel ein Fluggast einmal starke Turbulenzen erlebt hat, könnte sich daraus eine Flugangst entwickeln.

Psychoanalytisch

Der psychoanalytische Ansatz betrachtet dieses Gefühl als eines, das bei Persönlichkeiten vorkommt, die nie gelernt haben, mit normaler Angst umzugehen. In kritischen Situationen sind sie überfordert und zeigen dies durch chaotische, kindlich anmutende Angstgefühle. Dies trifft zum Beispiel auf einen Menschen zu, dem in der Kindheit nie Grenzen gesetzt wurden und der deswegen im Erwachsenenalter nicht gut damit umgehen kann, zurückgewiesen zu werden.

Neurobiologisch

Der neurobiologische Ansatz hingegen betrachtet das Empfinden als eine labile Konstitution des vegetativen Nervensystems, wodurch die betroffenen Menschen deutlich schneller und heftiger auf angstauslösende Reize reagieren. Damit ist die Intensität der Angst, die ein Mensch empfinden kann, abhängig davon, wie sein vegetatives Nervensystem ausgeprägt ist.

Stress ist ebenso wie ein Trauma einer der zentralen Auslöser für Furcht, doch auch Herz- und Gehirnerkrankungen, eine Funktionsstörung der Schilddrüse, Medikamente, Alkohol und Drogen können ein Gefühl von Furcht mit sich bringen. Das Resultat zeigt sich je nach Persönlichkeit in

- Herzklopfen,
- einem erhöhten Puls,
- Schweißausbrüchen,
- Atembeschwerden,
- Zittern und
- Schwindelgefühlen.

In besonders schlimmen Fällen können sich diese Symptome auf Schmerzen in der Brust, Durchfall, Erbrechen, Beklemmungen, Bewusstseinsverlust oder sogar auf das Gefühl, den Verstand zu verlieren, und Panikattacken ausweiten.

Die häufigsten Ängste

Furcht kann vor so gut wie allem entwickelt werden. Im Folgenden werden Ihnen die am meisten verbreiteten Ängste vorgestellt, die psychologischer und irrationaler Natur sind. Was diese Ängste alle gemeinsam haben, ist die meist unbewusste Befürchtung, nicht mit der jeweiligen Situation umgehen zu können. Wir glauben, uns fehlen die nötigen Mittel und die emotionale Stärke, um die Herausforderung, vor der wir stehen, bewältigen zu können – deshalb fürchten wir sie.

Die Angst vor Einsamkeit

Als soziale Wesen gehört es zu unseren wichtigsten Bedürfnissen, uns mit unseren Mitmenschen zu verbinden. Wir sehnen uns nach Gleichgesinnten und befinden uns deshalb stets auf der Suche nach Gesellschaft und sozialen Kontakten. Zuneigung und Anerkennung von anderen sind starke Motive, die den Menschen antreiben. Natürlich möchten wir auch einmal allein sein, aber nur dann, wenn es unsere freie Entscheidung ist. In der Einsamkeit können wir viel über uns selbst lernen, da wir keine andere Wahl haben, als uns mit unseren Gedanken, Gefühlen und Ängsten auseinanderzusetzen. Dennoch ist die Angst vor Einsamkeit in vielen Menschen tief verwurzelt.

Die Angst vor Leid, Schmerz und Verlust

Wenn wir von Leid, Schmerz und Verlust sprechen, ist damit die emotionale und seelische Form gemeint, was wir empfinden, wenn wir zum Beispiel Liebeskummer haben oder einen geliebten Menschen auf die andere Seite gehen lassen mussten. So schlimm sich diese Gefühle auch anfühlen mögen, so sind sie doch Teil des Lebens. Schmerz, Leid und Verlust sind unvermeidbar. Und trotzdem haben manche Menschen einen Verhaltensmodus entwickelt, der sie vor diesen schweren Empfindungen schützen soll. Die Angst vor Schmerz und Leid entwickelt sich, wenn der Betroffene in der Kindheit oder zu einem späteren Zeitpunkt in der Vergangenheit wiederholt oder auf eine besonders gravierende Weise erfahren musste, wie sich seelischer Schmerz anfühlt. Dieses Erlebnis war so traumatisch, dass der Betroffene dieses unter keinen Umständen erneut erleben möchte. Er entwickelt unbewusst eine tiefsitzende Angst, die als eine Vermeidungsstrategie angewendet wird. Er wird künftig jeglichen Situationen aus dem Weg gehen, die dem Leid in der Vergangenheit ähneln.

Beispiel:
War es eine besonders emotionale und schmerzvolle Trennung von dem Partner, könnte es passieren, dass der Betroffene sich künftig nicht mehr so leicht auf einen neuen Menschen einlassen kann, weil er eine Liebesbeziehung mit tiefem Schmerz und damit mit einer Bedrohung verbindet. Ja, es stimmt – mit dieser Angst und der Vermeidungsstrategie wird er sich möglicherweise künftig von Schmerz durch eine Trennung bewahren können, doch damit wird er sich leider auch der potenziellen Liebe verwehren, die nur entstehen kann, wenn er sich trotz der Angst vor Schmerz voll und ganz der Beziehung hingeben kann.

Die Angst vor dem Versagen

In einer Gesellschaft, in der der Mensch anhand seiner Leistung bewertet wird und dessen Existenz von dieser Einschätzung abhängt, ist es kaum verwunderlich, wie viele von uns Versagensängste haben. Man könnte glauben, dass Sie uns noch stärker zu Höchstleistungen motivieren und anstacheln, doch das ist ein Irrglaube. Die Angst vor dem Versagen ist in erster Linie lähmend, weil sie uns sogar davon abhalten kann, uns Herausforderungen oder neuen Projekten zu widmen. Die innere Unsicherheit und das Gefühl vom Scheitern hindern uns daran, unsere Träume umzusetzen. Manchmal versuchen wir es nicht einmal. Das ist jedoch das eigentliche Versagen.

Die Angst vor dem Tod

Der Tod ist etwas, was wir nicht kontrollieren können. Niemand kann sagen, was nach dem Ableben mit uns geschieht, und genau dieses unvermeidbare Ende macht uns Angst. Gleichzeitig verbinden wir den Tod mit Leid und Schmerz, was wir verspüren, wenn ein uns nahestehender Mensch von uns geht. Doch genau wie das Leben ist auch der Tod ein Teil der menschlichen Erfahrung.

Psychologische Strategien zur Überwindung von Ängsten

Warum wir Ängste überwinden sollten

Die Angst möchte uns am allerliebsten in Luftpolsterfolie einrollen und uns im sicheren Zuhause einsperren. So kann uns nichts geschehen – doch leider auch kein Glück und keine Erfüllung!

Fiktive Ängste schränken unser Leben gewaltig ein, wenn wir sie nicht angehen. Sie sabotieren uns, weshalb wir nicht unser volles Potenzial entfalten und innere Blockaden entwickeln. So kommen wir weder privat noch beruflich voran. Ängste halten uns womöglich sogar davon ab, mit anderen Menschen in Kontakt zu treten und damit soziale Verbindungen aufzubauen, Freundschaften zu schließen und eine Liebesbeziehung einzugehen. Oder aber wir können uns aus Furcht nicht von toxischen Verbindungen trennen, die uns nicht guttun.

Akzeptieren wir nicht das Grundprinzip des Lebens, nämlich dass sich alles stets verändert, leben wir in einem ständigen Kampf um die Kontrolle – eine Kontrolle, die wir nie besitzen können. Das Leben ist nun einmal wild, herausfordernd und unberechenbar, aber eben genau deswegen so lebendig und wunderschön. Ängste halten uns davon ab, neue Dinge auszuprobieren, die vielleicht unser Leben erheitern und uns glücklicher machen könnten. Es fühlt sich unmöglich an, Herausforderungen anzunehmen, doch dabei sind es diese schwierigen Situationen, in denen wir neue Fähigkeiten erlangen und als Persönlichkeit wachsen. Kein Wunder, dass unbesiegte Ängste uns immer unglücklicher werden lassen, uns zum Grübeln und Sorgenmachen anregen, wodurch wir uns niedergeschlagen und pessimistisch der Zukunft gegenüber positionieren.

Es wird Zeit, dass wir unseren Ängsten nicht länger das Ruder der Kontrolle überlassen. Entdecken Sie die Schönheit des Lebens, die sich erst dann vollständig offenbaren kann, wenn wir uns nicht länger davor fürchten. Dabei können konkrete Strategien zur Überwindung helfen.

Kognitive Umstrukturierung

Nicht die Dinge selbst beunruhigen die Menschen, sondern die Meinungen und Urteile über die Dinge." – Epiktet

Irreale Ängste entstehen durch eine mentale Bewertung. Allein unsere innere Sichtweise auf die Dinge entscheidet, ob wir diesen ängstlich oder optimistisch gegenüberstehen. Sie sind ein Produkt des Geistes.

Ob wir gelassen auf eine Situation reagieren oder ihr mit Furcht begegnen, ist abhängig von unserer Bewertung.

Beispiel:
Situation: Die Kollegin verliert ihren Job.
Ängstliche Bewertung: „Oje, Susi hat ihren Job verloren! Dann werde ich ganz sicher der nächste sein. Das kann nicht mehr lange dauern, dann habe ich kein Einkommen mehr, muss vielleicht sogar Sozialhilfe beantragen und meine Wohnung kündigen! Ich kann da nichts gegen machen, ich werde alles verlieren!"
Optimistische Bewertung: „Oje, Susi hat ihren Job verloren! Das muss aber nicht bedeuten, dass auch ich meinen Job verliere. Und sollte es aus irgendeinem Grund doch geschehen, wird davon die Welt nicht untergehen. Ich bin fähig dazu, auch mit dieser Herausforderung umzugehen, sollte sie eintreffen. Bis dahin genieße ich es aber weiterhin, meinen Beruf auszuführen."

Eine ängstliche Bewertung löst Unsicherheit, Niedergeschlagenheit, Ohnmacht, vielleicht sogar Wut und natürlich Angst aus. Nach einer optimistischen Bewertung hingegen fühlen wir uns entspannt und zuversichtlich. Deshalb ist die Umstrukturierung unseres Denkens so effektiv, wenn wir unseren Ängsten begegnen wollen. Schließlich sind unsere Meinungen und Urteile, unsere Gedanken, das Einzige, was wir aktiv selbst verändern können.

Viele Menschen lernen von früh auf, sich das Negative herauszupicken und sich darauf zu konzentrieren, während alles Schöne und Positive ausgeblendet und als weniger bedeutsam bewertet wird. Es wird fleißig

- übergeneralisiert („Ich werde nie meinen Traummann finden"),
- über einen Kamm geschert („Alle Männer sind Schweine"),
- in Schubladen gesteckt („Sie ist unfreundlich zu mir gewesen, sie muss ein schlechter Mensch sein"),
- selektive Wahrnehmung betrieben („Er ist nicht für diese Arbeit geeignet, weil er zu wenig Erfahrung hat" – obwohl dieser Mensch kompetent und willens ist, die Arbeit auszuführen),
- sich selbst der Tunnelblick auferlegt („Ich habe mich von meinem Partner getrennt, mein Leben ist sinnlos"),
- Gedanken gelesen („Alle denken, ich bin zu nichts zu gebrauchen"),
- etikettiert („Ich habe einen Unfall gebaut, ich kann kein Fahrrad fahren") und
- katastrophisiert („Ich fühle mich nicht fit, ich habe ganz sicher Krebs").

Trainieren wir unsere Gedankenmuster jedoch wieder um, müssen wir gewisse Situationen nicht länger als bedrohlich wahrnehmen. Wie wir darauf schlussendlich reagieren, können wir nun selbst entscheiden. Wenn wir in die Selbstreflexion gehen und unsere persönlichen Bewertungen überdenken und austauschen, können wir dadurch unsere Ängste überwinden.

Der Weg aus der Angst führt direkt durch sie hindurch: Expositions- und Konfrontationstherapie

Die Angst, die wir in unserem Geist hegen und pflegen, fühlt sich riesig an und wächst mit jeder weiteren Vermeidung. Stellen wir uns unseren Ängsten nicht, werden sie auf ewig in uns wirken und uns von einem erfüllteren, positiveren Leben abhalten. Wir müssen erkennen, dass die bloße Befürchtung vor etwas lediglich eine Fiktion ist, was sich in der Regel dann zeigt, wenn wir uns dieser aussetzen. Dann bemerken wir, dass die Situation, vor der wir uns fürchteten, sogar harmlos ist.

Natürlich kostet die Konfrontation enorme Überwindung, doch das ist es wert. In dem Moment, in dem uns bewusst wird, dass die Angst nur im Kopf entsteht und sie uns nichts mehr anhaben kann, wächst unser Selbstbewusstsein enorm an. Eben waren wir durch die Angst noch handlungsunfähig und ohnmächtig, jetzt stehen wir über ihr.

Viele gehen den Weg der Ablenkung und versuchen mit verschiedenen Techniken und Tätigkeiten, dem unangenehmen Gefühl aus dem Weg zu gehen. Dies mag die einfachere Strategie sein, doch wirklich effektiv ist sie nicht. Das Gegenteil wäre die Annahme der Empfindungen, indem die volle Aufmerksamkeit auf die gefürchtete Situation gelegt wird. Therapeuten nennen diesen Prozess die **systematische Desensibilisierung**. Besonders wirksam ist diese, wenn wir gleich beim ersten Mal „ins kalte Wasser springen" und uns unserem schlimmsten denkbaren Szenario stellen – keine Chance, den Ängsten wie üblich aus dem Weg zu gehen. Dabei soll der Betroffene erkennen, dass er, trotz seiner Befürchtungen, immer noch handlungsfähig ist und dass er die Empfindungen, die mit der Angst einhergehen, durchaus ertragen kann. Das baut Vertrauen in die eigenen Fähigkeiten auf.

Hinweis:
Die Konfrontationstherapie kann große Erleichterung verschaffen, birgt aber, ohne Frage, auch einige Risiken. Deshalb sollten Sie darauf achten, sich hier einem erfahrenen Therapeuten anzuvertrauen, zu dem Sie eine vertrauensvolle Verbindung aufbauen können. Je größer und älter die Angst ist, desto wichtiger wird dieser Hinweis.

Achtsamkeitsbasierte Ansätze

Steigert sich ein Mensch zu sehr in seine Ängste hinein und lässt zu, dass diese sein Leben bestimmen, kann es sein, dass er zusätzlich zu seiner spezifischen Angst eine Angst vor der Angst entwickelt. Er fürchtet sich dann zum Beispiel vor einer erneuten Panikattacke und verurteilt seine Empfindungen. Jedoch hält diese Erwartung, dass die nächste schreckliche Situation schon bald kommen wird, die Ängste am Leben und die Prophezeiung erfüllt sich von selbst. Hier kommt wieder die Macht der Gedanken ins Spiel: Wer glaubt, Ängste regieren seinen Alltag und man wäre diesen hoffnungslos erlegen, der wird seine Gedanken früher oder später bestätigt sehen. Der emotionale und körperliche Stress, den diese Empfindungen verursachen, begünstigt etwaige Symptome.

Ein Weg aus dieser Abwärtsspirale heraus führt über die Akzeptanz, Gelassenheit und Achtsamkeit. Der innere Kampf gegen die Angst muss beigelegt werden, damit endlich Frieden herrschen kann. Die Symptome dürfen dafür aufmerksam von der Meta-Ebene heraus betrachtet werden, wobei keinerlei Wertung angebracht ist. Meditationen und andere Achtsamkeitsübungen sind hier besonders wertvoll.

Übungen zur Bewältigung von Ängsten

4-7-8: Eine Atemübung gegen akute Angst

Diese Atemtechnik bewirkt in stressigen und angsterfüllten Momenten, dass Sie sich auf Ihren Atemzug konzentrieren müssen und damit die Aufmerksamkeit von der Angst nehmen können. So gewinnen Sie wieder einen klaren Kopf. Gleichzeitig beruhigt sie das sympathische Nervensystem und entspannt somit auch auf körperlicher Ebene.

So gehen Sie vor:

- Atmen Sie für 4 Sekunden vollständig durch die Nase ein.
- Halten Sie den Atem für 7 Sekunden.
- Atmen Sie für 8 Sekunden vollständig durch die Nase oder den Mund wieder aus.
- Wiederholen Sie dies einige Male, bis Sie sich deutlich entspannter fühlen.

Das richtige Nasenloch: Eine Atemtechnik zur Entspannung

Wussten Sie, dass Sie durch die Wahl des Nasenlochs bei der Atmung entweder Aktivität oder Entspannung begünstigen können? Das liegt an der Verbindung zwischen der Nase mit dem Gehirn. Das rechte Nasenloch ist mit dem linken Gehirnareal und dem sympathischen Nervensystem verbunden, während das linke Nasenloch mit der rechten Gehirnhälfte und dadurch mit dem

Parasympathikus verbunden ist. Atmen Sie nun also durch das linke Nasenloch, senkt dies automatisch den Blutdruck, die Angst reduziert sich und Ihr Körper kommt zur Ruhe.

So gehen Sie vor:

- In einem Moment des Stresses drücken Sie Ihren rechten Nasenflügel zu und atmen ausschließlich durch das linke Nasenloch.
- Behalten Sie diese Atemtechnik für einige Minuten bei, bis Sie eine Entspannung in Körper und Geist bemerken.

Das Angsttagebuch: Verschriftlichte Reflexion von Angst-Mustern

Um die Ursachen und Auslöser Ihrer Ängste zu ergründen, ist es hilfreich, Selbstreflexion in schriftlicher Form zu betreiben. So können Sie wieder Ordnung in Ihre Gedanken bekommen, Fortschritte verdeutlichen und Ihre Aufmerksamkeit auf das Positive lenken.

Inspiration für ein Angsttagebuch:

Woche: _____	**Montag**	**Diens tag**	**Mittwoch**	**Donnerstag**	**Freitag**	**Samstag**	**Sonntag**
Intensität der Angst auf einer Skala von 0 (keine Angst) bis 10 (unerträgliche Angst)							
Symptome							
Wo?							
Wer?							
Was?							
Notizen							

Schreiben Sie zusätzlich in Ihr Angsttagebuch Ihre Erfolge nieder, wenn Sie beispielsweise durch eine bestimmte Strategie, eine Atemtechnik oder eine andere Übung Linderung von der Furcht erfahren haben.

Der Realitäts-Check

Wie realistisch ist es wirklich, wovor Sie Angst haben? Diese Frage klärt der Realitäts-Check. In der Regel sind unsere Gedanken über ein bedrohliches Ereignis völlig übertrieben, was wir bemerken können, wenn wir uns einmal vor Augen führen, was auf der Wirklichkeit basiert. Stellen Sie sich dazu diese Fragen:

- Wie gefährlich ist diese Situation oder dieses Ding wirklich?
- Was wäre das Allerschlimmste, was mir passieren könnte?

Spinnen, Flugzeuge, Fehler zu machen, andere Menschen anzusprechen und Neues auszuprobieren machen uns dann Angst, wenn wir uns mittels unserer Vorstellungskraft schreckliche Bilder ausmalen. Wie unrealistisch diese sind, wird durch den Realitäts-Check verdeutlicht. Die Angst verliert Ihre Macht über Sie.

Innere Bilder austauschen

Sie können Ihre Meinungen, Bewertungen und inneren Bilder jederzeit austauschen. Möchten Sie weniger Angst vor etwas haben, ändern Sie Ihre innere Haltung dazu. Sie besitzen volle Kontrolle.

- **Wahrnehmen**: Wenn Sie die Angst verspüren, welche Bilder entstehen in Ihrem Kopf?
- **Löschen**: Löschen Sie jene Bilder, die Ihre Angst erzeugen. Stellen Sie sich dazu vor, wie diese in Ihrem Geist zum Beispiel immer kleiner werden, unscharf sind oder zerrissen werden. Das erfordert bei einigen vielleicht etwas Übung, es wird aber mit der Zeit einfacher werden.
- **Austauschen:** Lassen Sie nun neue innere Bilder entstehen, die die Situation in einer positiven Weise darstellen. Was müsste geschehen, damit Sie keine Angst mehr in dieser Situation empfinden?

Systematische Desensibilisierung: Mentale Konfrontation mit der Angst

Bei dieser Übung sollen Sie eine Situation visualisieren, die Ihnen Angst bereitet, um damit konfrontiert zu werden und sie so überwinden zu können. Wichtig ist, dass Sie dies in einer Umgebung tun, in der Sie sich sicher fühlen, entspannt sind und keinen Zeitdruck haben. Bleiben Sie geduldig und einfühlsam mit sich.

So gehen Sie vor:

- Schließen Sie Ihre Augen und rufen Sie sich Ihre Angst vor Ihr inneres Auge. Stellen Sie sich die jeweilige Situation möglichst genau und authentisch vor.

> **Beispiel:**
> Jemand, der große Angst vor dem Sprechen vor einem Publikum hat, könnte sich selbst auf einer großen Bühne vorstellen. Der Saal ist randvoll mit Menschen gefüllt und alle blicken sie gespannt auf ihn.

- Fühlen Sie erst einmal in die Angst hinein. Welche körperlichen Empfindungen können Sie wahrnehmen? Welche Emotionen zeigen sich Ihnen?
- Gehen Sie nun einen Schritt weiter und stellen Sie sich das schlimmstmögliche Szenario vor.

> **Beispiel:**
> Die Menschen starren auf die Bühne, doch Sie bekommen kein einziges Wort heraus. Vielleicht stammeln Sie auch unverständliche Worte oder fangen an, zu weinen. Die Zuschauer lachen Sie aus.

- Was geschieht mit Ihren körperlichen und geistigen Empfindungen, während Sie sich dies vorstellen?
- Ändern Sie nun die inneren Bilder zu etwas Positivem: Was würde in dieser angsterfüllenden Situation im bestmöglichen Fall geschehen?

> **Beispiel:**
> Selbstbewusst regieren Sie die Bühne: Ihre kompetenten Worte begeistern das Publikum und ziehen es in Ihren Bann. Sie sind entspannt, haben Spaß und bringen die Masse mit Humor zum Lachen. Am Ende zeigen die Zuschauer mit tobendem Applaus, welche Dankbarkeit und Wertschätzung sie Ihnen gegenüber empfinden und wie beeindruckt sie von Ihnen sind.

Wiederholen Sie diese Visualisierungsübung so häufig wie möglich, um sich den Gewöhnungseffekt an die Angst zunutze zu machen. Mit der Zeit wird sie sich nicht mehr länger so überwältigend anfühlen.

Meditation: Die Angst annehmen

Meditieren Sie über eine bestimmte Angst, die Sie momentan beschäftigt, und Sie werden von der Ruhe und Entspannung profitieren, die Ihnen tiefe Einsichten ermöglichen. Der Ablauf könnte wie folgt aussehen:

- Bereiten Sie sich auf die Meditation vor, indem Sie einen ruhigen Ort in Ihrem vertrauten Heim herrichten, Kerzen anzünden, Gegenstände platzieren und eine angenehme Atmosphäre schaffen. Beseitigen Sie mögliche Störquellen und tragen Sie bequeme Kleidung.
- Setzen Sie sich bequem in eine Haltung, die Sie über einen längeren Zeitraum hinweg einhalten können.
- Schließen Sie die Augen und atmen Sie ein paar Male tief durch, um im Hier und Jetzt anzukommen.
- Nehmen Sie sich jetzt gedanklich ein Erlebnis vor, das Ihnen große Angst bereitet, und beobachten Sie, was sich vor Ihrem inneren Auge ereignet.
- Beobachten Sie, was mit Ihnen geschieht. Wie fühlt sich diese bedrohende Situation für Sie an? Welche neuen Erkenntnisse können Sie entwickeln?
- Nehmen Sie sich mit dieser Angst an. Manchen Menschen hilft es, sich geistig selbst zu umarmen und so Verständnis und Selbstmitgefühl zu zeigen. Andere wiederum führen ein liebevolles inneres Gespräch mit dem früheren Ich aus der Kindheit. Geben Sie sich gedanklich das, was Sie brauchen, um die Angst als einen Teil Ihres derzeitigen Lebens anzunehmen. Das bedeutet nicht, dass Sie sie festhalten, Sie akzeptieren sie lediglich und hören auf, gegen sie anzukämpfen.
- Danken Sie sich selbst zum Abschluss für die Bereitschaft, sich selbst trotz der Angst anzunehmen.

Der Notfalldrink: Schüßlersalze bei akuten Krisen

Bei akut auftretenden Problemen, die eine rasche Entkrampfung und Entspannung erfordern, können Sie sich ganz einfach selbst helfen, indem Sie Schüßlersalze zu sich nehmen.

- Geben Sie vom Schüßlersalz Nummer 7 insgesamt 10 Tabletten in eine Tasse.
- Übergießen Sie diese mit 200 ml kochend heißem Wasser.
- Rühren Sie die Mischung gut um, bis sich alle Tabletten aufgelöst haben. Verwenden Sie hierfür unbedingt einen Plastiklöffel, da Metall die Wirkung des Salzes aufhebt.
- Trinken Sie dieses Wasser so warm wie möglich und in kleinen Schlucken.
- Behalten Sie jeden Schluck für einen Moment im Mund, ohne ihn herunterzuschlucken. So können die Salze schon im Mundraum über die Schleimhäute aufgenommen werden.

Das Verlassen der Komfortzone: Ängste als Chance zum Wachstum

Die Komfortzone: Sicherheit durch Stillstand

Jeder Mensch besitzt eine Komfortzone, in der ihm alle Tätigkeiten und Situationen bekannt sind und leichtfallen. Alles, was außerhalb dieses Bereichs liegt, erzeugt jedoch Angst. Wir neigen dazu, uns bevorzugt innerhalb dieses Rahmens zu bewegen, um herausfordernden und angsterfüllenden Situationen aus dem Weg zu gehen. Wir tun jeden Tag dasselbe, essen immer im selben Restaurant zu Mittag, benutzen dieselben Geräte im Fitnessstudio und besuchen dieselbe Bar am Abend. Unser Verhalten ist durch meist unbewusste Gewohnheiten und Bequemlichkeiten geprägt. Wir fühlen uns frei von Ängsten, weil wir alle Abläufe genaustens kennen und routiniert abarbeiten. Hier herrscht Sicherheit und Kontrolle, doch leider ist sie auch begrenzt. Mit ihr geht ein Stillstand in der persönlichen Entwicklung einher, weil wir nichts Neues dazu lernen.

Die Angst ist etwas, was uns die Komfortzone schmackhaft macht, obwohl wir meistens sogar genau wissen, dass sich erst außerhalb ihrer Grenzen das Glück und die Erfüllung befinden. Die Gefahr, abgelehnt zu werden oder zu versagen, ist ein starker Anker, der uns fest in der Sicherheit des Komforts hält.

Die Komfortzone ist jedoch nicht zu verteufeln. Auch wenn wir uns von ihr weg begeben müssen, um zu lernen und zu wachsen, so ist dieser Bereich sehr wichtig für unseren Alltag. Wenn Sie zum Beispiel auf dem Operationstisch liegen, so bewegt sich Ihr Arzt gerade in seiner Komfortzone. Denn hier erzielt er sichere und gute Ergebnisse.

Unsere Gewohnheiten haben uns schnell, effektiv und fehlerfrei in unseren Handlungen werden lassen. Die Konsequenz ist ein selbstbewusstes und zuverlässiges Auftreten unsererseits, wodurch wir anderen Menschen Vertrauen und Kompetenz vermitteln. Außerdem hilft uns die Sicherheit und Stabilität dieses Areals während der Phase der Reflexion und Regeneration.

Zu viel in der Komfortzone zu sein, wird auf Dauer langweilig und trist, doch zu viel außerhalb dieser kann übermäßige Risiken bergen. Balance lautet hier die Devise. Es gilt also, mit „Köpfchen" zu wachsen: Springen Sie nicht einfach naiv ins kalte Wasser, sondern spielen Sie clever mit Ihren Grenzen.

Anzeichen, dass Sie sich zu viel in der Komfortzone aufhalten

- Sie bewältigen Ihre alltäglichen Aufgaben mit einer Leichtigkeit, sodass Sie kaum nachzudenken brauchen. Vielleicht langweilen Sie sich sogar, weil Sie sich unterfordert fühlen. Neue Herausforderungen haben sich Ihnen schon lange nicht mehr in den Weg gestellt.
- Sie bevorzugen es, sich unterhalten zu lassen, statt sich mit einem guten Sachbuch weiterzubilden.
- Hochwertige soziale Kontakte halten sich bei Ihnen in Grenzen.
- Sie können sich nur schwer an Ihr letztes echtes Erfolgserlebnis privat oder im Beruf erinnern.
- Ihnen fehlt die Leidenschaft im Leben. Sie verfolgen keine eigenen Projekte, in die Sie Ihre gesamte kreative Energie hineinstecken.
- Sie erfüllen die Merkmale eines Konsumenten, nicht eines Produzenten: Sie nehmen, doch geben kaum zurück.
- Sie lassen sich körperlich gehen. Gesunde Ernährung und körperliche Betätigung fallen auf Ihrer Prioritätenliste hinten runter.
- Sie haben keine positive Version Ihrer Zukunft. Sie verfolgen keine großen, langfristigen Ziele und haben keine Strategien ausgearbeitet, um diese zu realisieren.

Die Wachstumszone: Wachstum durch Herausforderungen

Es ist in Ordnung, Grenzen zu haben, doch wir können sie verschieben. Wenn Sie sich regelmäßig selbst aus Ihrer Komfortzone herausbewegen, trainieren Sie Ihre Fähigkeit, mit Ängsten umzugehen. Sie zeigen sich damit selbst, dass Sie mit allen Schwierigkeiten umgehen können und auch vor Neuem nicht zurückschrecken. Ängste können Ihnen mit diesem neu gewonnenen Selbstbewusstsein nicht mehr so viel anhaben.

Der Bereich außerhalb der Komfortzone nennt sich die Wachstumszone. Dieses Areal ist herausfordernd und anspruchsvoll, es entspricht jedoch noch unseren Kompetenzen und überfordert uns somit nicht. Gewohnheiten werden durchbrochen und Routinen neu entwickelt. Menschen in der Wachstumszone scheuen sich nicht vor unbequemen Arbeiten, denn sie wissen genau, dass sie langfristig von ihnen profitieren werden. Dafür müssen sie sich auch ihren Ängsten stellen sowie Unsicherheit und Kontrollverlust erfahren. Besonders am Anfang kann das etwas ungemütlich werden, doch nach der Überwindung der eigenen Grenzen werden sie mit Stolz und Glücksgefühlen belohnt. Lernerfolg nach Lernerfolg reihen sich aneinander, wodurch die persönliche Entwicklung rasant ansteigt. In dieser Zone erfüllen sich Wünsche und Träume.

Tipps zum Verlassen der Komfortzone

- **Wagen Sie ambitionierte Aufgaben.** Wählen Sie Ideen und Projekte, die leicht über Ihren Kompetenzen liegen und Sie so anregen, über sich hinauszuwachsen.
- **Vertrauen Sie sich selbst.** Sie können das schaffen, was Sie sich vornehmen, auch wenn es außerhalb Ihrer Komfortzone liegt und Sie herausfordert. Bleiben Sie zuversichtlich und zweifeln Sie nicht daran, dass Sie mit Ihren Aufgaben wachsen können.
- **Ein Schritt nach dem anderen**. Das Weitermachen ist das Wichtigste, motivieren Sie sich deshalb mit schrittweisem Vorgehen und Erfolgserlebnissen. Fangen Sie klein an und wagen Sie immer etwas mehr.
- **Lassen Sie sich von Mentoren unterstützen.** Menschen, die bereits dort waren, wo Sie sich jetzt befinden, können Ihnen mit Rat und Zuversicht beistehen.
- **Umgeben Sie sich von einem motivierenden sozialen Umfeld.** Passive, deprimierte, antriebslose und negative Menschen, die fest in ihrer persönlichen Komfortzone verharren, wirken ansteckend und können Ihren noch zarten Wunsch nach Wachstum leicht durch Pessimismus zerstören. Lassen Sie sich vielmehr von einem motivierenden Umfeld nach oben mitreißen.
- **Bleiben Sie optimistisch.** Wie Ihnen das gelingt, haben Sie bereits gelernt.
- **Üben Sie sich in Selbstdisziplin.** Auch das war bereits Inhalt dieses Buches.

13 Challenges als Katapult in die Wachstumszone

Je häufiger Sie Ihre Komfortzone verlassen, desto mehr weiten sich Ihre Grenzen – die Komfortzone wächst. Hier einige Inspirationen für einen spannenderen Alltag:

- Sprechen Sie einen Fremden auf der Straße an und fragen Sie nach der Uhrzeit.
- Probieren Sie eine neue körperliche Bewegung aus: Melden Sie sich zu einer Probestunde Yoga, Klettern oder Kickboxen an.
- Fragen Sie an der Kasse im Supermarkt den Menschen vor sich, ob Sie vor dürfen.
- Machen Sie einem Fremden ein Kompliment.
- Stellen Sie Ihren Wecker 30 Minuten früher und beobachten Sie, was Sie mit der extra halben Stunde anstellen.
- Probieren Sie ein neues Restaurant aus.
- Fragen Sie Ihren Partner, ob er Sie zu seinem Hobby mitnimmt.
- Melden Sie sich zu einer beruflichen Weiterbildung an.
- Verkünden Sie in einer großen Gruppe Ihre Meinung.
- Bitten Sie Ihren Chef um ein herausforderndes Projekt.
- Laden Sie Ihren Schwarm zum Essen ein.
- Halten Sie eine Rede vor einer Menschenmasse.
- Stellen Sie sich Ihren Ängsten.

Die Panikzone: Panik durch Überforderung

Übertreibt ein Mensch es, geht er über die Komfortzone hinaus und begibt sich in die Panikzone. Hier herrscht Überforderung, begleitet von Gefühlen von Panik und Flucht, die uns zum Aufgeben zwingen. Die Situationen und Aktivitäten übersteigen die eigenen Kompetenzen um einiges, sodass kein Erfolg eintreten kann. Informationen können nicht mehr verarbeitet werden, Anforderungen sind zu hochgesteckt worden, es fehlen Antworten auf wichtige Fragen und Tätigkeiten können nicht ausgeführt werden. Dieser Misserfolg kann sehr viel Unsicherheit, Hilflosigkeit und Angst mit sich bringen, wodurch diese Menschen daraufhin als Konsequenz der Überforderung meistens fluchtartig in ihre Komfortzone zurückspringen und dort verharren. Lernen und persönliches Wachstum wirken nicht mehr interessant, wodurch eine Vermeidungshaltung gegenüber allem Unbekannten und Unbequemen eingenommen wird.

Baustein 6: Selbstbewusstsein erhöhen

Die Bedeutung von Selbstbewusstsein für ein erfülltes Leben

Sie treten mit erhobenem Haupt auf, die Brust voller Stolz und mit einem authentischen Lachen auf den Lippen. Ihre Erscheinung ist souverän und wirkt kompetent, da ist keine Schüchternheit in Ihnen, die Sie davon abhalten könnte, interessante Menschen anzusprechen. Sie strahlen eine Sicherheit aus, die niemanden an Ihnen zweifeln lassen kann. Ihr Denken ist unabhängig, körperlich wie geistig sind Sie stark. Sie fühlen sich wohl in Ihrer Haut und das sieht man Ihnen auch an.

Wie klang der obere Abschnitt für Sie? Beschreibt er Ihr Auftreten treffend oder würden Sie sich wünschen, etwas mehr so zu sein? Die meisten Menschen hätten gerne mehr Selbstbewusstsein. Diese Eigenschaft benennt die tiefe Überzeugung von seinen eigenen Fähigkeiten. Wer selbstbewusst ist, kennt seinen Wert und vertraut seiner Handlungskompetenz. Damit geht eine mentale Stärke einher, die Gelassenheit selbst in Momenten des Konfliktes und der Konfrontation hervorbringt. Diese Menschen trauen sich selbst mehr zu, die logische Konsequenz ist, dass sie in der Regel mehr Erfolg im Leben haben. Nicht nur in Bezug auf die Vergangenheit wissen sie, dass sie gute Leistungen erbringen können, sondern auch bei zukünftigen Erlebnissen zweifeln sie nicht an sich. Selbstbewusste Persönlichkeiten tragen also einen gewissen Stolz in sich, der von vergangenen Erfolgen gespeist wird, und deshalb sehen sie keinen Grund, warum es nicht auch in der Zukunft klappen sollte. Sie vertrauen ihren eigenen Talenten, Kompetenzen und ihrem Urteilsvermögen.

Selbstbewusstsein ist eine wichtige Komponente eines lebenswerten und erfüllten Lebens. Nur, wenn wir an uns selbst glauben können, fühlt es sich für uns so an, als gehörten wir auch hierhin und hätten Glück verdient. Wer sich selbst nicht ausstehen kann, der kann schließlich keine Liebe, keine Zufriedenheit und kein Wohlbefinden entwickeln beziehungsweise zulassen. Sind wir selbstbewusst, motiviert uns der Glaube an uns selbst zum Handeln und dazu, die selbstgesteckten Ziele zu erreichen. Das ist noch ein Grund, warum selbstbewussten Menschen ein ausgeprägteres Wohlbefinden als vergleichsweise weniger selbstbewussten Individuen nachgesagt wird.

Selbstbewusstsein versus Arroganz

Es ist jedoch wichtig, den Unterschied zwischen Selbstbewusstsein und Arroganz hervorzuheben. Von außen betrachtet liegen diese beiden Verhaltensweisen häufig sehr nahe beieinander, was jedoch nicht bedeutet, dass sie synonym verwendet werden können.

Als arrogant wird ein Mensch beschrieben, der neben seinem Selbstbewusstsein zusätzlich als sehr dominant wahrgenommen wird. Er zweifelt nicht an seinen Fähigkeiten, was erst einmal grundsätzlich gut ist, doch gleichzeitig setzt er mit dieser Einstellung andere Menschen herab und schreibt diesen einen geringeren Wert zu. Aus „Ich bin toll und kann etwas" wird „Andere Menschen sind nicht so viel wert, weil ich mehr als sie kann." Arroganz muss ihrem Umfeld stets ihre Überlegenheit beweisen. Beim Selbstbewusstsein hingegen wird die Komponente der Warmherzigkeit und Freundlichkeit ergänzt, weshalb diese Persönlichkeiten an ihre Qualitäten glauben, ohne sich dabei mit anderen Menschen zu messen. Sie vertrauen ihren Fähigkeiten, unabhängig davon, wie ausgeprägt sie tatsächlich sind.

Geringes Selbstbewusstsein und seine Konsequenzen für ein erfülltes Leben

Je nach Persönlichkeit besitzen Menschen mal mehr und mal weniger Selbstbewusstsein. Einige fühlen einen Mangel diesbezüglich schon ihr ganzes Leben lang, bei anderen wiederum schwankt es nur bei besonders herausfordernden Erlebnissen.

Menschen mit einem geringen Selbstbewusstsein werden durch enttäuschende Situationen in ihrem Gemütszustand heruntergezogen. Damit lassen sie sich von Gedanken des Selbstzweifels beherrschen, wodurch die Gefahr besteht, dass sie in eine Abwärtsspirale abdriften. Negative Gedanken, die im Selbstzweifel geboren werden, manifestieren sich im Leben durch negative Erfahrungen, die es wiederum schwer machen, an eine bessere Zukunft zu glauben. Pessimismus macht sich breit und die negative Denkweise setzt sich wie ein Parasit fest.

Ein mangelndes Selbstbewusstsein lässt meistens die Stimme des **inneren Kritikers** besonders laut ertönen und schenkt ihr viel Bedeutung. Alles Erlebte wird auf eine bittere und hämische Art und Weise niedergemacht und verurteilt. Trauer, Wut und Angst legen sich wie eine schwere Decke über alles andere und drohen, die angenehmen und lebensfrohen Gefühle zu ersticken. Mit realistischem und sachlichem Betrachten der Fakten hat das Ganze dann nichts mehr zu tun, denn der innere Kritiker neigt dazu, die eigenen Stärken zu negieren und die Kompetenzen zu ignorieren, während die Schwächen hervorgehoben werden. Er richtet sich stets auf das schlimmstmögliche Szenario ein und vermeidet grundsätzlich jede Form von Herausforderung oder Konfrontation, da er der Meinung ist, er könne ja eh nur scheitern. Kritiken, selbst die konstruktiv gemeinten, werden auf Teufel komm raus gemieden, weil ihm eine Angst des Versagens innewohnt. Soziale Interaktionen sind sehr schwierig für die Stimme des inneren Kritikers, kein Wunder also, dass Menschen mit einem geringen Selbstwertgefühl große Probleme damit haben, mit ihrem Umfeld in Kontakt zu treten. Außerdem strahlen Individuen ohne Selbstbewusstsein genau das aus: Man kann ihnen einfach ansehen, dass sie mit sich nicht im Reinen sind, was hier und da andere Menschen dazu veranlasst, respektlos ihnen gegenüber zu werden. Wie der innere Kritiker mithilfe von Übungen ruhiggestellt werden kann, erfahren Sie später.

Die Bedeutung von Selbstbewusstsein für mehr Erfüllung im Leben

Wer wirklich glücklich sein möchte, muss an seinem Selbstbewusstsein arbeiten, wie der vorherige Abschnitt deutlich gemacht hat. Wird die Stimme des inneren Kritikers zum Hauptberater ernannt, wird der Selbstzweifel zu ernst genommen und ein erfülltes Leben unmöglich. Lassen Sie sich deshalb durch die Vorteile des Selbstbewusstseins dazu motivieren, an sich zu arbeiten.

Selbstbewusstsein bringt eine mentale Stärke mit sich, wodurch wir mit den Launen des Lebens umgehen können. Es geschehen nun einmal nicht immer nur schöne Dinge, sondern wir werden dann und wann durch verschiedene Umstände herausgefordert. Rückschläge sind ebenso ein Teil der menschlichen Existenz wie Glück und Erfüllung. Selbstbewusstsein liefert das innere Vertrauen, dass wir die Situationen händeln können, selbst wenn es einmal nicht so läuft, wie wir uns das erhofft haben.

Herausforderungen sind das, was uns persönlich wachsen lässt. Wie wir bereits beim Thema Komfortzone erkennen konnten, sind es die Rückschläge, die uns dazu antreiben, über uns selbst – beziehungsweise über unsere Komfortzone – hinauszuwachsen. Fehler bringen uns weiter und Misserfolge sind dazu da, um uns zu stärken. Ein selbstbewusster Mensch weiß das und sieht die Hürden des Daseins als Sprungbrett an.

Ist in uns ein tiefes Vertrauen in unsere eigenen Fähigkeiten verankert sowie das Wissen, dass wir als Mensch bedingungslos wertvoll sind, können wir unseren Ängsten ganz anders begegnen. Mögen diese dazu fähig sein, Menschen mit einem geringen Selbstvertrauen zu beeinflussen und zu hemmen, so können sie einen mit großem Selbstvertrauen nicht viel anhaben. Ja, Ängste existieren in jedem Menschen, doch wir nehmen ihnen ihre Macht über uns und entscheiden uns gegen das Grübeln, gegen den Pessimismus und gegen die Depression. Wir haben unser Leben selbst in der Hand und auch Ängste können uns nicht zurückhalten.

Menschen mit einem mangelhaften Selbstbewusstsein schenken ihrem inneren Kritiker meist so viel Aufmerksamkeit, dass es ihnen schwerfällt, sich auf ihre Mitmenschen einzustellen. Das wirkt sich automatisch auf die Fähigkeit zu sozialer Verbindung aus, womit selbstbewusste Persönlichkeiten jedoch kein Problem haben. Sie können die Bedürfnisse anderer wahrnehmen und auf sie eingehen. Gleichzeitig sind sie gelassener, weil sie die Bestätigung anderer nicht brauchen, um sich gut zu fühlen. Diese innere Haltung bewirkt, dass sich diese Individuen einfach weniger Sorgen darum machen, was andere Menschen über sie denken könnten, denn den Selbstwert speisen sie aus sich selbst. Sie machen sich damit nicht abhängig von anderen, wodurch sie in der Lage sind, noch tiefere Bindungen zu anderen aufzubauen, die nicht auf Selbstbestätigung, sondern auf echtem Interesse am anderen Menschen beruhen.

PSYCHOLOGISCHE GRUNDLAGEN DES SELBSTBEWUSSTSEINS

Sich seinem Selbst bewusst sein

In der Psychologie wird mit der Ausprägung des Selbstbewusstseins die des Selbstwertgefühls gleichgesetzt. Jemand, der sich seines eigenen Wertes bewusst ist, schenkt sich selbst und seinen Fähigkeiten Glauben. Die Eigenwahrnehmung dieses Menschen lässt ein Bewusstsein für seine Gefühle und seine Qualitäten entstehen. Ein selbstbewusster Mensch weiß, wer er ist. Er ist wortwörtlich sich *selbst bewusst*. Gleichzeitig bewertet er sich und zollt seinen Fähigkeiten und Gaben Anerkennung.

Es existieren verschiedene Facetten des Selbstbewusstseins, die sich in den folgenden Ausprägungen zeigen:

- Selbsterkenntnis ermöglicht, zu erkennen, wer wir eigentlich sind.
- Selbstakzeptanz drückt aus, dass wir uns so nehmen, wie wir sind, und uns für einen guten Menschen halten.
- Selbstannahme bestätigt uns unsere Zuneigung uns selbst gegenüber.
- Selbstliebe ist selbsterklärend.
- Selbstwirksamkeit schenkt uns das Vertrauen in unsere Fähigkeiten.
- Selbstsicherheit macht uns deutlich, dass wir alles schaffen können, was wir uns vornehmen.
- Selbstglaube lässt unsere Zweifel dahinschmelzen.
- Selbstkontrolle beweist, dass wir uns im Griff haben.
- Selbstverantwortung erinnert uns daran, dass wir selbst unser Leben in der Hand haben.
- Selbstachtung zeugt von dem Respekt, den wir uns selbst entgegenbringen.

Diese Sammlung von Eigenschaften offenbart Selbstbewusstsein. Die unterschiedlichen Facetten bedingen sich gegenseitig, können sich beeinflussen und stärken.

Die Entstehung von Selbstbewusstsein

Manche Menschen werden mit einem hohen Selbstbewusstsein geboren, anderen wiederum fällt es nicht so leicht, sich zu vertrauen und an sich zu glauben. Unabhängig von dieser angeborenen Neigung nehmen die Umwelt und die Prägung in der Kindheit einen großen Einfluss auf die Entwicklung des Selbstbewusstseins.

Die Eltern nehmen eine zentrale Rolle in diesem Prozess ein, da sie die Bezugspersonen des Kindes sind. Sie können ihm entweder ein gesundes Selbstbild mit auf den Weg geben und vermitteln, dass es ein wertgeschätzter und liebenswürdiger junger Mensch ist, oder aber ihre eigenen Konditionierungen und Glaubenssätze hindern sie daran, diese Aufgabe zu übernehmen. Soziale Akzeptanz und Wertschätzung sind für das Kind essenziell: Hat es dies von Anfang an nicht erfahren, wird es kein gesundes Selbstvertrauen aufbauen können.

Während des Heranreifens des Kindes zum Jugendlichen und Erwachsenen wird es durch zahlreiche weitere Persönlichkeiten geprägt. Freunde, Liebespartner, Lehrer, Kollegen und Chefs betrachten und bewerten den jungen Menschen aus ihrer eigenen Sichtweise und lassen ihn daran in Form von Lob, Komplimenten, Respekt, Sympathie, Liebe und Wertschätzung oder aber Kritik und Ablehnung teilhaben. Im Laufe des Lebens wird uns von unseren Mitmenschen vermittelt, wie sie uns einschätzen beziehungsweise gerne hätten, damit wir in deren Bild passen.

Beispiel:
Wenn unsere Eltern uns für gemachte Hausaufgaben und gute Noten belohnen, lernen wir, dass wir besonders liebenswürdig sind, wenn wir uns diesen Wünschen anpassen. Wir entwickeln ein Selbstbild, das sich auf unseren Glaubenssätzen, Prägungen, unseren Stärken, Schwächen und der Art und Weise, wie wir über uns selbst denken, aufbaut. Auf diese Art und Weise entwickeln wir einen Selbstwert als Schnittmenge zwischen dem Selbstbild und dem Bild, das andere Menschen von uns haben.

Hintergründe eines geringen Selbstbewusstseins

Hinter einem mangelhaften Selbstwert verbergen sich in der Regel zwei hartnäckige Ängste, nämlich die Angst davor, abgelehnt zu werden, und die Angst vor dem Versagen.

Beide Ängste eint ein negatives Selbstbild, das Betroffene von sich haben. Zweifel bezüglich ihrer Fähigkeiten plagen diese Menschen und bescheren ihnen große Unsicherheit. Diese kann so intensiv werden, dass Herausforderungen nicht länger als positiv und als Chance wahrgenommen, sondern als Bedrohung bewertet werden. Menschen mit einem geringen Selbstbild halten nur die Komfortzone für richtig und aushaltbar, weil sie hier Kontrolle über ihre Ängste haben.

Leider prägt dieser Mangel an Selbstwert die Beziehungen zu anderen Menschen, da sie sich immer wieder rückversichern müssen, dass sie noch in Ordnung und gut so sind, wie sie sind. Das, was sie nicht in sich selbst finden können, benötigen sie nun von ihren Mitmenschen, wodurch eine starke Abhängigkeit von der Anerkennung und Bestätigung anderer entsteht. Das macht das Selbstbild dieser Persönlichkeiten äußerst instabil und anfällig für Manipulation.

Selbsttest: Wie stark ist mein Selbstbewusstsein?
Stellen Sie sich die folgenden 10 Fragen und beantworten Sie diese ehrlich mit „Ja" oder „Nein".

- Fühlen Sie sich in ungewohnten Situationen häufig unsicher?
- Trauen Sie sich nicht zu, Ihre Meinung zu äußern?
- Sind Sie besonders harmoniebedürftig?
- Ist es Ihnen sehr wichtig, was andere von Ihnen halten?
- Versuchen Sie ständig, es allen recht zu machen?
- Plagen Sie häufig Schuld und Scham?
- Vergleichen Sie sich häufig mit anderen Menschen?
- Betrachten Sie sich selbst als unterlegen im Vergleich zu anderen?
- Fällt es Ihnen schwer, sich zu beschweren, wenn Ihnen Unrecht getan wurde?
- Fürchten Sie sich vor der Kritik Ihrer Mitmenschen?

Können Sie 7 von 10 Fragen mit „Nein" beantworten, haben Sie ein gut ausgeprägtes Selbstbewusstsein.

Tipps für ein stärkeres Selbstbewusstsein

- **Stellen Sie sich Ihren Ängsten.** Wie genau Sie dies anstellen, haben Sie bereits im vorherigen Kapitel gelernt.
- **Erlauben Sie es sich, Fehler zu machen und zu scheitern.** Ändern Sie Ihr inneres Bild in Bezug auf Fehler und betrachten Sie diese nicht als Grund für Ihren geringen Wert, sondern als Chance zum Wachstum. Fehler sind normal und gehören dazu. Sie zeigen uns, was wir besser machen können, damit wir beim nächsten Mal nicht scheitern. Misserfolge bestimmen in keiner Weise Ihren Wert als Mensch.
- **Üben Sie sich in Selbsthumor**. Lachen Sie auch mal über sich und zeigen Sie, dass Sie sich nicht so ernst nehmen. Niemand ist unfehlbar, auch Sie nicht, also lassen Sie die verkrampfte Haltung gehen und nehmen Sie das Leben mit Humor.
- **Sprechen Sie Affirmationen vor dem Spiegel**. Stellen Sie sich jeden Tag vor einen Spiegel, richten Sie sich stolz auf und sprechen Sie positive Selbstaffirmationen laut aus, während Sie sich dabei in die Augen schauen. Diese könnten zum Beispiel folgende sein: „Ich bin selbstbewusst", „Ich kann alles schaffen", „Ich habe bereits alles, was ich brauche, um erfolgreich zu sein."
- **Machen Sie sich selbst Komplimente**. Suchen Sie aktiv nach Ihren guten Seiten und Ihren Talenten und loben Sie sich dafür.
- **Nehmen Sie Komplimente von anderen an**. Statt sich zu rechtfertigen oder die Dinge herunterzuspielen, wenn Ihnen jemand ein Kompliment macht, nehmen Sie es einfach an und erfreuen Sie sich daran.
- **Arbeiten Sie an Ihrer Körpersprache.** Dazu folgen weitere Informationen im übernächsten Kapitel.
- **Stehen Sie zu Ihren Bedürfnissen, Hoffnungen und Zielen**. Sprechen Sie es aus, wenn Sie etwas stört. Sie dürfen, genauso wie jeder andere Mensch auch, Forderungen stellen und für Ihre Interessen einstehen. Sorgen Sie selbst dafür, dass Ihre Bedürfnisse erfüllt werden.
- **Beenden Sie den ständigen Vergleich mit anderen.** Niemand ist so wie Sie, niemand hat Ihr Leben gelebt, Ihre Gefühle gefühlt und Ihre Erfahrungen gemacht. Deswegen können Sie sich mit niemandem vergleichen – höchstens vielleicht mit Ihrem vergangenen Ich.
- **Nehmen Sie Kritik und Zurückweisung nicht persönlich**. Leichter gesagt als getan, doch Sie müssen akzeptieren, dass es immer Menschen gibt, die Ihnen widersprechen, und das ist in Ordnung so. Hängen Sie nur nicht Ihren Selbstwert daran. Es ist kein Angriff gegen Sie persönlich.
- **Umgeben Sie sich mit den richtigen Menschen**. Ein Umfeld, das Sie unterstützt, dem Sie vertrauen und von dem Sie gefördert werden, ist Gold wert. Dadurch, dass Sie wissen, dass diese Menschen Sie schätzen, stärken Sie gleichzeitig Ihr Selbstbewusstsein.

Selbstreflexion und Selbstakzeptanz

Selbstbewusstsein stärken durch Selbstreflexion

Selbstbewusstsein ist eine Eigenschaft, die sich erst entwickelt, und zwar nicht nur von allein. Wir können zudem aktiv lernen, unseren Selbstwert zu fördern und zu stärken, wobei Ihnen verschiedene Übungen aus diesem Kapitel zur Verfügung stehen. Doch bevor wir in die Praxis übergehen können, müssen wir erst einmal in die Selbstanalyse einsteigen. Wer bin ich eigentlich? Was kann ich und was bin ich wert? Ermitteln Sie Ihre persönlichen Stärken, um sich bewusst zu werden, dass Sie ein Anrecht darauf haben, selbstbewusst sein zu dürfen.

Stärken ermitteln

Ihnen sollte die folgende Liste aus dem ersten Kapitel des vorliegenden Buches bereits bekannt sein. Lesen Sie die Stärken aufmerksam und markieren Sie die, die bei Ihnen zutreffen. Markieren Sie bitte auch diejenigen, bei denen Sie sich nicht sicher sind.

- Welche Stärken beherrschen Sie gut?
- Was macht Ihnen Spaß und motiviert Sie?
- Worin erzielen Sie Ihre größten Erfolge?

Diese Fragen können Ihnen helfen, Ihre Fähigkeiten zu ermitteln. Sie könnten zusätzlich Ihr Umfeld fragen, wie dieses Sie einschätzt. Betrachten Sie auch Ihre Hobbys und Leidenschaften. Das, was wir gerne machen, ist in der Regel auch das, was wir gut können.

Die 1. Tugend: Weisheit und Wissen

- Begeisterung für das Lernen
- Neugierde
- Aufgeschlossenheit und Urteilsvermögen
- Kreativität
- Voraussicht

Die 2. Tugend: Mut

- Tapferkeit
- Integrität
- Vitalität
- Ausdauer

Die 3. Tugend: Menschlichkeit

- Freundlichkeit
- Soziale Intelligenz
- Liebesfähigkeit

Die 4. Tugend: Gerechtigkeit

- Fairness
- Teamwork
- Führungsqualität

Die 5. Tugend: Mäßigung

- Bereitschaft zur Vergebung
- Achtsamkeit
- Bescheidenheit
- Selbstregulation

Die 6. Tugend: Transzendenz

- Humor
- Sinn für Schönheit
- Hoffnung
- Dankbarkeit
- Spiritualität

Finden Sie nun zu jeder markierten Stärke mindestens eine Situation, die beweist, wie gut Sie darin sind. Überlegen Sie, wie Sie Ihre Stärken noch mehr in Ihren Alltag einbringen und diese zum Ausdruck bringen können. Es lassen sich immer Wege finden, um Ihre Fähigkeiten in die Arbeit, in zwischenmenschliche Beziehungen oder in der Freizeit einfließen zu lassen. Wenn beispielsweise Freundlichkeit und soziale Intelligenz zu Ihren Stärken gehören, dann versuchen Sie doch einmal, sich im Job mehr in den Kontakt mit Kunden zu begeben, um Ihre Fähigkeiten einzubeziehen. Damit machen Sie sich selbst ein Geschenk und reichern Ihr Leben mit Selbstbewusstsein, Sinn und Erfüllung an.

Dem inneren Kritiker Grenzen setzen

Es wird Zeit, dass Sie Ihrem inneren Kritiker einmal so richtig die Meinung geigen. Lassen Sie sich nicht von „irgendeiner Stimme“ das Leben vermiesen, sondern legen Sie ihr selbstbewusst die Fakten dar. Was Sie vielleicht Jahre oder Jahrzehnte über sich geglaubt haben, ist meistens fernab der Wahrheit. Die folgende Übung wird Ihnen dies offenbaren.

So gehen Sie vor:

- Nehmen Sie sich einen Zettel und einen Stift und lassen Sie Ihr Leben Revue passieren.
- Schreiben Sie nieder, welche bisherigen Erfolge Sie verzeichnen können, egal, wie klein oder groß diese auch sein mögen. Seien Sie ehrlich zu sich und spielen Sie nichts herunter.
- Machen Sie diese Übung regelmäßig, um den Teufelskreis Ihres gewohnten Denkmusters zu durchbrechen und Ihrem inneren Kritiker Paroli zu bieten.

Selbstakzeptanz durch Vergebung

Fehler sind nichts Schlimmes, sie machen uns nur menschlich. Sie können jedoch unser eigenes Selbstbild und damit unser Selbstbewusstsein stark herabsetzen, wenn wir uns diese nicht verzeihen. Und doch tragen wir Sie meist jahrelang mit uns herum und wundern uns, warum wir so belastet sind. Vergebung ist, als würden wir diesen Rucksack, den wir eigentlich gar nicht mit uns rumschleppen müssten, einfach absetzen. Das macht uns leichter und unbeschwerter.

So gehen Sie vor:

- Identifizieren Sie eine Situation, in der Sie einen Fehler gemacht haben, Scham fühlten, Schuld empfunden haben oder etwas anderes getan haben, was Sie sich bis jetzt nicht verziehen haben.
- Schreiben Sie Ihre Verurteilungen sich selbst gegenüber auf. Seien Sie so konkret wie möglich.
- Üben Sie nun Vergebung, indem Sie das Folgende aufschreiben und die Lücken ausfüllen:

Ich vergebe mir selbst, dass ich geglaubt habe, dass ich ___. Die Wahrheit ist ___.

Beispiel:
Sie waren unfair einem Freund gegenüber und haben böse Sachen zu ihm gesagt, obwohl diese nicht stimmen. Sie haben Folgendes aufgeschrieben: „Ich hätte Peter nicht sagen dürfen, dass er unfähig ist. Das war so dumm und unsensibel von mir!"
Vergebung: „Ich vergebe mir selbst, dass ich geglaubt habe, dass ich dumm und unsensibel bin. Die Wahrheit ist, dass ich einfach wahnsinnig gestresst war an diesem Tag, weil mir ein Fehler bei der Arbeit unterlaufen ist und ich das an Peter ausgelassen habe, obwohl es dabei eigentlich um mich selbst ging. Das macht mich jedoch nicht zu einem schlechten Menschen."

Selbstmitgefühl: Ein Gespräch mit sich selbst

Bei dieser Übung nehmen Sie sich selbst in den Arm. Sie bringen sich das nötige Selbstmitgefühl entgegen, das Ihnen ermöglicht, mit Ihren Schwächen umzugehen und Ihren Selbstwert zu erkennen.

So gehen Sie vor:
Erinnern Sie sich an eine Situation, für die Sie sich selbst hart verurteilen. Möglicherweise haben Sie einen anderen Menschen unfair behandelt, einen Fehler begangen oder jemandem Unrecht getan.

- Schließen Sie die Augen, während Sie sich gedanklich vorstellen, wie Sie mit Ihrem besten Freund, dem Sie vertrauen und der Sie bedingungslos annimmt, an einem sicheren Ort, zum Beispiel auf dem Sofa Ihres Wohnzimmers, verweilen. Dieser Mensch muss nicht einmal zwangsläufig real sein, doch er sollte in Ihnen ein vertrautes und sicheres Gefühl auslösen.
- Erklären Sie ihm die Situation, die Ihnen unangenehm ist, genaustens. Benennen Sie auch Ihre Gefühle.
- Visualisieren Sie nun, wie Ihr Freund Sie verständnisvoll umarmt. Bleiben Sie so lange, wie Sie möchten, in dieser heilsamen Vorstellung und genießen Sie die Selbstannahme, die Sie sich damit selbst entgegenbringen.
- Nehmen Sie nun die Perspektive Ihres Freundes ein und lassen Sie ihn zu Wort kommen. Was würde er, als ein verständnisvoller und mitfühlender Mensch, dessen tiefster Wunsch es ist, Sie zu verstehen, zu Ihnen sagen?

Durch diese Übung lernen Sie, wie Sie sich selbst Mitgefühl entgegenbringen können. Wenden Sie sie so oft wie möglich an, bis Ihnen das Konzept in Fleisch und Blut übergeht.

Selbstsicheres Auftreten

Selbstsicherer zu werden ist etwas, das jeder lernen kann. Dies entsteht durch das Vertrauen in die eigenen Fähigkeiten, wobei jedes Erfolgserlebnis, und ist es noch so klein, das Selbstbewusstsein stärkt. Das Geheimnis hinter selbstsicherem Auftreten ist also, Erfolge gezielt herbeizuführen.

Selbstsichere Menschen verkörpern diese Gewissheit, dass sie sich behaupten, ihre Bedürfnisse durchsetzen und ihren Fähigkeiten trauen können. Als Außenstehender ist diese Eigenschaft deutlich sichtbar und zeigt sich in der Körpersprache, im Verhalten und im allgemeinen Auftreten. Natürlich ist Selbstsicherheit auch situationsabhängig. Je nachdem, welche Persönlichkeit uns innewohnt und ob wir uns gerade in einem Bereich befinden, in dem wir uns wohlfühlen – Stichwort: Komfortzone –, zeigt sich Selbstsicherheit durchaus in unterschiedlichen Intensitäten.

Tipps für ein selbstsicheres Auftreten

- Suchen Sie den Blickkontakt. Können Sie Augenkontakt zu anderen herstellen und diesen angemessen halten, wirken Sie ganz automatisch selbstsicherer. Das ist reine Übungssache und wird mit der Zeit leichter.
- Beweisen Sie Mut. Mutig zu sein bedeutet nicht, keine Angst zu haben. Mutig zu sein bedeutet, trotz der Angst zu handeln. Also trauen Sie sich an Herausforderungen heran und überwinden Sie diese, um Ihr Selbstbewusstsein von Erfolgserlebnissen aufbauen zu lassen. Fangen Sie klein an, zum Beispiel könnten Sie einem Fremden zunächst ein einfaches Lächeln zuwerfen, wenn Sie lernen möchten, unbekannte Menschen anzusprechen. Wenn Ihnen dies leichter fällt, fragen Sie jemandem nach der Uhrzeit und später können Sie dann ein einfaches Gespräch anfangen.
- Lernen Sie, „Nein" zu sagen. In manchen Situationen bedeutet ein „Ja" zu anderen automatisch ein „Nein" zum eigenen Selbst. Im richtigen Moment beweist ein klares „Nein" Ihrerseits, dass Sie einen erheblichen Einfluss auf die Geschehnisse haben und dass Sie selbst Ihr Leben bestimmen.
- Achten Sie auf Ihre Körperhaltung. Mehr Infos dazu folgen im nächsten Abschnitt.
- Distanzieren Sie sich von Menschen, die Ihnen nicht guttun. Haben Sie den Mut, vermeindliche Freundschaften zu beenden, die Sie eh nur belasten.
- Interagieren Sie mit fremden Menschen. Überwinden Sie Ihre Angst, jemanden Unbekanntes anzusprechen, ist das ein weiteres Erfolgserlebnis, das nicht nur Ihr Selbstbewusstsein ankurbelt, sondern auch interessante Bekanntschaften hervorbringen kann.

Die Körperhaltung und nonverbale Kommunikation: Anzeiger für Selbstbewusstsein und Selbstsicherheit

Die Körpersprache trägt tatsächlich innerhalb der zwischenmenschlichen Kommunikation mindestens eine genauso bedeutende Rolle wie die ausgesprochenen Worte. Unser Unterbewusstsein kann anhand der Körpersprache unseres Gegenübers bereits wichtige Informationen ablesen, noch bevor dieser überhaupt den Mund aufgemacht hat. So kann ein Bettler auf der Straße erkennen, welcher Passant offen für eine Spende wäre, oder ein flirtbereiter Mann kann so eine interessierte Frau identifizieren.

Mimik und Gestik, also das, was wir mit unserem Gesicht und unserem Körper zum Ausdruck bringen, unterstreichen das Gesagte und das Empfundene – so sollte es zumindest sein. Wiedersprechen sich die nonverbalen und verbalen Botschaften eines Menschen, so wurde er soeben beim Lügen ertappt.

Deshalb ist es auch so schwierig, zu verbergen, wenn man sich eigentlich selbst nicht mag, aber so tut als ob. Die Worte mögen dann lauten, „Ich bin ganz schön toll", doch der Körper sagt etwas ganz anderes: „Ich bin sehr unsicher." Ein selbstbewusster Mensch verkörpert diese Eigenschaft wortwörtlich. Seine Haltung repräsentiert Offenheit, er hält direkten und angemessen anhaltenden Blickkontakt und macht keine nervösen Gesten, die Ausdruck von Angst sein könnten.

Das Erfolgstagebuch: Das Sammeln von Beweisen für mehr Selbstsicherheit

Legen Sie ein Erfolgstagebuch an, in dem Sie ab sofort jeden Tag reflektieren, welche Dinge Ihnen gut gelungen sind. Das können triviale Tätigkeiten sein, wie zum Beispiel das Aufräumen eines Zimmers, oder herausragende Dinge, wie beispielsweise das Gebären eines gesunden Babys. Notieren Sie alles, was Ihnen einfällt, und beobachten Sie, wie diese einfache Übung Ihre Stimmung hebt, sodass Sie schon bald süchtig danach werden, Ihre Erfolge niederzuschreiben. Damit sammeln Sie für sich selbst Beweise, warum Sie als Mensch so wertvoll sind. Sie können das Buch immer dann zur Hand nehmen und darin lesen, wenn Sie einmal an sich zweifeln sollten. Dann neigen wir nämlich dazu, das Gute an uns zu vergessen und nur das Schlechte herauszupicken. Die Einträge im Erfolgstagebuch richten unseren Blick dann wieder auf das eigentlich Wichtige aus.

Ein Bewusstsein für die eigene Körpersprache entwickeln

Meistens wissen wir selbst gar nicht, wie wir eigentlich auf andere Menschen wirken. Wir hören nur unsere eigenen Worte und spüren unsere Gefühle, doch uns hält niemand einen Spiegel vor, wenn wir mit anderen sprechen. Hier kann die folgende Übung Abhilfe leisten.

- Wenn Sie einen Vortrag, ein Bewerbungsgespräch oder eine Präsentation einüben müssen, filmen Sie sich dabei.
- Schauen Sie sich die Aufnahmen im Nachhinein an und beobachten Sie Ihre Körpersprache. Blenden Sie dafür einmal alles aus, was Sie verbal von sich geben, schauen Sie nur auf Ihr Gesicht und Ihre Bewegungen. Gibt es Überraschungen für Sie? Wie wirken Sie auf sich? Haben Sie gewusst, dass Sie sich so verhalten? Möchten Sie an Ihrem Auftreten etwas verändern? Wenn ja, was genau und warum?

Sich selbst live erleben

Den gleichen Effekt des Bewusstwerdens der eigenen Körpersprache erreichen Sie, wenn Sie sich beim Telefonieren selbst beobachten.

- Wenn Sie das nächste Mal den Hörer am Ohr haben, stellen Sie sich vor den Spiegel, während Sie telefonieren.
- Das kann sehr aufschlussreich sein und ist zunächst ein sehr ungewohntes Bild für Ihre Augen. Sie werden vermutlich zudem feststellen, dass sich Ihre Körpersprache intuitiv ändert, während Sie sich live erleben.

„Power Posing": Die Körperhaltung des Siegers

Körperhaltungen können zum Ausdruck bringen, wie viel Macht dem jeweiligen Menschen innewohnt. Es gibt Posen, die eine schwache Machtposition anzeigen, und welche, die eine sehr starke signalisieren. Erstere sind zudem ein Anzeichen für ein geringes Selbstbewusstsein, was in einer zusammengekümmerten Körperhaltung und im Kleinmachen zur Geltung kommt. Dies zeigt Unwohlsein und Angst an.

Eine selbstbewusste Körperhaltung zeigt sich in einer offenen, raumeinnehmenden Haltung. Sie ist aufrecht, das Brustbein schiebt sich nach vorn, die Schultern gehen nach hinten und die Beine stehen etwas breiter, was Standfestigkeit symbolisiert.

Das Interessante ist, dass die Körperhaltung einen Einfluss auf den Hormonspiegel nimmt. Begeben wir uns bewusst in eine selbstbewusste Haltung, schüttet der Organismus vermehrt Testosteron aus, was uns selbstbewusster macht. Genauso verhält es sich mit einer zusammengekauerten Körperhaltung, die das Stresshormon Cortisol ansteigen lässt und unsere Unsicherheit nur noch verstärkt. Dieses Wissen können wir uns zunutze machen, indem wir aktiv eine Körperhaltung einnehmen, um einen gewünschten Gefühlszustand zu erreichen.

- **Power-Pose Nr. 1:** Platzieren Sie Ihre Füße hüftbreit auf dem Boden und stemmen Sie Ihre Arme in die Taille. Richten Sie sich auf, schieben Sie das Brustbein zum Himmel und ziehen Sie die Schultern zurück. Das Kinn wird angehoben und der Blick geht leicht nach oben. Lassen Sie ein leichtes Lächeln auf Ihren Lippen entstehen. Atmen Sie nun entspannt ein und aus und halten Sie diese Übung für mindestens eine Minute. Beobachten Sie, was die Pose mit Ihnen macht. Wie fühlen Sie sich nachher im Vergleich zu Vorher?
- **Power-Pose Nr. 2:** Platzieren Sie Ihre Füße hüftbreit auf dem Boden und verschränken Sie Ihre Arme hinter dem Kopf. Richten Sie sich auf, schieben Sie das Brustbein zum Himmel und ziehen Sie die Schultern zurück. Lehnen Sie den Kopf leicht gegen die Hände und schieben Sie die Ellenbogen nach außen und hinten. Bringen Sie ein Lächeln auf Ihre Lippen. Atmen Sie nun entspannt ein und aus und halten Sie diese Übung für mindestens eine Minute. Beobachten Sie, was die Pose mit Ihnen macht. Wie fühlen Sie sich nachher im Vergleich zu Vorher?
- **Power-Pose Nr. 3:** Platzieren Sie Ihre Füße hüftbreit auf dem Boden und strecken Sie beide Arme schräg nach oben gen Himmel. Bringen Sie ein Lächeln auf Ihre Lippen und fühlen Sie sich wie ein Sieger, dem gerade eine beeindruckende Leistung gelungen ist. Atmen Sie nun entspannt ein und aus und halten Sie diese Übung für mindestens eine Minute. Beobachten Sie, was die Pose mit Ihnen macht. Wie fühlen Sie sich nachher im Vergleich zu vorher?

Baustein 7: Resilienz stärken

RESILIENZ ALS SCHLÜSSEL ZUR KRISENBEWÄLTIGUNG

Die Eigenschaften resilienter Menschen

Manchmal begegnet man Menschen, die scheinbar nichts umhauen kann. Wenn sie von ihren harten Schicksalsschlägen erzählen, ist man vollkommen überrascht, wie sie diese überhaupt bewältigen konnten. Vielleicht können sie sogar das Positive darin sehen oder jetzt darüber lachen. Das ist eine bewundernswerte Eigenschaft. Sie trägt den Namen Resilienz.

Resilienz ist die Fähigkeit, trotz widriger Umstände die Lust am Leben nicht zu verlieren. Sie beschreibt eine psychische Widerstandsfähigkeit gegenüber den Launen des Lebens und des Schicksals. Menschen mit dieser Stärke reagieren auf Schwierigkeiten und Krisen mit Zuversicht statt mit Angst und Schwarzmalerei. Ihre Psyche kann Belastungen so gut aushalten, dass nicht einmal Schicksalsschläge es wagen, ihnen den Boden unter den Füßen wegzureißen. Natürlich fallen auch resiliente Menschen, doch was sie auszeichnet, ist ihr unumstößlicher Wille, immer wieder aufzustehen und weiterzumachen. Im Gegensatz zu empfindlichen und leicht verletzbaren Menschen werden resiliente Persönlichkeiten nicht so leicht durch Negativität heruntergezogen. Resilienz beschreibt die Fähigkeit, die Gesundheit der Psyche selbst bei Widrigkeiten beizubehalten beziehungsweise sie rasch wiederherzustellen. Sie führen in der Regel stabile Beziehungen und verfügen über eine optimistische Lebenseinstellung.

Sichtweisen, die Resilienz fördern

- Veränderung und Schmerz gehören zum Leben, ebenso wie Glück und Zufriedenheit.
- Jede Krise kann überwunden werden.
- Wer an seine Fähigkeiten glaubt, der erreicht seine Ziele.
- Jeder Mensch ist der Schöpfer seines eigenen Lebens.
- Aktive Entscheidungen zu treffen, ist ein Teil des Erfolgs.
- Große Ziele erfordern langfristige Sichtweisen.
- Soziale Bindungen sind wichtige Grundpfeiler auf dem Weg zum Glück.
- Wer gut für sich sorgt, dem kann das Leben weniger anhaben.
- Positivität lässt (realistische) Träume wahr werden.

Resiliente Menschen sind robuste Persönlichkeiten, die ihre Stärke meist bei besonders harten Herausforderungen beweisen mussten. Denken Sie nur einmal an Natascha Kampusch, die acht Jahre lang als Kind in einem Keller gefangen gehalten wurde und nun ein selbstbestimmtes Leben als Autorin und Schmuckdesignerin führt. Oder der berühmte Schauspieler Arnold Schwarzenegger, dessen Vater ihm gegenüber tagtäglich gewalttätig wurde. Ebenso der berühmte Astrophysiker Stephen Hawking, der in jungen Jahren an ALS (Amyotrophe Lateralsklerose, eine fortschreitende Krankheit aller Bewegungsneuronen) erkrankte und dennoch die Welt der Wissenschaft prägte. Sie alle eint das tiefe Vertrauen, das eigene Schicksal in der Hand zu halten, egal, was kommt. Sie arbeiten lösungsorientiert, wenn es darum geht, ein Problem zu bewältigen, und verlieren sich nicht in Selbstmitleid. Das bedeutet nicht, dass sie Krisen nicht genauso schmerzhaft empfinden als normale Menschen, doch der Schmerz vermag sie nicht zu lähmen.

Hier spricht man von der sogenannten **Selbstwirksamkeit** – ein wichtiger Bestandteil der Resilienz. Sie beschreibt die innere Überzeugung eines Menschen, selbst schwierige Situationen und Probleme erfolgreich bewältigen zu können, und zwar aus eigener Kraft heraus. Ein Mensch kann nur Selbstwirksamkeit, und damit Resilienz, aufweisen, wenn er fest daran glaubt, dass er die notwendigen Fähigkeiten und Kompetenzen besitzt, um Dinge zu tun, die zu einem gewünschten Ergebnis führen. Einerseits kann sich die Selbstwirksamkeit auf eine konkrete Herausforderung beziehen, wobei man hier von der situativen Selbstwirksamkeit spricht, oder aber sie ist allgemeiner Natur, die sich als feste Überzeugung zeigt, grundsätzlich das eigene Leben erfolgreich meistern zu können.

„Jeder ist seines eigenen Glückes Schmied" – ein bekannter Spruch, der die Sichtweise eines selbstwirksamen und damit resilienten Menschen beschreibt. Sie sehen sich selbst in Verantwortung für ihr Wohlergehen, weshalb es diesen Persönlichkeiten in der Regel leichter fällt, Veränderungen im Leben vorzunehmen, um es zum Besseren zu wenden, wie zum Beispiel mit dem Rauchen aufzuhören oder sich gesünder zu ernähren. Sie können den Sinn hinter diesen Tätigkeiten wahrnehmen und wissen genau, dass sie selbst es sind, der einen Einfluss auf die eigenen positiven Empfindungen hat. Wer glücklich sein will, muss sein Denken, Fühlen und Handeln danach ausrichten. Selbstwirksamen Menschen wird deshalb nachgesagt, sich höhere, aber dennoch erreichbare Ziele zu stecken, mehr Ausdauer zu besitzen, sich intensiver anzustrengen, sich besser selbst regulieren zu können und natürlich mehr an sich zu glauben – und das, obwohl diese Menschen nicht unbedingt mehr können müssen als andere, weniger selbstwirksame Individuen.

Resilienz ist eine sehr wichtige Eigenschaft des Menschen, da sie uns dabei hilft, selbst in schwierigen Lebenslagen weiterzumachen, uns zu erholen und sogar gestärkt aus der Krise herauszugehen. Dank dieser psychischen Widerstandskraft werden wir dazu befähigt, Stress positiv zu bewältigen und all unsere gesammelten Erfahrungen zu nutzen, um in unserer Persönlichkeit als Mensch zu wachsen.

Tipps für mehr Resilienz

- **Reflektieren Sie vergangene Herausforderungen.** Machen Sie sich klar, welche Krisen Sie in Ihrem Leben bereits bewältigt haben und über welche Ressourcen Sie verfügen, um auch kommende Probleme überwinden zu können.
- **Verschriftlichen Sie Ihre Gedanken.** Tagebuchschreiben über Schicksalsschläge ist eine bewährte Technik, um Schmerz, Leid und Trauer zu verarbeiten.
- **Akzeptieren Sie das, was Sie nicht ändern können.** Wehren Sie sich nicht gegen die Launen des Lebens, die Sie eh nicht verändern oder rückgängig machen können.
- **Bleiben Sie lösungsorientiert.** Halten Sie starr am Leid fest, machen Sie sich selbst damit handlungsunfähig. Konzentrieren Sie sich auf die Lösung.
- **Nehmen Sie neue Herausforderungen an**. In jeder Schwierigkeit steckt die Möglichkeit, etwas Neues zu lernen und daran zu wachsen. Außerdem ist jede Herausforderung eine Erfahrung, die den eigenen Horizont erweitert und die Resilienz trainiert.
- **Bauen Sie stabile zwischenmenschliche Verbindungen auf.** Menschen, denen Sie vertrauen und auf die Sie, selbst in schwierigen Zeiten, zählen können, sind wie ein Anker, der Sie auf den Beinen hält, wenn der Sturm des Lebens über Sie hinwegfegt.

Psychologische Faktoren, die die Resilienz beeinflussen

Was unterscheidet diese starken Individuen, die mit Schicksalsschlägen jonglieren können, als wären sie nichts von den Menschen, die an jeder kleinen Herausforderung fast zerbrechen? Viele Wissenschaftler vertreten die Meinung, dass Resilienz keine Eigenschaft ist, die angeboren ist. Sie entwickelt sich erst im Laufe des Lebens durch die Erfahrungen, die ein Mensch ansammelt. Doch Resilienz wird durch Aspekte hervorgerufen, die durchaus erblich bedingt sind. Einerseits ist **Intelligenz** vonnöten, die die Persönlichkeit befähigt, kreative Lösungen für die Bewältigung einer Krise zu finden. Zudem wird **Optimismus** benötigt, denn dieser bringt das Vertrauen mit sich, dass letztendlich alles gut wird. Zu guter Letzt erleichtert die **Extraversion** dem Menschen, den ersten Schritt auf andere zuzugehen und soziale Bindungen einzugehen, die einen wichtigen Pfeiler der Resilienz darstellen.

Die 7 Pfeiler der Resilienz:

Die Fähigkeit der Resilienz begründet sich auf 7 Eigenschaften, die zu einer hohen Belastbarkeit in Stress- und Krisensituationen führen. Je mehr ein Mensch diese psychischen Faktoren bei sich feststellen kann, desto resilienter ist er.

- **Optimismus**: Diese Eigenschaft ist einer der wichtigsten Pfeiler der Resilienz, da Menschen mit dieser Fähigkeit die Launen des Lebens so annehmen können, wie sie sind. Trotzdem blicken Sie positiv in die Zukunft, wobei jede Herausforderung als etwas Temporäres gesehen wird, das überwunden werden kann.
- **Realismus**: Gleichzeitig beschönigen resiliente Menschen nichts und vertiefen sich nicht in potenzielle negative Aspekte. Die Dinge sind, wie sie sind. Es werden sich realistische Ziele gesteckt und der positive Blick in die Zukunft lässt resiliente Persönlichkeiten auf eine konstruktive Weise mit Schicksalsschlägen umgehen.
- **Analysefähigkeit**: Wer große Herausforderungen bewältigen will, muss auch einmal sein eigenes Denkmuster hinterfragen. Meistens befinden sich die Lösungen außerhalb der eigenen eingefahrenen Gedankenstrukturen, weshalb resiliente Menschen dazu imstande sind, Perspektivenwechsel vorzunehmen, um Alternativen aufzudecken.
- **Selbstbewusstsein**: Resiliente Menschen hegen einen unbezwingbaren Glauben in und an sich selbst. Sie sehen sich nicht als Opfer, sondern als aktiver Schöpfer, der sein Glück in die eigenen Hände nimmt.
- **Handlungskontrolle**: Resiliente Menschen sind nicht passiv, sondern beschreiten ihr Leben aktiv. Impulsivität ist bei ihnen nicht ausgeprägt vorhanden, denn Kontrolle und Überlegung wird großgeschrieben. Zudem besitzen diese Individuen die Fähigkeit des Gratifikationsverzichtes, was bedeutet, dass sie auf sofortige Belohnungen verzichten können, sollte sich dies positiv auf ein zukünftiges Ziel auswirken.
- **Aufgeschlossenheit**: Resiliente Menschen bewältigen Herausforderungen gemeinsam mit ihren Mitmenschen. Ihnen liegt viel an festen und langanhaltenden zwischenmenschlichen Beziehungen, die auf Einfühlsamkeit, Unterstützung und Positivität beruhen. Sie weisen in den meisten Fällen eine hohe emotionale Intelligenz auf.
- **Gefühlsstabilität**: Sich der eigenen Gefühle bewusst zu sein und diese aufmerksam zu ergründen, ermöglicht resilienten Menschen, die innere Welt der Empfindungen steuern zu können und stressauslösende Belastungen in Herausforderungen umzuwandeln.

Selbsttest: Wie resilient sind Sie?
Betrachten Sie die vorangegangene Liste der 7 Pfeiler und stellen Sie fest, wie viele der Charaktereigenschaften Sie bei sich erkennen können. Je mehr es sind, desto resilienter sind Sie.

Resilienzfaktoren: Schutzfaktoren, die die Resilienz beeinflussen

Faktoren, die die körperliche und geistige sowie die Fähigkeit der Resilienz fördern, werden Schutzfaktoren genannt. Diese beziehen sich einerseits auf die **personalen Ressourcen**, die die innere, persönliche Ebene beschreiben und die kognitiven sowie emotionalen Fähigkeiten umfassen. Dazu gehören unter anderem die Selbstwahrnehmung, Selbststeuerung, soziale Kompetenzen, Selbstwirksamkeit, Problemlösungsorientierung und der Umgang mit Stress – alles Bereiche der 7 Pfeiler der Resilienz.

Andererseits beziehen sich die **sozialen Ressourcen** auf alles, was im Außen geschieht, zum Beispiel zwischenmenschliche Bindungen, Bezugspersonen, die eigene Familie oder die Art, wie man von den Eltern erzogen wurde. Auch das Umfeld spielt hier in Form von umweltbezogenen Ressourcen durch zum Beispiel Kultur, die politische Lage, die finanzielle Situation der Familie oder die familiäre Konstellation eine Rolle.

Soziales Netzwerk: Der wichtigste Schutzfaktor der Resilienz

Der wohl bedeutendste Schutzfaktor der Resilienz ist das soziale Netzwerk. Eine Resilienz-Langzeitstudie aus dem Jahr 1992 unter der Leitung der amerikanischen Psychologin Emmy Werner konnte den Einfluss zwischenmenschlicher Beziehungen auf die Fähigkeit der Resilienz nachweisen. Die zentrale Erkenntnis lautete, dass ein Mensch zumindest eine enge, stabile Bindung benötigt, um Herausforderungen gut meistern und Krisen gut bewältigen zu können. Ob dies ein Verwandter, ein Freund oder eine andere Bezugsperson ist, spielt keine Rolle, denn wichtig ist nur, dass dieser Mensch für Förderung sorgt und Wertschätzung ausspricht. Gleichzeitig müssen wir selbst jedoch auch in der Lage sein, diese Unterstützung annehmen zu können. Ob uns in unserer Kindheit eine verlässliche Bezugsperson beistand und ob wir in den folgenden Jahren im Erwachsenenalter auf ein stabiles soziales Netzwerk zählen können, ist also von entscheidender Wichtigkeit, wenn es um unsere psychische Gesundheit und Widerstandsfähigkeit geht.

Weitere Schutzfaktoren

- **Soziale Kompetenz**: Wir akzeptieren, dass es in Ordnung ist, nicht alles allein bewältigen zu müssen und nach Hilfe zu fragen.
- **Die Fähigkeit zur Selbststeuerung**: Wir können unsere Gedanken und Emotionen selbst regulieren, um einer Situation angemessen zu begegnen.
- **Selbstwahrnehmung**: Wir halten uns für einen guten Menschen und sind in der Lage dazu, unsere Fähigkeiten realistisch zu bewerten.
- **Die Fähigkeit, Verantwortung zu übernehmen**: Wir selbst wissen um die Verantwortung, die wir in Bezug auf unsere Gefühle, Worte, Taten und die Situation tragen.
- **Akzeptanz**: Wir lassen Veränderungen als einen Teil des Lebens zu und lösen uns von dem Wunsch, Dinge zu beeinflussen, die nicht von uns beeinflusst werden können.
- **Optimismus**: Wir bleiben zuversichtlich.
- **Die Kompetenz der Problemlösung**: Wir sind uns bewusst, dass wir Probleme lösen können.
- **Das Gefühl der Kohärenz:** Wir können die Situation als einen Teil des großen Ganzen betrachten und erkennen einen Sinn dahinter, warum wir das Problem meistern müssen.
- **Zukunftsorientierung:** Wir planen langfristig und richten unser heutiges Handeln bereits auf morgen aus.
- **Die Fähigkeit, mit den vorhandenen Ressourcen umzugehen**: Wir wissen, welche Ressourcen, zum Beispiel Geld, uns zur Verfügung stehen, und können unseren Bedarf realistisch einschätzen.
- **Die Fähigkeit, mit Stress umzugehen:** Wir können auch in herausfordernden Zeiten auf unsere Fähigkeiten zurückgreifen und diese zur Verbesserung der Situation einsetzen.

Risikofaktoren der Resilienz

Gibt es Schutzfaktoren für die Resilienz, so bedeutet dies, dass auch Risikofaktoren existieren. Diese gefährden im Gegensatz zu den Schutzfaktoren die körperliche und geistige Gesundheit, sie sind jedoch nicht grundsätzlich schlecht – das Gegenteil ist sogar der Fall. Der Mensch benötigt Herausforderungen im Leben, die ihn beanspruchen, ihn herausfordern und sein inneres Potenzial hervorlocken. Persönliches Wachstum kann nur geschehen, wenn wir uns Bewältigungsaufgaben stellen müssen. Ohne Risikofaktoren gäbe es also keine Entwicklung und damit keine Resilienz. Denn wozu bräuchte es die psychische Widerstandsfähigkeit, wenn es nichts gäbe, was uns herausfordert?

Ob ein Risikofaktor überhaupt einen merklichen Einfluss auf die Entwicklung besitzt, hängt vom Menschen selbst ab. Seine Sensibilität sowie seine subjektive Bewertung eines Risikofaktors bestimmen, wie intensiv er diese wahrnimmt. Gleichzeitig spielen hier auch die Anzahl, mit der die Risikofaktoren auftreten, sowie deren Dauer und Kontinuität eine Rolle. Die folgenden Auflistungen entstammen der Bundeszentrale für gesundheitliche Aufklärung (kurz: BZgA) aus dem Jahr 2022.

Biologische und genetische Risikofaktoren

- Ansteigendes Alter
- Männliches Geschlecht
- Genetisch bedingte Störungen des Fett- und Glukosestoffwechsels
- Genetisch bedingte Arterienverengungen der Herzkranz- oder Hirngefäße
- Genetisch bedingte ungünstige Verteilung von Fettgewebe
- Oxidativer Stress

Verhaltensbezogene Risikofaktoren

- Aktives und passives Rauchen
- Schädlicher Alkoholkonsum und -missbrauch
- Falsche Ernährung
- Bewegungsmangel
- Übergewicht
- Erhöhter Blutfettspiegel und Fettstoffwechselstörungen
- Bluthochdruck

Umweltbezogene Risikofaktoren

- Luftverschmutzung
- Schadstoffe und toxische Substanzen (zum Beispiel ionisierende Strahlung, Asbest, Blei und Kohlenmonoxid)
- Belastung durch Lärm, Schichtarbeit, beruflichen Stress, geringe berufliche Entscheidungs- und Handlungsspielräume, fehlende Gratifikation im Beruf
- Belastung durch neue Arbeitsformen (zum Beispiel Veränderung von Lebensrhythmen, Arbeitszeiten und Überforderung)
- Unzureichende Möglichkeiten zur Regeneration in den eigenen vier Wänden
- Belastung durch Stressoren (zum Beispiel finanzielle Probleme, Diskriminierung und familiäre Konflikte)
- Mangelnde soziale Unterstützung, soziale Isolation und Einsamkeit

RESILIENZTRAINING UND DIE ENTWICKLUNG VON STRESSRESISTENZ

Stressresistenz entwickeln: Widerstandsfähiger gegenüber Belastungen werden

Stress als Folge von Herausforderungen und Krisen ist ein Teil des Lebens und kann durch nichts und niemanden verhindert werden. Was wir jedoch verändern können, ist die Art und Weise, wie wir damit umgehen. Stressresistenz aufzubauen bedeutet, besser mit Problemen umgehen zu können und damit Resilienz zu kultivieren.

Tipps für eine bessere Stressresistenz

- **Praktizieren Sie Achtsamkeitsübungen**. In vorherigen Kapiteln erhielten Sie bereits viele Inspirationen diesbezüglich.
- **Entspannen Sie sich.** Auch dafür lieferten ihnen vorherige Kapitel bereits einiges an Lesestoff.
- **Betreiben Sie Sport**. Stress wird durch körperliche Bewegung abgebaut, wie Sie bereits gelernt haben.
- **Gönnen Sie sich ausreichend Schlaf**. Zu wenig nächtliche Erholung ist eine Folge und gleichzeitig eine Ursache für Stress. Wenn Sie sich nachts gut erholen können, kann Ihr Körper viel besser mit herausfordernden Situationen umgehen, denn er konnte seine Ressourcen wieder auffüllen. Schlafen Sie mindestens acht Stunden und lassen Sie sowohl Mahlzeiten als auch elektronische Geräte mindestens zwei Stunden vor dem Schlafengehen beiseite.
- **Ernähren Sie sich gesund.** Ihr Körper muss kräftig und energiegeladen sein, um mit Stress umgehen zu können. Schwierige Herausforderungen belasten den Organismus, weshalb es umso wichtiger ist, dass Sie ihn mit qualitätsvollen Lebensmitteln versorgen.
- **Betreiben Sie cleveres Zeitmanagement**. So einiges an Stress kann vermieden werden, bevor er überhaupt entsteht. Planen Sie deshalb Ihre Zeit so realistisch wie möglich, damit Sie sich keine Sorgen machen müssen, dass Sie nicht alles schaffen, was Sie sich vornehmen. Bauen Sie auch kleine Zeitpuffer ein.
- **Priorisieren Sie.** Je mehr Dinge Sie tun möchten, desto stressiger kann es werden. Viele Tätigkeiten bringen Sie nicht so weit, wie andere es vermögen, weshalb Sie Ihre Aufgaben priorisieren sollten.
- **Fokussieren Sie sich**. Arbeiten Sie vornehmlich an einer einzigen Aufgabe und lassen Sie sich nicht aus Ihrem Flow herausreißen. Multitasking ist leider ein weit verbreiteter Mythos.

- **Gönnen Sie sich Pausen**. Damit Sie sich nicht so schnell überfordert und gestresst fühlen, richten Sie regelmäßige Pausen zur Regeneration ein. Einige Minuten reichen meist völlig aus. Damit büßen Sie meist nicht einmal wertvolle Arbeitszeit ein, denn Sie sind nach einer solchen kurzen Pause deutlich konzentrierter als vorher.
- **Grenzen Sie sich ab**. Nicht alle Dinge müssen hier und jetzt erledigt werden. Sagen Sie „Nein" zu Arbeiten, die Sie zu sehr stressen und damit die Qualität Ihrer Leistung einschränken würden. Übergehen Sie nicht Ihre persönlichen Kapazitäten.
- **Betrachten Sie das Problem neu**. Manchmal vertiefen wir uns so sehr in ein Problem, dass wir das Wesentliche aus den Augen verlieren. Konzentrieren Sie sich deshalb für einige Zeit auf etwas anderes als den Stressauslöser und kommen Sie dann mit neuem Blick wieder darauf zurück.
- **Bleiben Sie optimistisch.** Dies ist ein weiterer Punkt, der bereits häufig in diesem Buch aufgegriffen wurde.
- **Nehmen Sie sich die Zeit für soziale Kontakte**. Wie Sie gelernt haben, ist ein stabiles zwischenmenschliches Netzwerk ein entscheidender Schutzfaktor der Resilienz, weshalb Sie soziale Bindungen aufbauen sollten, die Sie in Zeiten der Krise auffangen.

Ihr Planet: Eine Übung bei auftretenden Problemen

Diese Übung hilft Ihnen dabei, eine innere Distanz zu Ihrer derzeitigen Krise aufzubauen und Prioritäten zu setzen. Sie erinnert Sie daran, dass es stets Ihre eigene Entscheidung ist, was Sie in Ihrem Leben zulassen und welche Dinge dort nichts zu suchen haben.

So gehen Sie vor:

- Stellen Sie sich vor, Sie würden auf Ihrem eigenen Planeten leben, der nach Ihnen benannt ist.
- Im Universum um Sie herum schweben Dinge, die auf Sie zukommen. Das sind Emotionen, Gedanken, Probleme und auch Stress.
- Werden Sie sich bewusst, dass Sie selbst es in der Hand haben, was davon auf Ihrem Planeten landet. Sie haben jederzeit das Recht, Dinge wieder rauszuschmeißen, die in Ihrem Leben nichts zu suchen haben. Danken Sie dann zum Beispiel dem Stress dafür, dass er Ihnen etwas mitteilen wollte, und bitten Sie ihn dann, Ihren Planeten wieder zu verlassen. Sie allein entscheiden, ob Sie den Stress zulassen oder nicht.

Der Stress-Stopp-Knopf

Fühlen Sie sich überwältigt von einer Herausforderung und können nicht klar genug denken, um eine Lösung zu finden? „Installieren" Sie sich einen Knopf, der künftig den Stress ausschaltet, sodass Sie sich auf die Bewältigung des Problems konzentrieren können.

So gehen Sie vor:

- Suchen Sie sich eine Körperstelle aus, an der sich der Stress-Stopp-Knopf befinden soll. Das kann zum Beispiel das Ohrläppchen, die Nase, die Stirn oder ein Finger sein.
- Berühren Sie die gewählte Körperstelle und sprechen Sie dreimal hintereinander und mit Nachdruck folgende Worte: **„Dies ist ab sofort mein Stress-Stopp-Knopf."**
- Durch die Wiederholungen prägt sich die Bedeutung der Körperstelle in Ihrem Gehirn ein. Verwenden Sie diesen „Knopf" immer dann, wenn Sie zum Beispiel in stressverursachenden Gedanken feststecken oder in einer stressigen Situation Erleichterung benötigen. Die psychologische Fachwelt spricht hier vom sogenannten Ankern.

Akzeptieren oder Verändern? Das Erkennen von Einflussmöglichkeiten

Viele Dinge geschehen, ohne dass wir Sie hätten verhindern können. Machen Sie sich bewusst, dass Sie diese akzeptieren müssen, um besser damit umgehen zu können, ansonsten können Sie nicht loslassen und sich nicht auf das eigentlich Wichtige konzentrieren.

Das beschreibt den Teil eines Problems, auf den Sie tatsächlich einen Einfluss haben. Sie mögen vielleicht nicht die Kontrolle über gewisse Dinge, wie zum Beispiel den Tod, besitzen, doch Sie können immer wählen, welche Bedeutung Sie der Sache geben, den Fokus, mit dem Sie sich auf diese ausrichten, und den Schritt, den Sie als Nächstes tun werden.

- Stehen Sie derzeitig vor einem Problem, akzeptieren Sie jenes, was Sie nicht mehr ändern können und worüber Sie keine Kontrolle besitzen.

Beispiel:
Problem: Mein Chef hat mich gefeuert.
Was ich nicht ändern kann: Ich bin gerade arbeitslos.
Was ich ändern kann: Ich kann mich auf die Suche nach einem neuen, besseren Job machen.

- Richten Sie Ihre Konzentration auf das, was Sie verändern können: Rufen Sie sich Maßnahmen in den Geist, die die derzeitige Situation verbessern würden.

Beispiel:
Ich kann mich aktiv auf die Suche nach einem neuen Job machen. Ich finde heraus, was meine Charakterstärken sind, und überlege mir, womit ich mir in Zukunft mein Einkommen verdienen möchte. Meine Stärken sollen im Beruf zum Tragen kommen. Ich entwickle klare Vorstellungen von dem, was ich will.

- Planen Sie Ihre Schritte und initiieren Sie den ersten so bald wie möglich.

Beispiel:
Ich suche nach potentiellen Arbeitgebern in meiner Umgebung und erarbeite einen Lebenslauf.

Feueratmung

Diese Atemtechnik entstammt dem Yoga. Sie schenkt Energie und gleichzeitig einen klaren Kopf. Bevor Sie diese Übung durchführen, sorgen Sie für eine freie Nase und führen Sie sie nur auf leerem Magen durch. Sie ist nicht für Menschen mit hohem Blutdruck und mit Beschwerden im Bauchraum geeignet. Auch Schwangere und Frauen mit sehr intensiven Monatsblutungen sollten die Feueratmung nicht ausführen.

- Setzen Sie sich auf eine bequeme Unterlage und achten Sie auf einen aufrechten Oberkörper.
- Platzieren Sie eine Hand auf Ihrem Bauch, um die Bewegungen dort während der Übung besser spüren zu können.
- Atmen Sie einmal tief durch die Nase in den Bauchraum ein und aus.
- Atmen Sie tief ein und beginnen Sie mit der Feueratmung: Ziehen Sie den Bauch ruckartig ein, als wollten Sie den Bauchnabel zur Wirbelsäule nach hinten bringen. Dabei pressen Sie die Luft ganz automatisch durch die Nase raus. Das klingt wie ein Schnauben.
- Entspannen Sie den Bauchraum wieder, sodass Sie automatisch wieder einatmen.
- Wiederholen Sie dieses Einatmen und stoßweise Ausatmen für etwa 20 Runden. Gönnen Sie sich dann eine Pause bei normaler Atmung.
- Wenn Sie möchten, können Sie eine zweite und eine dritte Runde durchführen. Wenn es am Anfang noch nicht so klappt, ist das nicht schlimm. Mit mehr Übung wird es Ihnen bald gelingen.

Posttraumatisches Wachstum

Wie Schicksalsschläge positive Veränderungen bewirken können

In Schicksalsschlägen und Krisen liegt ein interessantes Phänomen verborgen. Es beschreibt eine beispiellose Transformation der Persönlichkeit, die sich nach einer solchen herausfordernden Zeit ereignen kann. Dieses Phänomen wird „posttraumatisches Wachstum" genannt.

Erleben wir schwierige Situationen, müssen wir uns früher oder später damit auseinandersetzen. Einige Menschen scheinen damit nicht gut umgehen zu können, was sich in psychischen Problemen wie

- Depressionen,
- Hoffnungslosigkeit,
- emotionalem Schmerz,
- Abschottung vom sozialen Umfang und
- sogar körperlichen Krankheiten

zeigen kann. Andere, resiliente Menschen hingegen wachsen an der Bewältigung von Krisen, wodurch diese eine positive Veränderung in ihrem Leben initiieren, obwohl es zunächst nicht danach aussehen mag. Die Vorstellung, dass ein erschütterndes Trauma, wie ein Tod, Verlassenwerden, den gesamten Besitz verlieren, Missbrauch oder anderes, etwas Positives in Gang setzen könnte, mag bei vielen Menschen erst einmal auf Widerstand stoßen. Und doch gibt es unzählige Beispiele, die beweisen, wie viel Kraft darin steckt, Widrigkeiten zu meistern.

Beispiel:
Ein typisches Beispiel für eine Lebenskrise ist das Verlassenwerden vom langjährigen Partner. Erst einmal sind dort viel Trauer und Schmerz, doch nachdem der Prozess des posttraumatischen Wachstums durchlaufen wurde, gelingt es, etwas Gutes in der Situation zu entdecken. Vielleicht ist sich der Betroffene dadurch klargeworden, was er sich eigentlich von einer Liebesbeziehung erhofft, was er selbst braucht, um glücklich zu werden, und welche Kompromisse er nicht mehr eingehen sollte, weil diese gegen seine Werte gehen. Das Resultat könnte eine neue Liebe sein, die genau von dieser neu gewonnenen Klarheit profitiert. Hätte der Betroffene keine Trennungskrise erlebt, hätte er vermutlich nie diese bedeutenden Einsichten über sich selbst und seine Wünsche gehabt, wodurch auch keine neue, viel erfüllendere Partnerschaft möglich gewesen wäre.

Posttraumatisches Wachstum ist die Veränderung zum Positiven, die sich nach einem Konflikt ereignen kann. Menschen, die diesen Prozess der Transformation durchlaufen, neigen dazu, ihr Leben neu zu bewerten. Sie scheinen neue Möglichkeiten zu finden, um die eigene Existenz zu meistern, wobei sie bereit sind, alte, dogmatische Wege zu verlassen, um neue Wege der Positivität zu erkunden. Es findet eine kognitive Umstrukturierung statt, die auf dem Loslassen und der Annahme des Traumas basiert. Nicht selten kommt es vor, dass sich Prioritäten verschieben und neue Ziele sowie Überzeugungen definiert werden. Diese Menschen lassen im Gegensatz zu anderen, die eine posttraumatische Belastungsreaktion zeigen, ihr soziales Umfeld an der Entwicklung teilhaben. Ihre Fähigkeit zur Empathie verstärkt sich und somit entsteht der Wunsch nach noch engeren und wärmeren sozialen Bindungen. Zudem nehmen sich diese Persönlichkeiten selbst stärker wahr als noch vor dem Trauma, wodurch das Selbstvertrauen merklich ansteigt und die verbesserte Resilienz ihnen ermöglicht, auch zukünftig mit Krisen umgehen zu können. Des Weiteren wird das posttraumatische Wachstum durch eine moralische und spirituelle Transformation begleitet, wobei die Perspektive auf das Leben neu aufgerollt und neu bewertet wird.

Diese beschriebenen Eigenschaften, die das posttraumatische Wachstum begleiten, sind jedoch ein tiefgehender Veränderungsprozess, der nicht von heute auf morgen geschieht. Es kann die gesamte Denkstruktur in Frage gestellt werden, weshalb es Zeit braucht, bis sich neue kognitive Paradigmen angeeignet werden. Der zu verarbeitende Konflikt konfrontiert den Betroffenen mit seinen Meinungen, Annahmen, Glaubenssätzen und inneren Überzeugungen. Es scheint, als werde der gesamte Denkapparat auseinandergebaut und anschließend mit neuen Teilen wieder zusammengesetzt. Aus diesem Grund kann ein Mensch nach einem posttraumatischen Wachstum niemals derselbe sein, der er vorher war.

Das ist jedoch kein schmerzfreier Weg. Die auslösende Krise an sich ist bereits eine Herausforderung, mit der ein Mensch lernen muss, umzugehen. Zusätzlich muss er sich in der Zeit des posttraumatischen Wachstums einer schmerzhaften Realität stellen. Negative Gefühle und Gedanken tauchen auf und werden für eine ganze Weile das Leben des Betroffenen bestimmen. So schrecklich es auch klingen mag: Genau diese Empfindungen sind notwendig, um die Transformation einzuleiten.

Ob und inwiefern ein Mensch ein posttraumatisches Wachstum erleben kann, hängt von seiner individuellen Persönlichkeit ab. Optimismus und Resilienz sind, neben umweltbedingten und sozialen Merkmalen, Faktoren, die hier durchaus großen Einfluss haben. Doch nicht jeder Mensch ist gleichermaßen psychisch widerstandsfähig, wodurch einige dazu neigen, nach einem Schicksalsschlag in ein tiefes Loch zu fallen.

Posttraumatisches Wachstum fördern

Wissenschaftliche Forschungen haben gezeigt, dass diejenigen unter uns vermehrt posttraumatisches Wachstum erleben, die sich intensiv selbst reflektieren und denen es wichtig ist, sich emotional ausdrücken zu können. Es fällt ihnen leichter, hilfreiche Strategien zur Bewältigung der Krise zu suchen und sich anzueignen. Umfassen diese mehr Selbstvertrauen und Optimismus, wird posttraumatisches Wachstum eine natürliche Konsequenz sein, mit der der Mensch aus der Krise herausgeht.

Betroffenen hilft es, immer wieder kleine Momente der Positivität und Hoffnung zu empfinden. Es sind die Augenblicke des Humors, der Gelassenheit und Dankbarkeit, in denen die Dunkelheit des Traumas für eine kurze Zeit dem Licht des Glücks weicht. Das vermittelt Hoffnung für die Zukunft und bietet einen Ausweg aus dem Tunnel der Negativität.

Der bewusste Austausch mit anderen Mitmenschen über das Thema der Krise ist eine weitere Strategie, mit der Belastung zurechtzukommen. Menschen sind soziale Wesen, weshalb wir uns immer ein bisschen besser fühlen, wenn wir uns von heilen und gesunden Beziehungen umgeben und wissen, dass wir auf diese zählen können. Einsamkeit hingegen fördert die andere Seite der posttraumatischen Reaktion, und zwar die der Depression und Verzweiflung. Echtes und verständnisvolles Miteinander ist eine wunderbare Unterstützung beim Heilen und Wachsen.

Nach einer erschütternden Krise ist es meist schwer, einen Sinn in der Existenz zu sehen. Die erdrückende Decke der unangenehmen und zutiefst schmerzhaften Gedanken und Gefühle legt sich schwer auf das Schöne und Gute im eigenen Leben und scheint alles zu erdrücken, was sich vom Schmerz und Leid unterscheidet. Genau deswegen ist es so heilsam, einen Sinn in dem zu finden, was man tut. Wir können gestärkt aus einem Trauma hervorgehen, indem wir unserem Dasein eine Berechtigung geben, wo wir zuvor keine gesehen haben. Was können Sie mit den neuen Erkenntnissen nach Ihrem Schicksalsschlag Gutes vollbringen? Da sich bekanntermaßen die Denkweise und inneren Einstellungen nach einer Krise verändern, hört man nicht selten den Satz: „Ich weiß mehr, was eigentlich wirklich wichtig ist im Leben."

Was ist also Ihnen wichtig?

Menschen, die sich im posttraumatischen Wachstum befinden, wohnt diese beeindruckende und einzigartige Kraft inne, die in der Lage ist, aus Schmerz etwas Positives zu machen. Sie finden Wege und Möglichkeiten, ihr eigenes Leid in etwas zu transformieren, das anderen Menschen hilft, ob in Form von freiwilliger Arbeit, innerhalb des Berufs oder der Familie.

Kein Trauma ist leicht zu verarbeiten und das sollte auch nicht heruntergespielt oder negiert werden. Wichtig sind hier vor allem Geduld und Mitgefühl sich selbst gegenüber. Die Zeit nach einem Schicksalsschlag ist ein Prozess, weshalb sich der Betroffene die Zeit nehmen darf, um sein Leben wieder auf den rechten Weg zu bringen. Mit einer positiven inneren Einstellung, Lebensmut und echten Freundschaften an der Seite kann sich hinter jedem Trauma etwas so Wundervolles verbergen, dass man es vorher nie hätte erahnen können.

Bachblüten als Trost

Wenn Sie sich selbst bei starkem, akutem Kummer unterstützen möchten, können Sie die Bachblüten-Tropfen Nummer 29 Star of Bethlehem (Doldiger Milchstern) verwenden. Sie schenken Trost nach einem unerwarteten, sehr unglücklich machenden Ereignis, wie einem Unfall oder nach einer schlechten Nachricht, indem sie ausgleichend und harmonisierend wirken.

Übung: Erfahrungen durch vergangene Krisen

Diese Übung ist dazu da, dass Sie sich bewusst machen, dass auch viel Gutes in einer Krise steckt. Dadurch schenken Sie sich selbst Hoffnung und befördern sich aus der inneren Haltung der Hoffnungslosigkeit und Passivität. Mit dem Wissen, dass Sie bereits zahlreiche vergangene Krisen erfolgreich bewältigen konnten und immer noch hier stehen, entwickeln Sie Ihre Resilienz weiter. Sie werden psychisch gesehen widerstandsfähiger, weil Sie daran glauben, auch beim nächsten Mal, wenn das Leben zuschlägt, eine Lösung finden zu können.

So gehen Sie vor:

- Nehmen Sie sich ein Blatt und einen Stift und notieren Sie ein erschütterndes Ereignis aus Ihrer Vergangenheit, das Ihr Leben geprägt hat.
- Rufen Sie sich die Einzelheiten in Erinnerung und reflektieren Sie, welche Veränderungen sich nach dieser Krise in Ihrem Leben zeigten. Beachten Sie auch andere Lebensbereiche, die auf den ersten Blick nichts mit dem Schicksalsschlag zu tun zu haben scheinen.
- Wie haben Sie sich als Mensch entwickelt?
- Welche Fähigkeiten zeigten sich, von denen Sie vor der Krise nichts wussten?
- Was hat sich an Ihrem Denken, Fühlen und an Ihrem Verhalten geändert?
- Welche Strategien haben Sie zur Bewältigung des Problems ausprobiert und welche haben Ihnen am meisten geholfen?
- Wie sehen Ihre sozialen Beziehungen nach der Krise aus?
- Welche positiven Dinge sind nach dem Schicksalsschlag in Ihr Leben getreten und wie hängen diese mit der Krise zusammen?
- Welche zentralen Erkenntnisse ziehen Sie aus dem Erlebnis des Traumas?

- Nehmen Sie sich weitere Traumata aus Ihrem Leben vor und analysieren Sie in gleicher Manier Ihre Persönlichkeit, bestehend aus Ihrem Denken, Fühlen und Handeln, Ihre zwischenmenschlichen Beziehungen und Ihr Leben im Allgemeinen.

Übung: URSA-Methode

Möchten Sie mit Ihrem Trauma arbeiten und in einer stresserfüllten Situation die angestaute emotionale Energie, wie Wut, Trauer oder Angst, abbauen, kann die URSA-Methode das Richtige für Sie sein. Negative und belastende Emotionen stauen sich im Bereich um den Bauchnabel herum an, durch diese Übung soll diese Störung entfernt werden.

So gehen Sie vor:

- Platzieren Sie die Zeige- und Mittelfinger beider Hände zum Bauch und drücken Sie leicht in den Bauchnabel, während Sie die angestauten Emotionen noch einmal spüren.
- Streichen Sie diese Gefühle nun mit Ihren Fingern aus dem Bauchnabel zu den Seiten des Bauches heraus.
- Wiederholen Sie diese Bewegung einige Male hintereinander, bis Sie eine Erleichterung spüren.

Bonusteil: Kommunikation – Der Ton macht die Musik

Unsere Sprache als Hintergrundmusik unseres Lebens

Wollen wir wahrlich glücklich und zufrieden mit unserem Leben sein, müssen wir uns in einen bewussten Kontakt mit unseren Mitmenschen begeben – und mit uns selbst. Die Beziehung zu anderen ist genauso wichtig wie die zu unserem eigenen Ich, weshalb Kommunikation die entscheidende Stellschraube für Wohlergehen und Erfolg ist. Dementsprechend gibt es 2 Faktoren, die für das persönliche Glück äußerst wichtig sind:

- Die Verbindung zu uns selbst
- Die Verbindung zu unseren Mitmenschen

Einerseits müssen wir wissen, wer wir selbst eigentlich sind. Es ist die Beziehung zu uns selbst, die gepflegt werden möchte. Das können wir durch Selbstreflexion, die bereits Thema in diesem Buch war, herausfinden. Es ist wichtig, zu verstehen, welche Bedürfnisse wir erfüllt sehen wollen, welche Themen uns bewegen, welche Stärken wir besitzen und welche Ziele wir anstreben, wenn es darum geht, als Schöpfer unser eigenes Leben erfüllt zu gestalten. Wissen wir nicht, wer wir selbst sind, wofür wir stehen und was wir brauchen, um glücklich zu sein, können wir das unseren Mitmenschen auch nicht mitteilen und dafür sorgen, dass unsere Bedürfnisse erfüllt werden. Deswegen ist dieser Faktor unerlässlich.

Andererseits sind es andere Menschen, zu denen wir Verbindungen aufbauen können – ja, sogar müssen, wenn es um echtes Glück geht. Auch wenn das eigene Wohlergehen in erster Linie aus unserem Inneren kommt, so gibt es auch außerhalb des eigenen Selbst Quellen des Glücks. Denken Sie nur einmal an Ihr Kind, das Sie bedingungslos lieben und das Sie mit seiner reinen Existenz glücklich macht.

Erfolgreich zu kommunizieren bedeutet, sich mit anderen Menschen über die Sprache zu verbinden. Wir können unsere Wünsche mitteilen und sicherstellen, dass sie erfüllt werden, was uns letztendlich zufriedener werden lässt. Genauso gut können wir anderen dieselbe Ehre erweisen und auch das fühlt sich für den Menschen als soziales Wesen äußerst befriedigend an.

Exkurs: Positive Sprache

Eine positive Sprache greift auf einen Wortschatz zurück, der sich an Glück und anderen angenehmen Empfindungen orientiert. Damit ist jedoch nicht gemeint, dass Probleme, Krisen und Herausforderungen nicht Teil dieser Kommunikationsart sind. Keineswegs, denn wie wir bereits gelernt haben, sind es die Schwierigkeiten des Lebens, die uns zu persönlichem Wachstum verhelfen, und sie sollten deshalb anerkannt werden. Was die positive Sprache von der gängigen unterscheidet, ist, wie die Sätze und Aussagen formuliert werden.

Während es für viele Menschen normal ist, sich ständig über die Familie, den Job, die Gesellschaft oder die eigenen gesundheitlichen Probleme zu beschweren, andere Menschen zu kritisieren und in erster Linie das, was schlecht läuft, hervorzuheben, vermittelt diese Sprache das Gefühl, dass das Leben kaum lebenswert ist. Bei so viel Negativität in den eigenen Worten und in denen, die wir tagtäglich um uns herum hören, ist es kein Wunder, dass unsere Laune sinkt und wir an dem Sinn unserer Existenz zweifeln.

Wir steigern jedoch die Wahrscheinlichkeit, ein glücklicheres Leben zu führen, wenn wir eine entsprechend positive Sprache verwenden. Diese sollte frei von Verurteilungen und destruktiven Bewertungen sein. Negative Wörter, abfällige und entwürdigende Aussagen haben keinen Platz im Wortschatz der positiven Sprache. Etiketten und Klischees werden vermieden. Sollte ein Feedback angebracht sein, so wird es konstruktiv vorgestellt. Gleichzeitig werden immer mehr positive Worte in den Sprachgebrauch aufgenommen, die motivieren, erheitern und dem Sprecher wie auch dem Zuhörer ein angenehmes Lebensgefühl vermitteln. Beide Seiten bringen Ihre Emotionen mit in die Kommunikation ein, wodurch automatisch ein tieferes und mitfühlenderes Gespräch entstehen kann. Der Optimismus zieht sich durch die gesamte positive Sprache hindurch. Wer so kommuniziert, wird schon bald merken, wie es das eigene Leben verändert.

Unsere Worte beeinflussen unser Denken, Fühlen und Handeln

Jeder kennt es: Ein bestimmtes Wort hat die Macht, uns glücklich zu machen oder uns die Stimmung zu verderben. Das, was wir und andere Menschen aussprechen, beeinflusst maßgeblich unsere Gedanken und Gefühle und damit automatisch unser Verhalten.

Zu kommunizieren ist etwas, das der Mensch jeden Tag tut. Wir verständigen uns mit unseren Mitmenschen und bringen unsere inneren Empfindungen zum Ausdruck. Je nachdem, welche Worte verwendet werden und wie wir selbst als Persönlichkeit aufgebaut sind, kann die Sprache eine mehr oder weniger intensive emotionale Reaktion in uns hervorrufen. Während wir bei

„Liebe“, „Urlaub“ „Glück“ oder „Vertrauen“ in der Regel ein wohliges Gefühl verspüren, können „Tod“, „Problem“, „Hass“, „Krieg“ und „Krankheit“ Trauer, Angst oder gar Wut in uns auslösen. Das menschliche Gehirn verbindet die gesprochenen Worte mit Erfahrungen und Erlebnissen aus der Vergangenheit, weshalb ein und dasselbe Wort so viele unterschiedliche Reaktionen hervorrufen kann, wie es Menschen auf der Erde gibt. Diese Verbindung von Sprache, Gedanken, Emotionen und Verhalten ist von zentraler Bedeutung, wenn es um das Thema Glück geht.

Bringen wir gewisse Worte mit bestimmten Erfahrungen in Zusammenhang, so kann der Gebrauch dieser unser Gehirn so aktivieren, dass wir uns auf eine bestimmte Weise fühlen.

Beispiel:
Während „Freundschaft“ den einen Menschen an die tiefe emotionale Verbindung zu seinem besten Freund denken und in Dankbarkeit und guten Erinnerungen schwelgen lässt, kann in einem anderen Menschen dieses Wort vielleicht verantwortlich dafür sein, dass er Trauer oder das Gefühl von Verrat verspürt. Die Sprache lässt in uns Erinnerungen aufsteigen, die irgendwo zwischen angenehm und schmerzhaft empfunden werden.

Während Worte unser Innenleben beeinflussen, beeinflusst unser Innenleben auch unsere Worte. Was wir von uns geben, gleicht einem Spiegelbild unserer Gefühle und Gedanken. Die Kommunikation ist eine menschliche Strategie, um die persönlichen Erfahrungen, die nur von uns selbst gefühlt und gedacht werden können, auch für andere Menschen erlebbar zu machen.

Das gesprochene Wort beeinflusst nicht nur unsere Gedanken und Gefühle, sondern auch unser Verhalten. Das gilt auch dann, wenn wir selbst nicht der Sprecher sind, sondern wenn wir zuhören, weil die Worte an uns gerichtet werden. Unsere Gesprächspartner können sich durch unsere Ausdrücke wohler oder unwohler fühlen als vorher, ebenso können unsere Gegenüber uns mit ihren Worten dazu bringen, dass wir uns wohler oder eben unwohler fühlen.

Sprachliche Gewohnheiten und die Bedeutung der Wortwahl

Die Wahl unserer Worte entscheidet darüber, wie wir uns fühlen. Wer sich allgemein positiver ausdrückt, dessen Gedanken und Gefühle werden sich automatisch darauf einstellen und ebenfalls positiver werden. Unser Wohlbefinden verbessert sich auch, indem wir negative Ausdrücke vermeiden oder umformulieren. Diese Positivität in Form von Worten aktiviert gewisse Areale im Gehirn, die mit positiven Empfindungen in Verbindung stehen. So fühlen wir uns zufriedener und glücklicher. Hier wird die Bedeutung eines bewussten und positiv eingestellten Sprachgebrauchs deutlich.

Wir gebrauchen häufig unsere Sprache unbewusst. Im Laufe unseres Lebens haben wir uns Gewohnheiten zugelegt, mit denen wir uns auf eine bestimmte Art und Weise äußern. Analysieren wir die Worte einmal genauer, die wir im Alltag so verwenden, fallen uns schnell jene auf, die sich immer wieder wiederholen. Auch unsere Glaubenssätze und inneren Überzeugungen kommen so ans Licht. Viele Menschen verwenden in der Regel negative Ausdrücke und richten damit ihren Fokus auf Themen, die in ihnen Unwohlsein auslösen. Wenn es zum Beispiel um Kriege, aktuelle Katastrophen in der Welt oder den Streit mit dem Partner geht, werden in uns die entsprechenden Gefühle hochkommen. Auch dann, wenn wir immerzu Dinge sagen wie „Ich kann das nicht", „Ich bin zu dumm dafür" oder „Das habe ich nicht verdient", kommen unsere inneren Empfindungen uns selbst gegenüber zum Vorschein. Gleichzeitig stärken wir mit der ständigen Wiederholung unsere negative Meinung von uns, wodurch wir das auf das Beispiel bezogene Gefühl von Unzulänglichkeit und Dummheit weiterhin in uns kultivieren.

Es macht einen gewaltigen Unterschied, mit welcher Wortwahl wir unser inneres Erleben zum Ausdruck bringen. Ob wir sagen „Ich bin völlig am Ende" oder „Ich brauche etwas Ruhe, um Kraft zu tanken", mag inhaltlich betrachtet ähnlich sein, doch die Gefühle, die dadurch ausgelöst werden, sind unterschiedlich. Der erste Satz löst Hoffnungslosigkeit, Kraftlosigkeit und Verzweiflung aus, während der zweite Satz signalisiert, was der Sprecher braucht, um seine Situation zu verbessern. Ebenso verhält es sich mit anderen Beispielen:

- „Ich bin stinksauer auf dich" → „Ich bin gereizt und verwirrt über deine Worte"
- „Ich bin total gestresst" → „Ich bin viel beschäftigt"
- „Ich fühle mich hilflos" → „Ich sehne mich nach Halt"
- „Ich werde abgelehnt" → „Ich fühle mich missverstanden"
- „Das ist furchtbar" → „Das kommt ungelegen"

Wir versetzen uns mit unserer eigenen Sprache in eine bestimmte Stimmung, ob wir wollen oder nicht. Verwenden wir häufig Worte, die uns deprimieren, verängstigen, überfordern, stressen oder frustrieren, sollten wir darauf achten, wie häufig wir diese verwenden. Wir intensivieren nämlich unsere Gefühle, die wir zu beschreiben versuchen, mit unseren Worten. Es klappt jedoch auch andersherum, denn wir können auch positive Empfindungen durch unsere Sprache steigern:

- „Das ist interessant" → „Das ist spannend und aufregend"
- „Ich mag dich" → „Für mich bist du ein sympathischer und beeindruckender Mensch"
- „Das ist schön" → „Das ist umwerfend und großartig"

Sie selbst entscheiden, ob Sie Ihre Empfindungen mit Ihrer Sprache verstärken oder abschwächen.

Unser innerer Monolog formt unsere Realität

Die Bedeutung der Selbstkommunikation

Die innere Stimme, die unser Leben in allen Lagen stets kommentiert, sagt einiges über unsere Glaubenssätze und unsere Meinung über uns selbst aus. Unsere inneren Selbstgespräche umfassen häufig Erwartungen und Befürchtungen, Gefühle und Selbstanweisungen. Diese Selbstkommunikation findet in der Gedankenwelt statt, sie ist also in der Regel lautlos. Dabei tritt die Stimme spontan auf und ist unvermeidlich, weil sie eine Sammlung von Gedanken ist und plötzlich auftaucht. Wichtig ist es, dass wir diese Selbstgespräche nicht unbedingt wörtlich nehmen, denn wie bei jeder anderen Form der Kommunikation gewinnen wir wichtige Erkenntnisse durch Reflexion.

Der innere Monolog agiert als eine Art Filter und verbessert unser sozialverträgliches Handeln. Durch das, was uns unsere innere Stimme erzählt, können wir ergründen, was tief in unserem Inneren vor sich geht – ganz einfach, indem wir zuhören, uns selbst analysieren und zu uns sprechen. Dank der Selbstkommunikation ist es uns möglich, unsere Gefühle zu verstehen und die Geschehnisse unseres Lebens zu bewerten. Dadurch werden Gedanken geordnet, wir können Ruhe finden und unsere Konzentration steigern. Diese Reflexion ermöglicht uns, dass wir uns selbst besser kennen lernen, weil die innere Stimme uns mit unserem essenziellen Wesen verbindet. Indem wir uns selbst ernst nehmen, können wir die Hintergründe unserer Gedanken, tiefsten Wünsche und Träume sowie unserer Bedürfnisse ergründen. Konflikte werden so aufgedeckt und gelöst. Gemachte Erfahrungen können begriffen und eingeordnet werden.

Dies beschreibt eine positive Selbstkommunikation, wie sie eigentlich stattfinden sollte. Doch der innere Monolog kann auch negativ geprägt sein. Ist dies der Fall, kann ein Zusammenhang mit seelischen oder psychischen Störungen vorherrschen, wie zum Beispiel Ängsten, Nervosität oder Depressionen. Das negative Gedankenkarussell, das die natürliche Konsequenz ist, kennen wir bereits vom ersten Glücksbaustein: Grübeln stoppen. Affirmationen und Übungen wie die Spiegelübung sind hier hilfreiche Techniken, die ebenfalls bereits in den vorherigen Kapiteln aufgegriffen wurden.

Selbstinstruktionstraining zur Bewältigung negativer Gedanken und Gefühle

Auch hier ist es wichtig, welche Worte wir in unserem inneren Monolog tagtäglich zu hören bekommen. Wie wir die Welt wahrnehmen und ob wir uns wohlfühlen und glücklich sind, zeigt sich in einer positiven Gedankenwelt, in der wir uns Selbstmitgefühl schenken, uns in schwierigen Momenten ermutigen und aktive Selbstinstruktionen geben, um unser Wohlbefinden zu fördern. Demotivierende, negative und ängstliche Selbstgespräche hingegen produzieren genau diese Art von Emotionen und Verhaltensweisen.

Das Selbstinstruktionstraining nach dem amerikanischen Psychotherapeuten Donald Meichenbaum basiert auf der Annahme, dass der Mensch immerzu innere Monologe führt, und es macht sich diesen Fakt zunutze. Wenn wir die Selbstgespräche nicht abstellen können, warum nutzen wir sie dann nicht zu unserem Vorteil? Wir können unser Verhalten mit den richtigen Worten so steuern, dass wir mit alltäglichen Problemen besser umgehen können. Dadurch kann ein gesundes Selbstbewusstsein heranwachsen, weil der Fokus auf eine aufbauende und bestätigende Anweisung gelegt wird. Der jeweilige Mensch beeinflusst gezielt seinen eigenen inneren Monolog so, wie er seine persönliche Realität wahrnehmen und bewältigen möchte.

Das Selbstinstruktionstraining formt Selbstgespräche neu um, sodass wir in der Lage sind, Aufgaben und Herausforderungen besser meistern zu können. Dabei sprechen wir uns selbst an, sind also Sender und Empfänger der Botschaft in einem. Im Zentrum der Selbstinstruktion stehen Aussagen und Anweisungen, die das Vertrauen in uns selbst steigern und eine angemessene Sicht auf die Realität herstellen sollen. Dies wird durch die Veränderung der Gedanken möglich, wobei wir eine Distanz zu negativen Gedanken aufbauen und gleichzeitig Botschaften aussenden, die Mut machen und Positivität verbreiten. Hier profitiert der Anwender von verschiedenen Arten von Selbstinstruktion, die das eigene Verhalten steuern:

• Zur **Orientierung** und Planung:
„Was habe ich als Nächstes zu tun?"
„Überlege dir, welche Möglichkeiten du jetzt hast."

• Zur **Bewältigung** bei Problemen:
„Ein Schritt nach dem anderen."
„Entspanne dich! Du hast deine Ängste unter Kontrolle."

• Zur **Ermutigung des Aushaltens** von akuten negativen Gefühlen:
„Du kennst dieses Gefühl. Es wird gleich weniger werden."
„Was kannst du jetzt trotz deiner Gefühle tun?"

• Zur Selbstverstärkung und zum Mutmachen:
„Du hast durchgehalten und es geschafft."
„Es hat schon besser als beim letzten Mal geklappt."

Donald Meichenbaum hat innerhalb des Selbstinstruktionstrainings ein 5-Schritte-Modell entwickelt, was uns dabei helfen soll, unsere Aufmerksamkeit bei bestimmten Arbeiten zu fokussieren und positive Ergebnisse zu verstärken. Es wurde im Rahmen von Lernproblemen bei Kindern mit ADHS entworfen, die dadurch ihre schulischen Aufgaben mit mehr Konzentration und Erfolg meistern konnten.

- **Analyse der Aufgabe:** Im ersten Schritt wird das Problem bestimmt. Die Details werden analysiert und der Mensch fragt sich selbst:
- *„Was soll ich tun?"*
- **Wiederholung der Aufgabe**: Der zweite Schritt beginnt mit einer Wiederholung der Aufgabenstellung mit eigenen Worten. Hier wird die genaue Planung festgelegt, die zur Lösung des Problems führen soll.
- **Ausführung der Aufgabe**: Hier wird die Planung aus dem vorherigen Schritt umgesetzt, wobei die Ausführung durch motiviertes Denken begleitet wird. Am Anfang kann es helfen, laut zu denken, um sich noch besser fokussieren zu können.
- **Selbstkontrolle**: Im vierten Schritt überprüft sich der Mensch selbst, indem er seine Ergebnisse bewertet. Er fragt sich:
- *„Habe ich alles richtig gemacht?"*
- **Selbstbestärkung**: Die Bewältigung des Problems wird mit selbstverstärkendem Eigenlob abgeschlossen. Dabei soll die positive Erfahrung, die selbstständig geschaffen wurde, verstärkt werden.

Die Wirkung innerer Bilder

Neben dem Gebrauch selbstbestätigender positiver Worte im Rahmen des inneren Dialoges können auch innere Bilder zum Einsatz kommen, damit wir uns auf Positives einstimmen. Bestimmte bildliche Vorstellungen verknüpft unser Gehirn ebenso mit vergangenen Erfahrungen und Gefühlen, wie es dies mit Worten tut. Lassen wir die richtigen Bilder in unserem Geist entstehen, können wir unsere Gefühle in eine wünschenswerte Richtung lenken und Wohlbefinden in uns selbst herstellen.

Experiment: Sich der Macht innerer Bilder bewusst werden

Schließen Sie die Augen und stellen Sie sich eine Zitrone vor. Lassen Sie diese vor Ihrem inneren Auge ganz real werden: Wie fühlt sie sich an? Wie riecht sie? Schneiden Sie nun gedanklich eine dicke Scheibe der Zitrone ab und stecken Sie sich diese in den Mund. Wie schmeckt Sie? Visualisieren Sie, wie Ihre Zähne den sauren Saft aus der Frucht quetschen und sich dieser im gesamten Mundraum verteilt.

Beobachten Sie, was bei dieser Übung mit Ihnen geschieht. Produziert Ihr Mund vermehrt Speichel? Verändert sich Ihr Gesichtsausdruck? Gelingt Ihnen diese Übung besonders gut und können Sie sich die Zitrone lebhaft vorstellen, werden Sie bemerken, dass Ihr Körper und Geist so reagieren, als hätten Sie die Zitrone ganz real vor sich, obwohl sie lediglich ein inneres Bild war. Faszinierend, oder?

Der Mensch denkt hauptsächlich in Form von inneren Bildern. Sie entstehen unbewusst im Geist und tragen dazu bei, welche Gefühle wir verspüren, welche Entscheidungen wir treffen und welches Verhalten wir an den Tag legen. Sie beeinflussen, wie wir die Welt wahrnehmen, welche Beziehungen wir mit anderen Menschen führen und wie sich unser Selbstbild gestaltet.

Für ein glücklicheres und zufriedeneres Leben können Sie sich die Macht innerer Bilder zunutze machen. Lassen Sie sich von ihnen stärken, motivieren und tragen – ob in guten oder schlechten Zeiten.

Übung: Eine Galerie positiver innerer Bilder anlegen

Überlegen Sie sich eine Sammlung von Lieblingsbildern, die Sie zu jeder Zeit vor Ihrem inneren Auge entstehen lassen können, sollten Sie diese Aufmunterung benötigen. Nachfolgend erhalten Sie ein paar Inspirationen, wie Sie eine Galerie aus positiven inneren Bildern anlegen können:

- Erinnern Sie sich an die schönsten Momente Ihres Lebens. Visualisieren Sie diese Erlebnisse so detailgetreu wie nur möglich und versetzen Sie sich auch emotional in diese wundervollen Erinnerungen. Lassen Sie so ein inneres Bild entstehen, dass sowohl Ihre positiven Gedanken als auch Ihre angenehmen Gefühle einfängt. In den Momenten, in denen Sie eine kleine Dosis Glück und Erfüllung benötigen, steht Ihnen dieses Bild aus Ihrer inneren Galerie zur Verfügung.
- Visualisieren Sie den wichtigsten Menschen in Ihrem Leben. Stellen Sie sich vor, wie dieser Sie fest umarmt und wie sich ein Gefühl von Sicherheit, Geborgenheit und Schutz in Ihnen ausbreitet. Genießen Sie das Wohlgefühl und speichern Sie es als inneres Bild für Ihre Galerie ab. Wann immer Sie genau diese Gefühle brauchen, rufen Sie diese Vorstellung in Ihren Geist.
- Überlegen Sie sich einmal, was Ihr größtes Ziel im Leben ist. Visualisieren Sie dieses so detailgetreu wie nur möglich. Wie würden Sie sich fühlen, wenn Sie es geschafft haben? Fügen Sie auch dieses innere Bild zu Ihrer Galerie hinzu und rufen Sie es immer dann auf, wenn Sie sich für ein Vorhaben motivieren möchten.

Wir gestalten unser Leben: Wie Sie konstruktiv kommunizieren

Nachdem wir uns die Selbstkommunikation näher angeschaut haben, gehen wir nun zur Kommunikation mit unseren Mitmenschen über. Es ist fast schon eine Kunst, sich positiv auszudrücken, um ebenso angenehme Gedanken und Gefühle zu kultivieren, da unsere Gesellschaft so wenig Wert darauf legt und wir in der Regel nie gelernt haben, unser Leben aktiv über die Sprache zu gestalten.

Eine Kommunikation, die auf Wertschätzung basiert, berührt andere Menschen in deren Herzen und ermöglicht eine tiefe Verbindung zu ihnen. Vermitteln wir unseren Gesprächspartnern dieses Gefühl, so werden sie uns automatisch ernster nehmen und sich für unsere Anliegen öffnen.

Exkurs: Die gewaltfreie Kommunikation (GFK)

Der amerikanische Psychologe Marshall Rosenberg entwickelte ein Konzept, mit der eine ganz neue Ebene der Kommunikation zwischen Menschen möglich wurde. Er nannte es die gewaltfreie Kommunikation.

Ziel dieser Form des Sprachgebrauches ist es, sich mit den eigenen Bedürfnissen und denen von seinen Mitmenschen auseinanderzusetzen. Wenn wir kommunizieren, was wir brauchen, um glücklich und zufrieden zu sein, können wir dafür aktiv selbst sorgen, dass wir bekommen, was uns fehlt. Die gewaltfreie Kommunikation ist damit lösungsorientiert und verbessert gleichzeitig deutlich spürbar die Stimmung innerhalb der Gespräche. Sie basiert auf 4 einfachen Schritten:

Schritt 1: Beobachtung

Als Erstes beschreiben Sie Ihrem Gesprächspartner die Situation aus Ihrer Sichtweise. Sie bleiben jedoch wertfrei und vermischen Fakten nicht mit Ihren Interpretationen.

Schritt 2: Gefühl

Nun kommunizieren Sie Ihre Gefühle, die die Situation in Ihnen ausgelöst hat. Sie sprechen so klar wie möglich aus, was auf Ihrer emotionalen Ebene geschieht.

Schritt 3: Bedürfnis

Das Bedürfnis mitzuteilen ist ein besonders wichtiger Punkt, wenn es darum geht, einen Konflikt zu lösen. Sprechen Sie aus, welches Bedürfnis der derzeitigen Situation und Ihren Gefühlen zugrunde liegt. Was soll sich ändern, damit es Ihnen besser geht? Was ist es, das Sie brauchen?

Schritt 4: Bitte
Wenn Sie Ihr Bedürfnis eindeutig kommuniziert haben, folgt der letzte Schritt, bei dem Sie höflich eine Bitte an Ihren Gegenüber formulieren, damit dieser auch unmissverständlich weiß, was er tun kann, um Ihr Empfinden zu verbessern. Bringen Sie zum Ausdruck, wie wichtig Ihnen die Angelegenheit ist.

Beispiel:
Ihr Kind lässt abermals die Socken in der Küche liegen. Statt wie sonst zu sagen, „Immer lässt du deine Socken einfach rumliegen. Ist es dir eigentlich egal, dass es hier aussieht wie in einem Saustall?", versuchen Sie es mit der gewaltfreien Kommunikation und sagen zu ihm:

Beobachtung: „Du lässt deine Socken manchmal in der Küche liegen."
Gefühl: „Ich fühle mich dann frustriert und übergangen."
Bedürfnis: „Ich möchte, dass wir alle dazu beitragen, dass es in unserem Zuhause schön ordentlich und sauber ist, damit wir uns wohlfühlen können."
Bitte: „Würdest du bitte deine Socken mit in dein Zimmer nehmen?"

Positive Kommunikation: Der Weg zu langfristigem Wohlbefinden

Eine positive Kommunikation ist darauf ausgelegt, dass wir unser eigenes Leben langfristig auf Glück und Zufriedenheit ausrichten. Dadurch können wir uns berufliche sowie persönliche Wünsche erfüllen. Als mächtigstes Werkzeug des Menschen zur Zielerreichung darf die Bedeutung der Kommunikation nicht unterschätzt werden.

Das Grundgerüst der positiven Kommunikation bildet das Einnehmen einer inneren Haltung der Wertschätzung, die sowohl den Gegenüber als auch uns selbst einschließt. Wir respektieren dadurch automatisch unsere eigenen Wünsche und Bedürfnisse und erkennen diese auch beim anderen an. Wir können uns einfühlsam verhalten und ausdrücken. Gleichzeitig erhalten wir das nötige Wissen, um unseren Zielen und der Erfüllung unserer Bedürfnisse näherzukommen.

Wir wollen von anderen mit unseren Wünschen und Meinungen respektiert und ernst genommen werden. Dafür müssen wir so auftreten, dass unser Umfeld merkt, dass wir uns selbst diesen Respekt und die Wertschätzung entgegenbringen. Mit der richtigen Körperhaltung und Selbstsicherheit in der Stimme gelingt uns dies. Wichtige Tipps und Anregungen dazu konnten Sie bereits im sechsten Glücksbaustein des Selbstbewusstseins erhalten.

Konstruktive Kommunikation will gelernt sein

Konstruktiv zu kommunizieren bedeutet, dass das Gespräch auf ein Ziel ausgerichtet ist und dabei hilft, diesem näherzukommen. Der Gegensatz dazu ist destruktive Kommunikation, die wiederum nur Negativität und Zerstörung im Sinn hat.

Dabei ist Ihre innere Haltung entscheidend für Ihre Form der Kommunikation. Sie benötigen den Willen, Konflikte so zu lösen, dass beide Seiten davon profitieren. Zuhören, aktiv nachfragen und Gefühle sowie andere Sichtweisen anzunehmen sind hier der Schlüssel zum Erfolg.

Die Grundregeln der konstruktiven Kommunikation

Verinnerlichen Sie die folgenden Grundsätze, mit denen Sie Ihr Kommunikationsverhalten verbessern können.

- Nehmen Sie eine wohlwollende Haltung gegenüber Ihren Mitmenschen ein.
- Treffen Sie die Entscheidung, in einen positiven Austausch mit anderen zu gehen, wobei im Vordergrund steht, dass alle Seiten davon profitieren.
- Erkennen Sie an, dass starke negative Gefühle, wie Frustration, Wut oder Ärger, bei sich selbst und bei anderen nur Anzeichen von unbefriedigten Bedürfnissen sind.
- Übernehmen Sie Verantwortung für die Befriedigung Ihrer eigenen Bedürfnisse, denn nur Sie selbst können Ihr Leben glücklicher gestalten.
- Fokussieren Sie sich auf das Ziel, das Sie erreichen möchten. Verzetteln Sie sich nicht mit negativen Emotionen und Ängsten, die destruktiv wirken.
- Lassen Sie Ihren Worten Taten folgen.

Redeangst besiegen

An erster Stelle einer gelungenen Kommunikation steht das Besiegen der Angst vor dem Reden vor anderen. Die positivste aller Kommunikationsformen kann nicht zum Wirken kommen, wenn der Betroffene kein Wort herausbekommt oder sich davor scheut, seine Meinung kundzutun.

Tipps zum Überwinden des Sprechens vor anderen

- **Sie sind nicht der Einzige**. Machen Sie sich bewusst, dass es den meisten Menschen um Sie herum genauso geht wie Ihnen. Tatsächlich gehört diese Angst zu den verbreitetsten Ängsten überhaupt. Auch Profis haben Lampenfieber und müssen sich diversen Techniken zur Beruhigung bedienen, um sich auf das Sprechen großer Menschenmengen vorzubereiten.
- **Versuchen Sie nicht, Ihre Redeangst zu verbergen**. Sie ist keine Schwäche und nichts, wofür Sie sich schämen müssten. Ganz im Gegenteil verleiht es Ihnen Stärke, wenn Sie dazu stehen.
- **Betrachten Sie Ihre Gedanken realistisch**. Sie müssen Ihre inneren Horrorszenarien vor dem Sprechen vor anderen nicht zu ernst nehmen. Wenn Sie sich auf diese negativen Gedanken konzentrieren, werden Sie sich immer schlechter fühlen, also nehmen Sie sie nicht für bare Münze.
- **Bereiten Sie sich vor**. Sind Sie unsicher, ob Ihnen beim Sprechen vor anderen auch die richtigen Worte einfallen werden, üben Sie das Szenario einfach. Es geht nicht darum, dass Sie ein komplettes Gespräch vorausplanen, sondern einfach darum, dass Sie Vertrauen in sich entwickeln, weil Sie wissen, dass Sie vorbereitet sind.
- **Visualisieren Sie das bestmögliche Gesprächsszenario**. Stellen Sie sich im Detail vor, wie es wäre, wenn Ihre Gespräche absolut perfekt verlaufen würden. Was würden Sie empfinden? Gehen Sie mit diesem positiven Gefühl in den Austausch mit anderen.
- **Nutzen Sie Atemtechniken**. Um wieder zurück in Ihre Mitte zu kommen, bedienen Sie sich der zahlreichen Atemtechniken zur Entspannung, die in diesem Buch bereits vorgestellt wurden.

Umformulierung: Positives statt Negatives zum Ausdruck bringen

Positive Kommunikation lebt von positiven Worten. Wie die vorherigen zwei Kapitel bereits aufgezeigt haben, beeinflusst unsere Wortwahl unsere Gedanken, Gefühle und unser Verhalten. Nun lernen Sie, wie Sie Negatives in Positives umformulieren können.

Meistens geraten wir in die Falle und sprechen über Dinge, die wir nicht mögen und die wir geändert haben wollen. Das Problem bei dieser Art der Kommunikation ist, dass sie destruktiv ist. Wenn wir anderen an den Kopf werfen, was sie aus unserer Sicht falsch machen, können diese sich sicher wenig dafür begeistern, unsere Wünsche zu erfüllen. Eine positive Kommunikation hingegen ist lösungsorientiert ausgerichtet. Das Geheimnis besteht darin, nicht zu sagen, was wir nicht wollen, sondern das zu sagen, was wir uns wünschen. Nachfolgend ein paar Beispiele von negativen Aussagen, die in positive umgewandelt wurden.

- „Lass das bleiben!" → „Kannst du stattdessen ... tun?"
- „So geht das nicht!" → „Wenn du es einmal auf diese Weise probierst, hat das den Vorteil, dass ..."
- „Hör auf, mit dem Spielzeug deiner Schwester zu spielen!" → „Wie wäre es, wenn du zum Spielen nach draußen gehst?"
- „Das kann ja gar nicht funktionieren." → „Lass es uns doch einmal auf diese Weise probieren, dann könnte es noch besser funktionieren."

Konstruktives Feedback geben

Feedback beschreibt die Rückmeldung durch einen anderen Menschen. Sie soll eine möglichst objektive Einschätzung aus einer anderen Perspektive liefern, um die eigene Selbstwahrnehmung und -einschätzung zu ergänzen. Dabei ist hier nicht die Rede von Kritik, die negatives Feedback darstellt und sich auf das konzentriert, was schlecht gelaufen ist, und damit dem Betroffenen nicht weiterhilft, sondern nur demotiviert.

Konstruktives Feedback kommt zum Einsatz, wenn wir uns weiterentwickeln möchten. Wir teilen anderen mit, wie ihr Verhalten bei uns ankommt und welche Verbesserungspotentiale wir sehen. Genauso können wir selbst diese Form der Rückmeldung erhalten und davon profitieren. Im Folgenden lesen Sie über die wichtigsten Regeln des konstruktiven Feedbacks:

- **Sinnhaftigkeit**: Überlegen Sie sich, bevor Sie Rückmeldung geben, ob Ihre Worte in irgendeiner Form nützlich sind. Ist der Rat überhaupt erwünscht? Stellen Sie sicher, dass das, was Sie sagen möchten, auch der Wahrheit entspricht und gut gemeint ist. Ist es zielführend?
- **Timing**: Stimmt der Zeitpunkt des Feedbacks nicht, kann es vorkommen, dass es nicht angenommen wird. Gleichzeitig sollten Sie nicht zu lange damit warten.

- **Rahmenbedingungen**: Vor anderen Menschen Kritik gegenüber einer Person auszusprechen hat nichts mit konstruktivem Feedback, sondern mit Bloßstellen zu tun. Wenn Sie möchten, dass Ihre Rückmeldung etwas verändert, dann suchen Sie idealerweise das 4-Augen-Gespräch.
- **Wahrnehmung**: Lassen Sie Ihr Gegenüber daran teilhaben, welche Beobachtungen Sie festgestellt haben. Beschreiben Sie Ihre Wahrnehmung aus der Ich-Perspektive, damit bringen Sie zum Ausdruck, dass Sie nicht die Wahrheit für sich beanspruchen, sondern lediglich Ihre eigene Meinung kundtun.
- **Formulierung**: Verwenden Sie positive Formulierungen, wie zum Beispiel „Mir ist aufgefallen, dass ...", „Ich hätte mir gewünscht, dass ..." oder „Ich würde mich freuen, wenn du künftig ...".
- **Appell**: Nachdem Sie Ihre Wahrnehmung geschildert haben, fügen Sie Ihren Wunsch für die Zukunft hinzu, damit Sie Ihrem Gegenüber Alternativen und Verbesserungsvorschläge präsentieren können.
- **Rückmeldung**: Nehmen auch Sie selbst Rückmeldung an. Fragen Sie Ihren Gegenüber, ob Ihr gut gemeintes Feedback auch richtig bei ihm angekommen ist. So beugen Sie Missverständnissen vor.

BONUS: Der 23-Action-Plan für ein erfülltes Leben

Sie erwartet eine kleine Reise zu mehr Glück und Zufriedenheit in Ihrem Leben. Sie selbst haben es in der Hand, wie Sie Ihr Dasein gestalten. Mit dem folgenden Action-Plan wenden Sie das Wissen, das Sie durch dieses Buch in Erfahrung gebracht haben, ganz direkt in Ihrem Alltag an. Lassen Sie sich davon überraschen, welche Veränderungen die Anwendung der Positiven Psychologie in Ihrem Leben bewirken kann. Ihr Glück ist zum Greifen nahe – Sie müssen nur Ihre Arme danach ausstrecken.

GRÜBELN STOPPEN

Tag 1

Nehmen Sie sich vor, ein Grübeltagebuch anzulegen, wie es im Kapitel des ersten Glücksbausteins beschrieben wurde, um sich Ihrer negativen Gewohnheit bewusst zu werden.

Tag 2

Identifizieren Sie durch Selbstreflexion Ihre negativen Grübelmuster und beleuchten Sie diese unter einem Perspektivwechsel. Beachten Sie dazu die gleichnamige Übung beziehungsweise eine der anderen Techniken aus dem Kapitel des ersten Glücksbausteins.

Tag 3

Bringen Sie mehr Achtsamkeit in Ihren Alltag. Wann immer Sie in eine negative Gedankenschleife geraten, beobachten Sie Ihren Geist bewusst, ohne zu bewerten. Stellen Sie die Meta-Ebene her, wie im Kapitel des ersten Glücksbausteins beschrieben.

GELASSENHEIT LERNEN

Tag 4

Nehmen Sie sich die Atemübung aus dem Kapitel des zweiten Glücksbausteins vor und praktizieren Sie diese für mindestens fünf Minuten zur Reduzierung Ihres Stresslevels.

Tag 5

Identifizieren Sie alle Ihre Stressoren, die Sie am heutigen Tag bemerkt haben, und ergründen Sie die Ursache von diesen gemäß der Übung „Ergründung der Ursachen: Die Bedürfnisse hinter dem Stress“ aus dem Kapitel des zweiten Glücksbausteins.

Tag 6

Praktizieren Sie „achtsames Zuhören“, eine Übung, die im Kapitel des zweiten Glücksbausteins vorgestellt wurde, bei jedem Ihrer heute geführten Gespräche.

POSITIV DENKEN

Tag 7

Legen Sie ein Dankbarkeitstagebuch, wie im Kapitel des dritten Glücksbausteins beschrieben, an und notieren Sie ab sofort jeden Abend fünf Dinge, für die Sie dankbar sind.

Tag 8

Machen Sie Ihre negativen Glaubenssätze ausfindig und wandeln Sie diese gemäß der Übung „Die Kunst des Umdeutens“ aus dem Kapitel des dritten Glücksbausteins um.

Tag 9

Integrieren Sie positive Selbstaffirmationen in Ihren Alltag und orientieren Sie sich dabei an der Anleitung des Kapitels „Die Kunst der Selbstaffirmation“ im dritten Glücksbaustein.

Gewohnheiten ändern

Tag 10

Suchen Sie sich mindestens eine Mini-Gewohnheit heraus, um diese in Ihr Leben zu integrieren. Inspirationen dafür finden Sie im Kapitel des vierten Glücksbausteins.

Tag 11

Wiederstehen Sie heute allen Versuchungen, die sich Ihnen zeigen, um Ihre Fähigkeit der Selbstkontrolle zu trainieren.

Tag 12

Belohnen Sie sich für das Beibehalten einer neuen Gewohnheit, zum Beispiel mit einem Wohlfühlabend oder einem Restaurantbesuch mit gesunden Optionen.

Ängste besiegen

Tag 13

Probieren Sie beim nächsten Mal, wenn Sie Angst verspüren, für fünf Minuten eine Atemübung aus, die Sie im Kapitel des fünften Glücksbausteins finden, und beobachten Sie die Reaktionen Ihres Körpers und Geistes.

Tag 14

Legen Sie ein Angsttagebuch an und notieren Sie Ihre Ängste, um Ihre Muster zu analysieren.

Tag 15

Verlassen Sie Ihre Komfortzone, indem Sie sich selbst mit einer angstauslösenden Situation konfrontieren. Lassen Sie sich vom Kapitel des fünften Glücksbausteines inspirieren.

Selbstbewusstsein erhöhen

Tag 16

Reflektieren Sie Ihre Tugenden und Charakterstärken mithilfe der Übung in Kapitel des sechsten Glücksbausteins. Überlegen Sie, wie Sie diese noch mehr in Ihren Alltag einfließen lassen können.

Tag 17

Üben Sie Selbstmitgefühl durch ein Gespräch mit sich selbst, in dem Sie sich selbst freundliche Worte entgegenbringen. Die Übung dazu finden Sie im Kapitel des sechsten Glücksbausteins.

Tag 18

Trainieren Sie Ihr Auftreten vor anderen Menschen, indem Sie Ihre Körpersprache und Kommunikationsfähigkeit anpassen.

Resilienz stärken

Tag 19

Nehmen Sie sich heute die Zeit, um Ihre sozialen Kontakte besonders zu pflegen. Verbringen Sie ein paar wertvolle Stunden mit Menschen, die Sie lieben, und kommunizieren Sie Ihre Dankbarkeit für all die Unterstützung und das Mitgefühl, die Sie in guten wie in schlechten Zeiten erhalten.

Tag 20

Passen Sie Ihre innere Sichtweise bei einer bestehenden Herausforderung mithilfe der Übung „Akzeptieren oder Verändern?" aus dem Kapitel des siebten Glücksbausteins an und leiten Sie noch am selben Tag die ersten Schritte zur Lösung ein.

Tag 21

Blicken Sie mithilfe der Übung „Erfahrungen durch vergangene Krisen" aus dem Kapitel des siebten Glücksbausteins auf eine bestimmte Situation. Reflektieren Sie über eine herausfordernde Erfahrung und darüber, wie Sie dadurch als Persönlichkeit gewachsen sind.

Kommunikation verbessern

Tag 22

Wenden Sie heute die Grundregeln der konstruktiven Kommunikation in Ihren Gesprächen an, die Sie im Bonuskapitel finden.

Tag 23

Legen Sie sich selbst eine innere Galerie mit positiven Bildern an und speichern Sie diese so in Ihrem Gedächtnis ab, dass Sie diese jederzeit abrufen können, wann immer Sie eine „Dosis Positivität" benötigen.

Fazit

Wie fühlen Sie sich nun nach dem 23-Tage-Action-Plan? Vergewissern Sie sich mit einem erneuten Selbsttest. Am Anfang des Buches wurden Sie bereits dazu angeregt, den Glückstest durchzuführen. Nun ist es Zeit, Ihre Ergebnisse mit Ihrem aktuellen Ist-Zustand zu vergleichen. Tragen Sie dazu Ihre Ergebnisse in die rechte Spalte der Tabelle im Kapitel „Ihr persönlicher Glückstest" ein.

- In welchen Glücksbausteinen haben Sie sich verbessert?
- Welchen dürfen Sie nach wie vor noch mehr Aufmerksamkeit schenken?
- Welche Themen hatten den größten Einfluss auf Ihr Glücksempfinden?
- Sind Sie allgemein glücklicher geworden?
- Welche Techniken und Übungen können Sie in Ihren Alltag einbauen, um auch zukünftig stets etwas für Ihre Erfüllung und Ihr Wohlergehen zu tun?